KB266724

개국 약사를 위한 약국 경영의 모든 것

초판 1쇄 발행 2026년 4월 25일

지은이 박진현 김근모 김동석 김민영 김성주 박상아
편집인 옥기종
발행인 송현옥
펴낸곳 도서출판 더블:엔
디자인 빛깔

출판등록 2011년 3월 16일 제2011-000014호
주소 서울시 강서구 마곡서1로 132, 301-901
전화 070_4306_9802
팩스 0505_137_7474

이메일 double_en@naver.com
ISBN 979-11-93653-44-9 (03320)

개국 약사를 위한
약국 경영의 모든 것

박진현 · 김근모 · 김동석
김민영 · 김성주 · 박상아

더블:엔

약사에서 경영자로, 개국을 함께할 가장 완벽한 이정표

지난 9년간 약국 전문 세무사로 수많은 약사님과 '개국'이라는 치열한 여정을 함께해 왔습니다. 제가 함께한 개국이라는 과정은 약사님들께는 단순히 약국 문을 여는 물리적 행위를 넘어, 평생 '조제와 복약지도'라는 본업에 충실했던 '전문가'로서의 약사가 한 조직의 생존과 성장을 책임지는 '경영자'로 거듭나는 중대한 변곡점이었습니다.

하지만 경영자로 거듭나는 길은 결코 녹록지 않습니다. 약사님들은 개국을 위한 복잡한 행정절차부터 약국 매출 증대를 위한 노력, 낯선 세금 이슈, 매일 부딪히는 직원 관리와 법률 문제까지 수많은 '경영의 숙제'를 개국과 동시에 마주하게 됩니다. 약사라는 전문가로서의 자부심이 낯선 서류와 숫자 앞에서 막막함으로 바뀌는 순간을 저는 수없이 목격했습니다.

더 큰 문제는 개국을 준비하는 약사님들께서 기댈 곳이 마땅치 않다는 점입니다. 정보는 넘쳐나지만, 검증되지 않은 파편화된 정보들 사이에서 개국에 대한 정확하고 종합적인 가이드라인을 찾기란 쉽지 않습니다. 세무는 세무사에게, 노무는 노무사에게 따로 묻다 보니 전체적인 약국 경영의 흐름을 놓치기 일쑤고, 때로는 검증되지 않은 정보로 인해 예기치 못한 유무형의 손실을 입기도 합니다.

이러한 안타까운 현실을 해결하고자 뜻을 함께하는 전문가들이 모였습니다. 약국 운영의 실전 노하우를 알려줄 약사, 숫자로 약국 경영의 기초를 세워줄 세무사, 법적 리스크로부터 약국을 보호할 변호사, 그리고 직원 관리의 해법을 제시할 노무사. 각 분야의 전문가들이 한자리에 모여 오직 '성공적인 약국 개국'이라는 하나의 목표를 위해 이 책을 집필하게 되었습니다.

저희는 이 책에 각자의 전문 영역을 넘어, 약국이라는 특수한 경영 환경에서 발생하는 복합적인 문제들에 대한 유기적인 해답을 담고자 노력하였습니다. 단순히 지식을 나열하는 것이 아니라, 개국 준비 단계부터 운영 실무까지 약사님들께서 개국 및 개국 후 겪게 될 모든 과정을 입체적으로 분석하여 한 권으로 끝낼 수 있도록 구성했습니다.

이제 막 개국이라는 설레는 문 앞에 서 계신 약사님, 그리고 변화를 꿈꾸는 초보 약국장님들에게 이 책이 든든한 이정표이자 실전 지침서가 되기를 바랍니다. 여러분의 성공적인 개국과 지속 가능한 약국 성장을 진심으로 응원합니다.

2026년 3월 서교동 사무실에서

● 차례 ●

머리말 4

Part 1 | 개국 준비, 반드시 알아야 할 필수 지식

1장 · 개국 여정의 전체 지도
약국을 열기 전, 어디부터 시작해야 할까?

- 약국 개국 전체 흐름 한눈에 보기 12
- 개국 약사의 시선으로 본 처방과별 특징 21
- 나만의 개국 기준 세우기 32
- 개국을 준비하는 약사들이 가장 많이 하는 현실적인 고민들 40

2장 · 임대차계약과 상가임대차보호법
이 약국 자리, 정말 괜찮을까?

- 임대차계약서에 도장 찍기 전, 반드시 확인해야 할 두 장의 서류 46
- 나를 지켜주는 방패, 특약 한 줄의 힘 68
- 안정적 약국 운영의 든든한 방패, 상가건물 임대차보호법 91

3장 · 개국 형태별 가이드
새 약국을 열까? 기존 약국을 인수할까?
혼자 할까? 같이 할까?

- 공실 신규 vs 타업종 인수 vs 기존 약국 인수 132
- 단독개국 vs 공동개국 138

4장   약국 권리금의 모든 것
약국 권리금 한 번에 이해하기

- 권리금이란 무엇인가   **142**
- 권리금이 세금에 미치는 영향   **146**
- 권리금 신고로 절세하기   **150**
- 권리금 계약 시 주의사항   **154**

Part 2 | 개국 직전, 실수 없이 개국하기

5장   개국의 첫 관문, 사업자등록
빠르면 빠를수록 좋다!

- 원칙적인 약국 사업자등록의 실무상 문제점   **208**
- 개설등록증 없이 사업자등록 빠르게 받기   **211**
- 약국 사업자등록의 기본 사항   **213**

6장   개국 자금조달 A to Z
개국 자금, 어떻게 마련하는 것이 가장 안전할까?

- 은행 대출 받기 vs 가족에게 자금 빌리기   **218**
- 개국 자금에 대한 자금출처 세무조사 대비하기   **224**
- 공동개국 시 출자금 vs 차입금   **227**

7장   포괄양수도계약
약국 인수의 핵심

- 인수방식: 개별자산 인수 vs 포괄양수도   **232**
- 포괄양수도 성립 요건   **235**
- 다양한 사례로 알아보는 양수도 계약서 필수 체크사항   **238**

Part 3 | 개국 초기, 약국 운영의 기초 다지기

8장 기초 약국세무 지식
약국 운영을 위한 필수 세무 시스템 구축

- 사업용 계좌 개설과 신고 278
- 절세의 첫 걸음, 적격증빙 챙기기 283

9장 약국 인사·노무 입문
직원 처음 채용하는데 뭐부터 해야 하지?

- 근로계약서는 언제? 어떻게? 작성하면 될까? 288
- 세전? 세후? 임금은 어떻게 시작하면 좋을까? 293
- 4대보험, 아무도 원하지 않는데 꼭 가입해야 될까? 297

Part 4 | 개국 1년차, 이제부터가 진짜 시작

10장 약국에서 발생하는 세금들
세금은 왜 이렇게 자주! 많이! 내나요?

- 1년 동안의 약국 세금 스케줄 304
- 부가가치세 완전정복 307
- 인건비 원천세 완전정복 314
- 종합소득세 완전정복 317
- 실제 개국 약사들의 Q&A Best5 332

11장 약국 인사·노무 실전

채용 이후 유지·관리가 더 중요하다

- 매월 급여관리 및 임금명세서 교부하기 **336**
- 약국에서도 연차, 출산휴가를 쓸 수 있나? **340**
- 약국도 청년 채용 지원금을 받을 수 있을까? **345**

Part 5 | 개국 2~3년차, 약국의 성장과 도약

12장 약국 매출 상승공식

개국 약사가 꼭 알아야 할 약국 경영 노하우

- 고객 유입을 만드는 약국매출 향상 전략 **352**
- 행동경제학을 활용한 약국 경영 **359**

13장

매출 상승에 따른 새로운 세금전략

- 노란우산공제, 연금저축공제, 통합고용세액공제 **364**
- 성실신고확인제도 **371**
- 약국도 세무조사가 나와요? **377**

14장 약국 인사·노무 심화

처음 겪는 퇴사 관리

- 직원의 퇴사와 약국에서 꼭 챙겨야 할 부분 **386**
- 부담되는 퇴직금! 퇴직연금을 도입해볼까? **391**

Part 1
개국 준비, 반드시 알아야 할 필수 지식

1장 개국 여정의 전체 지도
약국을 열기 전, 어디부터 시작해야 할까?

2장 임대차계약과 상가임대차보호법
이 약국 자리, 정말 괜찮을까?

3장 개국 형태별 가이드
새 약국을 열까? 기존 약국을 인수할까?
혼자 할까? 같이 할까?

4장 약국 권리금의 모든 것
약국 권리금 한 번에 이해하기

약국 개국 전체 흐름 한눈에 보기

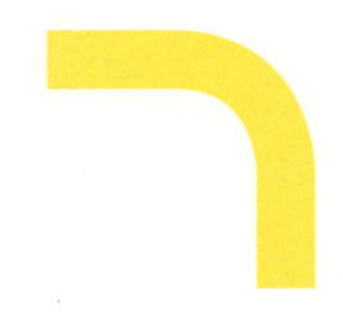

약국 개국은 단순한 사업의 시작이 아니다. 다른 업종의 개업과 달리 개국은 계약, 자금, 세무, 행정처리 등이 순서에 맞게 유기적으로 연결되어야 완성되는 결과물이다. 이렇듯 개국은 여러 절차들이 복합적으로 관여되어 있어, 개국을 준비하는 단계에서 전체 흐름을 살펴보고 본인만의 로드맵을 만드는 것이 중요하다.

개국을 앞둔 예비 약국장들을 위해 개국의 전체 흐름을 일목요연하게 정리하여 안내하고자 한다.

개국의 형태 결정: 인수할 것인가, 신규로 할 것인가

개국의 형태는 인수와 신규로 나눌 수 있다. 인수 개국은 이미 운영 중인 약국을 인수하여 개국하는 것이며, 신규 개국은 약국이 없던 자리에 개국하는 것을 의미한다. 인수 개국과 신규 개국은 개국이라는 결과는 동일하지만 개국 과정과 개국 후 운영에 있어서 차이점이 있다.

인수 개국은 이미 운영 중인 약국을 승계하는 방식이므로 승계 과정에서 권리계약, 포괄양수도계약, 재고 및 거래처 잔고 정산 등의 이슈가 있으며, 개국 직후부터 안정적인 매출이 기대되는 경우가 많다. 신규 개국은 무에서 유를 창조하는 방식이므로 인수 개국과는 달리 개국 과정 초기에 상권분석, 입지판단, 임대차계약 조건 검토의 중요도가 높으며, 개국 후에도 매출의 안정화를 위해 노력해야 한다. 즉, 개국의 과정에 있어 인수 개국은 '약국을 어떻게 이어 받는가'가 중요하다면, 신규 개국은 '약국을 어디에 열 것인가'가 중요한 것이다.

이처럼 개국의 형태에 따라 많은 것들에 차이가 발생하므로, 개국을 준비하는 약사라면 가장 먼저 자신의 상황에 맞는 개국 형태를 선택하고, 그 형태에 맞는 계획을 세워야 할 것이다.

▌ 권리계약

권리계약은 매도 약사와 매수 약사 양 당사자가 협의를 통해 약국의 경제적 가치를 정하고, 그 가치를 이전하기로 약정하는 계약이다. 단순히 권리금 액수만을 정하는 절차가 아니라, 이후 진행될 개국 일정의 기준점이 되는 단계라고 볼 수 있다. (주로 인수 개국에서 권리계약이 필요하며, 간혹 신규 개국 중 타업종이 있는 자리에 개국하는 경우에도 권리계약이 필요할 수 있다)

권리금 산정을 위해서는 먼저 조제매출과 매약 매출, 변동비와 고정비, 이를 모두 반영한 약국의 실제 순이익을 확인하는 과정이 필요하다. 여기에 더해 처방 병원의 안정성 및 향후 변동 가능성, 상권의 특성, 동일 지역 내 약국 개설 환경과 같은 수치화할 수 없는 요인도 함께 고려하여야 한다.

이처럼 다양한 요소를 종합적으로 검토한 뒤 당사자 간에 권리금 액수가 합의되면, 그 다음 단계로 권리금 지급 시기와 방법, 인수 예정일, 인수 이후의 운영과 관련된 특약사항 등 약국 인수 전반에 관한 주요 계약 조건을 함께 확정하게 된다. 따라서 권리계약은 단순한 금액 합의가 아니라, 향후 포괄양수도계약과 개국 일정 전반을 좌우하는 중요한 출발점이라고 할 수 있다.

▌임대차계약

임대차계약은 약국이 실제로 운영될 공간을 확정하는 임대인과 임차인(약사) 간의 계약이다. 특히 임대차계약서는 이후 사업자등록을 비롯한 각종 개국 행정 절차에서 기본 자료로 활용되기 때문에 개국을 준비하는 과정에서 반드시 선행되어야 한다.

임대차계약을 통해 임대 기간, 보증금과 차임 수준, 관리비 부담 방식, 계약 갱신과 관련된 조건 등 약국 운영에 직접적인 영향을 미치는 주요 사항들이 정리된다. 약국은 장기간의 안정적인 운영이 중요하므로 단순히 월세 금액만을 기준으로 판단하기보다는, 영업을 지속할 수 있는 사항들이 임대차계약 내용에 포함되어 있는지를 함께 검토하는 것이 중요하다. 이를 위해서는 실무적으로 상가임대차보호법상 보호 규정과 계약 갱신과 관련된 권리를 사전에 확인하여야 한다.

또한 임대차계약은 개국 이후의 비용과 세금 전반에 영향을 미치는 만큼, 단순한 형식적 절차가 아니라 개국 및 개국 이후 약국 운영의 안정성을 좌우하는 중요한 포인트로 인식하여야 한다.

▌ 사업자등록

임대차계약이 체결되면, 다음 단계로 반드시 진행되어야 할 절차가 사업자등록이다. 사업자등록은 약국이 국세청에 공식적인 사업 주체로 인정받는 절차이며, 개국의 전체 흐름 중에 실질적인 시작점이다.

원칙적으로 약국의 사업자등록을 위해서는 약국개설등록증을 첨부해야 한다. 다만 개국 일정과 자금 집행 등의 현실적인 사정으로 인해, 실제 실무에서는 개설등록증 발급 이전에 사업자등록이 필요한 경우가 대부분이다. 이러한 경우에는 사업계획서를 제출하거나 관할 세무서 담당자에게 개국 예정 사실과 향후 개설등록 일정에 대해 충분히 설명한 뒤, 추후 약국개설등록증을 보완 제출하는 조건으로 사업자등록을 진행하는 방식이 활용된다.

사업자등록증이 발급되어야 약국 명의의 사업용 계좌 개설, 카드단말기 설치, 의약품 거래처 등록, 개국 자금 대출 등 주요 후속 절차를 진행할 수 있다. 반대로 사업자등록이 지연되면 이러한 준비가 함께 멈추면서 개국 일정 전반에 차질이 발생할 수 있다. 특히 임대 개시일은 이미 도래했으나 사업자등록 지연으로 개국이 늦어질 경우, 영업을 하지 못한 채 고정비용만 부담하는 기간이 발생해 약국의 손실로 이어질 수 있다. 따라서 개국을 준비하는 약사라면 임대차계약 이후 가능한 한 빠르게 사업자등록을 완료하는 것이 개국 리스크를 줄이는 가장 좋은 방법이다.

개국 실무 준비

(1) 사업자통장(사업용 계좌) 개설

사업자통장 개설은 약국 명의로 이루어지는 금융 거래의 시작으로, 개국 준비 과정에서 가장 먼저 완료해야 할 사항 중 하나이다. 약국은 개인사업자 형태로 운영되기 때문에, 개인 자금과 약국 자금을 명확히 구분하여 관리하는 것이 중요하다. 사업자등록증이 발급된 이후 약국 명의 계좌를 개설해 사용하면 자금 흐름을 체계적으로 관리할 수 있을 뿐만 아니라, 이후 세무 처리와 손익 분석에서도 혼선을 줄일 수 있다.

(2) 카드 단말기 설치

카드 단말기는 약국 운영에 필수적인 설비이지만, 신청 즉시 설치되는 것이 아니며 사업자등록이 완료된 이후에만 진행할 수 있다. 일반적으로 신청부터 실제 설치까지 일정 시간이 소요되므로, 개국 예정일을 기준으로 여유를 두고 미리 신청하는 것이 중요하다.

(3) 대출 신청

약국 개국은 권리금과 임대보증금 등 초기 자금 부담이 크기 때문에 금융기관 대출을 통한 자금 조달이 중요하다. 대부분의 금융기관에서는 대출 심사 또는 실행 과정에서 사업자등록증 제출을 요구하므로, 대출 일정에 맞추어 사업자등록 시점을 사전에 조율하는 것이 필요하다. 또한 일정에 차질이 없도록 금융기관과의 사전 상담을 통해 필요한 서류와 절차를 미리 확인해 두는 것이 안전하다.

(4) 기타 개국 준비 사항

위 절차들과 함께 의약품 거래처 등록, 조제 프로그램 및 POS 시스템 준비, 통신·전산 환경 구축 등도 병행하여 진행된다. 이러한 준비들은 모두 사업자등록을 기준으로 순차적으로 연결되므로, 개국 실무 준비 단계는 개별 작업의 나열이 아니라 사업자등록을 중심으로 한 연속적인 흐름으로 이해하여야 한다.

▌ 포괄양수도계약

포괄양수도계약은 기존 약국의 영업 구조를 유지한 채, 운영 주체만 변경하는 방식의 계약이다. 약국의 시설, 비품, 거래 관계 등 영업에 필요한 요소들은 그대로 승계하고, 대표자만 새로운 약사로 교체된다고 이해하면 된다. 그러므로 인수 개국의 형태에서만 발생하는 절차이다.

이 과정에서 가장 중요한 절차는 의약품 재고와 거래처 잔고에 대한 확인이다. 통상적으로는 인수 시점을 기준으로 실제 보유 중인 의약품의 수량을 점검하고, 이를 토대로 재고 가액을 산정한 뒤 각 거래처별 미결제 잔액을 재고 가액과 일치시킨다.

재고와 잔고 정리가 마무리되면, 인수 대상이 되는 비품과 설비 등의 범위를 확정하고, 앞서 체결한 권리 계약의 내용을 반영하여 포괄양수도계약서를 완성하게 된다. 이러한 절차를 통해 약국 인수는 개별 자산을 나누어 이전하는 방식이 아니라, 하나의 영업 단위로서 정리되며, 그에 따라 세무 및 행정 처리 역시 간소화된 형태로 진행된다.

█ 약국개설등록

약국개설등록은 약사가 약사법에 따라 보건소에 신청하고, 보건소가 약국이 실제 영업수행이 가능한 상태인지 검증하는 절차를 의미한다.

약국개설등록의 핵심은 현지 시설 조사이다. 담당 공무원은 조제 공간과 보관 시설 등 약국 운영에 필요한 기본 요건이 충족되어 있는지, 영업을 개시할 수 있을 정도로 준비가 완료되어 있는지를 종합적으로 확인한다. 만약 시설 기준이나 준비 상태에 미비점이 발견될 경우 보완을 요구받거나 신청이 반려될 수 있으므로, 개설등록은 모든 개국 준비가 마무리된 시점에 맞추어 진행하는 것이 중요하다.

인수 개국의 경우에는 동일한 장소에서 두 개의 약국이 동시에 존속할 수 없기 때문에, 기존 약국 운영자는 개설종료에 관한 신고를 하고, 인수하는 약사는 새로운 개설등록 절차를 진행하게 된다. 다만 일정한 요건이 충족되는 경우에는 기존 약국의 운영 지위를 이어받는 방식으로 행정 절차를 간소화할 수 있으며, 이 경우에도 실질적인 인수와 정산이 선행된 상태에서 진행되어야 한다. 약국개설등록은 개국 과정의 마지막 행정 절차로서, 이 단계가 완료되어야 비로소 약국 운영이 법적으로 가능해진다.

▍기타 행정절차

약국개설등록이 완료된 후에는 건강보험심사평가원 및 건강보험공단을 통하여 지급계좌신고, 요양기관 번호 부여, 요양기관 회원가입, 요양기관 인증서발급 등의 절차를 진행해야 한다. 이러한 기타 행정절차들은 조제료에 관한 공단부담금 청구와 요양급여 지급을 위한 것이다.

Core Summary

약국 개국은 하나의 절차가 끝나면 다음 단계로 자연스럽게 이어지는 연속적인 과정이다.

개국 형태의 선택에서 시작해 권리계약, 임대차계약, 사업자등록, 실무준비, 그리고 약국개설등록과 각종 행정절차에 이르기까지 모든 단계는 서로 긴밀하게 연결되어 있다. 특히 어느 한 단계라도 순서가 어긋나거나 준비가 미흡하면 개국 일정 지연이나 불필요한 비용 부담으로 이어질 수 있다.

따라서 개국을 준비하는 약사라면 개별 절차에 집중하기에 앞서, 전체 흐름을 먼저 이해하고 자신의 상황에 맞게 계획하는 것이 중요하다.

개국 약사의 시선으로 본
처방과별 특징

개국을 준비하면서 가장 먼저 고민하게 되는 건, 아마도 어떤 처방과를 중심으로 약국을 열 것인가일 것이다. 여러 과가 함께 모여 있는 문전약국을 선택할 수도 있고, 조제보다는 일반의약품 판매에 집중한 일매 위주의 약국을 택할 수도 있다. 하지만 실제로 많은 개국 약사들이 고민하는 형태는 조제와 매약을 함께 가져가는 로컬약국일 가능성이 크다.

처방과마다 약국 운영에 미치는 영향은 생각보다 다르다. 환자 구성부터 처방 패턴, 조제 흐름, 그리고 매약과의 시너지까지 각 과마다 고유한 특징이 있다.

이 장에서는 개국 약사의 시선에서, 각 처방과별로 어떤 점들을 염두에 두고 바라봐야 하는지 하나씩 차분하게 풀어보려고 한다.

내과 / 가정의학과

　필자는 그동안 소규모 개국 강의를 약 50회 이상 진행해왔다. 강의 중에는 여러 처방과를 나열한 뒤, 그중 가장 선호하는 처방과 두 가지를 골라보는 참여 세션을 꼭 넣는다.

　지금까지 수백 명의 약사님들께 같은 질문을 드려본 결과, 가장 많이 나온 조합은 내과 + α(정형외과, 안과, 이비인후과)였다. 그만큼 내과는 여러 처방과 중에서도 안정성이 높다고 인식되는 과라고 볼 수 있다. 그 이유는 비교적 명확하다. 고혈압이나 이상지질혈증 같은 만성질환은 한두 달 약을 먹는다고 관리가 끝나지 않는다. 대부분 장기간, 경우에 따라서는 평생에 걸쳐 정기적인 방문과 약 조절이 필요하다. 이런 특성 덕분에 내과 처방은 감기와 같은 일시적인 질환에 비해 조제 측면에서 일정 수준의 안정성이 확보되는 장점이 있다.

　또 하나의 차이점도 있다. 코로나나 독감 같은 급성 증상은 어느 정도 약국에서 일반의약품으로 관리가 가능하지만, 혈압약이나 기타 만성질환 치료제는 임의로 구매해 복용할 수 없고 반드시 처방이 필요하다. 그래서 내과 환자는 가까운 경우 한 달에 한 번, 길어도 두세 달에 한 번은 약국을 찾게 된다.

　심리학에 자주 볼수록 호감도가 높아진다는 법칙이 있다. 한 달에 한 번이면 체감상 상당히 자주 만나는 편이고, 두 달에 한 번도

금세 다시 뵙는 느낌이다. 이렇게 약국에서 자주 뵙다 보면 자연스럽게 라포가 형성되기 마련이다.

내과를 주기적으로 방문하는 환자군은 주로 40~50대 이상의 중장년층에서 노년층 환자들이다. 이 연령대는 직구나 온라인으로 영양제를 구매하기도 하지만, 20~30대에 비해 오프라인에서 영양제를 구입하는 비율이 상대적으로 높고, 한번 마음에 드는 제품을 찾으면 꾸준히 재구매하는 경향이 있다.

또한 본격적으로 경제활동을 시작한 지 수년에서 길게는 십여 년 이상이 지난 만큼, 다른 연령대에 비해 경제적으로 비교적 안정적이며 만성질환을 적극적으로 관리하고자 하는 욕구도 뚜렷한 편이다. 따라서 자주 마주치며 자연스럽게 형성되는 호감과 신뢰를 라포로 연결하고, 이를 매약으로 이어갈 수 있다면 약국 경영 측면에서는 분명한 플러스 요인이 될 수 있다.

한편, 내과 처방의 전문약 약제비는 소아과나 다른 과에 비해 상대적으로 높은 편이다. 같은 건수의 소아과 처방과 비교하면 약제비가 3~5배 이상 드는 경우도 많아, 약장 자체에 그만큼의 현금이 묶여 있다고 봐야 한다. 내과 처방 위주의 약국을 오픈한 약사님들 중에서 개국한 지 시간이 꽤 지났음에도 불구하고 돈이 잘 쌓이지 않는다고 느끼는 경우가 있는데, 대부분 이런 요인 때문이다. 특히 품절 등의 이슈로 평소보다 과재고를 보유하게 되거나, 같은 성분의 약을 여러 품목으로 갖추게 되는 상황은 모두 약제비 상승의 주요 요인이다. 여기에 더해 내과 처방 위주의 신규 오픈의 경우, 감기과나 다른 과에 비해 상대적으로 처방전 수가 빠르게 증가하지 않는다는 특징도 있다.

이 때문에 내과가 안정적으로 자리 잡기까지는 최소 1년, 길게는 2년 정도의 시간을 염두에 두고 접근하는 경우가 많다.

신규로 오픈할 때 내과를 함께 끼고 가면 비교적 안정적일 것처럼 느껴지지만, 실제로는 버텨야 하는 시기를 생각보다 길게 잡아야 하는 경우도 많다. 다만 처방 특성상 전반적으로 안정성이 크고, 기본적으로 조제일수가 길어 다른 과에 비해 조제료가 높은 편이라는 건 분명한 장점이다.

서울이나 수도권처럼 병·의원이 밀집된 지역일수록, 이것저것 폭넓게 진료하는 가정의학과보다는 이비인후과나 정형외과처럼 전문과 중심의 병원이 상대적으로 선호되는 경향이 있다. 가정의학과의 경우 다이어트, 피로 회복, 수액 등 특화 분야가 다양해 방향성이 병원마다 달라질 수 있다는 점도 영향을 미친다.

반면, 의료 접근성이 상대적으로 제한된 지역이나 중소도시, 생활권 중심 상권의 경우에는 불편 사항이 생겼을 때 오래 다니던 가정의학과를 찾아 상담을 받는 경우도 적지 않다고 하니, 이러한 지역적 특성 역시 개국을 준비하면서 함께 고려해볼 만한 요소다.

▌ 정형외과

정형외과와 재활의학과, 마취통증의학과의 경우 원외처방률이 보험 기준으로 약 40~50% 수준으로 비교적 낮은 편이다. 쉽게 말해 100명이 내원하면 그중 절반 정도만 보험 처방전을 가지고 약국으로 나온다는 의미인데, 특히 정형외과는 바로 아래에 위치한 약국조차도 처방전을 받아가는 비율이 낮은 경우가 적지 않다.

그 이유를 생각해보면, 정형외과 역시 장기간 반복적으로 방문하는 환자가 상당히 많은 과이기는 하지만 처방 약물의 상당수가 NSAID 계통이다 보니 환자 입장에서는 먹어도 되고 안 먹어도 되는 약으로 인식되는 경우가 많고, 정해진 투약 기간이나 용법을 성실하게 지키는 순응도가 상대적으로 떨어지는 경향이 있다.

여기에 더해, 내원 시마다 처방약을 반드시 받아가는 구조가 아니라 물리치료나 도수치료, 체외충격파 치료 등 비약물 치료만 받고 돌아가는 환자 비중도 상당히 높다는 점 역시 함께 고려할 필요가 있다.

한편, 다른 관점에서 보면 정형외과와 재활의학과는 처방 약의 종류 자체가 비교적 많지 않아 재고 관리가 보다 더 수월하다는 장점이 있다. 또한 ATC(자동조제기)를 사용하는 경우 1건당 투입되는 조제 시간이나 난도도 낮은 편에 속한다.

▌소아과

필자는 현재 365소아과 아래에서 약국을 운영하고 있는데, 다른 약사님들을 만나는 자리에서 365소아과 약국을 하고 있다고 말하면 가끔은 만만치 않겠다는 시선을 받을 때가 있다. 아마도 업무량이나 근무 강도가 만만치 않을 것이라는 인식이 그만큼 보편적으로 깔려 있기 때문일 것이다.

실제로 앞서 언급한, 선호하는 처방과 TOP 2를 골라보는 질문을 진행해보면 그 목록에 소아과가 포함되는 경우는 거의 없었다. 가루약 조제의 난도, 밤늦은 시간까지 운영해야 하는 근무 형태, 그리고 다른 처방과에 비해 손이 많이 가는 구조 등이 상대적으로 매력도를 낮추는 요소로 작용하는 것으로 보인다. 하지만 개국의 관점에서 봤을 때 소아과는 분명 여러 메리트가 있다. 우선 다른 과들에 비해 특별히 권매를 하지 않더라도 일반약 매출이 기본적으로 발생하는 편이다. 해열제, 열냉각시트, 기침·가래약이나 콧물약 등은 당장 증상이 없더라도 상비약으로 구입해 가는 경우가 많다. 아이가 성장하면서 1회 복용량이 늘어나면 자연스럽게 구매 수량도 함께 증가하는 경향이 있고, 여기에 더해 판으로 구성된 비타민이나 소소한 장난감류 역시 매약 측면에서는 분명한 플러스 요소로 작용한다.

또한 소아과가 메인이 아닌 약국의 경우, 소아과 처방에 나오는 모든 시럽류를 구비해 두는 것이 쉽지 않기 때문에 다른 약국을 방문했다가 약이 없어 다시 돌아오는 경우도 적지 않다. 유모차를 끌거나 우는 아이를 데리고 더 멀리 떨어진 약국까지 이동하는 것이 쉽지 않다 보니, 자연스럽게 병원과 가장 가까운 약국에서 조제를 받는 경우가 대부분이다.

다만 소아과 약국은 자잘하게 손이 가는 업무가 많은 편이라, 같은 건수의 정형외과 아래 약국이라면 혼자서도 운영이 가능할 상황에서도 파트타임이라도 직원을 채용해야 하는 경우가 생기곤 한다. 물론 차근차근 혼자서도 감당은 가능하지만, 전반적인 조제 효율을 고려하면 파트 또는 풀타임 직원 고용이 보다 권장되는 구조라고 볼 수 있다.

또한 바쁜 시간대가 비교적 뚜렷하게 고정되어 있다는 점도 특징인데, 필자의 경험상 대략 오후 4시 반에서 7시 반 정도에 처방이 집중되는 경향이 있다. 그 외 시간대에는 비교적 한산하다가 해당 시간대에 처방이 몰리는 구조다.

여기에 더해 투약병이나 약포지 등 부가적인 소모품 비용이 발생한다는 점도 함께 고려해야 한다. 같은 1건의 처방이라 하더라도 처방전의 세부 구성에 따라 1건당 소요되는 시간 차이가 상당히 크게 발생할 수 있다.

피부과 / 안과 / 이비인후과

피부과

피부과의 경우 아토피와 같은 피부염이나 다양한 피부질환을 진료하는 곳도 있지만, 최근 개원 트렌드를 보면 미용 진료를 중심으로 운영하는 경우가 점점 늘어나는 분위기다. 정확한 사실 여부를 파악하기는 어렵지만, 피부질환 진료를 받기 위해 피부과를 방문했음에도 불구하고 일반 피부 진료는 어렵다며 진료를 거절당했다는 후기를 온라인에서 접한 적도 있다. 그 이유를 생각해보면 비교적 명쾌하다. 동일한 시간 대비 수익을 고려했을 때, 일반 진료보다는 미용 진료가 훨씬 높은 수익을 기대할 수 있기 때문이다. 여기에 더해 레이저 시술을 포함한 피부 미용 분야 전반의 경쟁도 점점 치열해지고 있는 상황이다.

이런 환경에서 미용 위주의 피부과를 끼고 있는 경우라면, 약국 입장에서는 처방전을 사실상 기대하기 어려운 구조라고 볼 수 있다. 예약이 늘 꽉 차 있는 병원이라 하더라도 실제로 나오는 처방전은 하루에 5~10건 내외에 그치는 경우도 적지 않다. 실제로 필자가 개인적으로 방문하는 한 피부과에서 처방을 받아본 경험을 떠올려 보면, 이미 오후였음에도 불구하고 처방전 교부번호가 2번에 그친 적도 있었다.

결국, 약국 운영에서는 처방전이 어느 정도로 꾸준히 나오는지가 중요한 만큼, 미용 진료에만 집중된 피부과는 개국 시 신중하게 접근하는 편이 좋다. 피부과 전문의가 상주하는 경우 일반 피부 진료 비중이 상대적으로 높은 경우도 있겠지만, 이것이 항상 보장되는 것은 아니기 때문에 전문의 여부와 관계없이 실제로 피부 진료를 어느 정도 비중으로 보는 병원인지는 직접 확인해볼 필요가 있다. 참고로 심평원 병원·약국 찾기 서비스를 통해 피부과 전문의 여부를 확인할 수 있으며, 대한피부과의사회 홈페이지에서도 관련 정보를 직접 조회해볼 수 있다.

안과

안과는 전반적으로 외용제 위주의 처방이 많아 수가 측면에서는 큰 기대를 하기는 어렵다. 여기에 약값 자체가 높은 편인 경우가 많아, 수가 대비 카드 수수료가 체감상 더 크게 느껴질 수 있다는 점도 고려해야 한다. 다만 가루약 처방이 거의 나오지 않는다는 점과, 조제에 소요되는 시간이 다른 과에 비해 상대적으로 짧다는 점은 분명한 장점이라고 할 수 있다.

이비인후과

이비인후과는 감기 관련 진료가 중심이 되는 과인 만큼 계절적 영향을 크게 받는 편이다. 특히 코로나 시기를 거치면서 환자 수의 변동을 극단적으로 경험한 과이기도 한데, 그만큼 유행성 질환의 흐름에 민감하게 반응하는 특징이 있다.

봄과 가을에는 주로 비염 환자가 많고, 겨울에는 독감이나 감기 환자들로 붐비는 반면 여름철에는 상대적으로 매우 한산한 양상을 보인다. 실제로 여름에는 하루 50건 전후 수준이던 처방이 겨울에는 200건까지도 늘어나는 경우가 드물지 않은데, 이처럼 계절에 따른 유동성이 큰 처방 구조는 매출 변동성으로 이어질 뿐 아니라 인력 관리 측면에서도 부담으로 작용할 수 있다.

여름철에는 약사 1인이 충분히 감당할 수 있는 건수라 하더라도, 그 시기에 맞춰 인력을 조정하기 쉽지 않고, 반대로 겨울철 성수기에는 같은 인원으로는 업무 부담이 크게 느껴지는 상황이 발생하기도 한다. 다만 신규 개원을 고려할 때, 개원 시점이 환절기와 잘 맞아떨어질 경우 내과에 비해 비교적 단기간에 처방이 빠르게 증가할 수 있다는 점은 이비인후과의 분명한 장점이라 할 수 있다.

▌비뇨의학과 / 정신건강의학과 / 산부인과 등

비뇨의학과

비뇨의학과의 경우 필자는 근무약사 시절에 처방을 많이 다뤄보지는 못했지만, 강의 시간에 비뇨의학과를 TOP2 선호 처방과로 꼽는 약사님들이 종종 있어 그 이유를 여쭤보면, 실제로 비뇨의학과 처방을 경험해보고 나니 여러모로 장점이 많았다는 답변을 듣는 경우가 많았다. 우선 복잡한 조제가 많지 않고 통약 위주의 처방이 상대적으로 많아 전반적인 조제 과정이 간편한 편이며, 비뇨의학과 역시 보험 기준 원외처방률이 비교적 높은 과에 속한다. 여기에 더해 해피드럭이나 탈모 클리닉을 함께 운영하는 경우도 많아, 운영 측면에서 참고할 만한 요소가 되기도 한다.

정신건강의학과

정신건강의학과의 경우 과 특성상 향정신성의약품을 다루는 비중이 높은 만큼, 조제 과정에서 약의 손실이나 파손이 발생하지 않도록 더욱 각별한 주의가 요구된다. 또한 원내 처방이 이루어지는 경우도 있어 내원 환자 수가 많다고 해서 원외처방이 그에 비례해 증가하지 않을 수 있다는 점 역시 염두에 두어야 한다.

산부인과

산부인과는 필자가 보기에 기본적으로 심리적인 진입 장벽이 존재하는 과이며, 산부인과를 방문하는 환자군 자체가 상대적으로 제한적이기 때문에 처방 건수가 매우 많이 나오기는 구조적으로 쉽지 않은 편이다.

다만 병원에 따라 다이어트 클리닉을 함께 병행하는 경우도 있어, 진료 구성에 따라 약국에서 체감되는 처방 성격이 다소 달라질 수 있다.

나만의 개국 기준 세우기

개국을 둘러싼 환경은 항상 일정하지 않다. 최근에는 소위 창고형 약국의 등장으로, 개국을 준비하는 과정에서 고려해야 할 변수들이 이전보다 늘어난 느낌을 받기도 한다.

이런 환경일수록 막연하게 매물을 기다리기보다는, 내가 어떤 약국을 개국하고 싶은지 기준을 미리 정리해두는 것이 중요하다. 실제로 마음에 드는 매물이 나왔을 때 감정이나 분위기에 휩쓸리지 않고 보다 빠르고 명확한 판단을 내릴 수 있다는 장점이 있기 때문이다.

▌선호하는 과 선택하기

자리가 나면 일단 개국해야 한다는 말도 어느 정도는 맞다. 다만 앞서 살펴본 여러 처방과의 특성을 바탕으로, 내가 기본적으로 선호하는 처방과는 무엇인지 곰곰이 생각해보는 과정은 꼭 필요하다.

필자의 경우 근무약사 시절 365소아과 아래 약국에서 근무한 경험이 있는데, 지금 와서 돌이켜 보면 이러한 경험이 알게 모르게 개국 당시의 선택에도 영향을 준 것 같다.

이미 소아과 처방을 현장에서 상당 기간 동안 다뤄본 경험이 있었기에, 실제로 개국을 하더라도 소아과 약국 운영에 있어서는 비교적 수월하게 적응할 수 있을 것이라는 내적인 확신이 있었다.

조제 위주 층약국 vs 매약 위주 1층 약국

조제 위주 층약국의 특성

조제 위주 층약국의 경우 약국 문을 열고 들어오는 순간부터 방문 목적이 비교적 명확한 경우가 많아, 자연스럽게 처방 환자 위주의 내방객 구성으로 이어진다.

필자는 현재 1층에서 약국을 운영하고 있는데, 갑자기 아무 예고 없이 들어와 얼굴에 미소를 가득 띤 채 종교 신문을 건네는 사람, 기부를 요청하며 배낭을 열어 보이고 목탁을 치는 분을 마주친 적도 있다. 이 외에도 물만 마시고 조용히 떠나는 사람, 휴지를 빌려 달라는 사람, 화장실 위치를 묻는 사람 등 약국 운영이라는 관점에서는 직접적인 도움이 되지 않는 방문객들도 적지 않은 편이다.

반면 층약국은 이러한 유형의 내방객이 상대적으로 적어 전반적으로 조제와 복약 상담 등 핵심 업무에 집중하기 좋은 환경에서 운영된다. 또한 월세가 1층 약국에 비해 비교적 저렴한 경우가 많고, 병원 진료 시간에 맞춰 마감하는 경우가 많아 늦은 시간까지 연장 근무를 하기보다는 저녁 시간이 비교적 안정적으로 확보되는 편이다. 여기에 더해 외부 처방 비중이 1층 약국에 비해 크지 않은 경우가 많아 재고 관리 측면에서도 상대적인 장점을 가진다.

다만 업계에서 흔히 말하는 '치들약국'의 경우 1층이든 층약국이든 모두 치명적일 수 있지만, 병원 처방 의존도가 상대적으로 높은 층약국이 더 큰 타격을 받는 구조라고 볼 수 있다. 물론 이는 해당 약국의 입지나 병원 성격에 따라 다를 수 있는 부분이다.

한편, 단점으로는 기본적으로 일반약 매출 규모 자체가 크지 않아 매약 성장에 어느 정도는 한계가 존재하며, 약국장이 아무리 적극적으로 운영하더라도 해당 층 병원의 처방 외 추가적인 외부 처방 흡수에는 구조적인 제약이 따르는 편이다.

매약 위주 1층 약국의 특성

매약 위주 1층 약국은 전반적으로 조제 위주 층약국의 장단점과 반대되는 성격을 보이는 경우가 많다. 가장 큰 특징은 유동인구의 영향을 직접적으로 받는 구조라는 점으로, 날씨나 시간대에 따라 방문객 수의 변동 폭이 비교적 크게 나타날 수 있고 매약 비중이 높은 약국일수록 경기 상황에 따른 체감도 역시 커지는 편이다.

또한 매약 위주의 약국을 운영한다는 것은 일정 수준 이상의 운영 시간을 안정적으로 확보해야 한다는 의미이기도 하다. 늦은 시간까지 운영하거나 휴일에도 문을 여는 경우가 많아, 근무 강도나 생활 패턴 측면에서 부담이 될 수 있다. 여기에 더해 일반의약품 거래 비중이 높은 만큼 거래처 관리나 재고 회전에도 지속적인 관심과 관리가 필요하다는 점 역시 함께 고려해야 할 요소다.

▎기존 약국 인수 vs 신규 개국

개국을 준비하는 약사라면 기존 약국을 인수할 것인지, 아니면 신규로 오픈할 것인지에 대한 고민도 자연스럽게 맞닥뜨리게 된다. 두 선택지 모두 장단점과 각자의 특징이 분명하고 정답이 있는 문제는 아니지만, 필자는 개인적으로 첫 개국이라면 기존 약국 인수를 우선적으로 고려해볼 만하다고 본다.

신규 약국의 경우 흔히 '뚜껑을 열어봐야 안다'는 표현처럼, 잘되면 큰 성과로 이어질 수 있지만 그 결과가 중박이 될지, 기대에 못 미칠지는 어느 정도 시간이 지난 뒤에야 비로소 가늠할 수 있다. 반면 기존 약국은 그동안의 운영 데이터와 흐름이 어느 정도 축적되어 있어, 완전히 제로에서 시작하는 신규 개국에 비해서는 상대적으로 안정감을 가지고 접근할 수 있다는 장점이 있다. 다만 병원이 갑작스럽게 이전하거나 폐업하는 상황에 대비해, 계약 단계에서 관련 내용을 특약으로 명확히 반영해두는 것은 반드시 필요하다.

기존 약국 인수 특징

기존 약국 인수의 경우 기본적으로 인테리어가 이미 갖춰져 있고, 조제 프로그램이나 고객 메모 등 운영에 필요한 시스템이 전반적으로 정리되어 있다는 특징이 있다. 필자가 보기에 가장 큰 장점은 인수한 날부터 바로 약국을 안정적으로 운영할 수 있다는 점이다. 완전히 무에서 유를 만들어가는 과정이 아니라, 이미 돌아가고 있는 구조 위에서 출발할 수 있기 때문이다. 다만 이전에 난매나 본부금 할인, 드링크 제공과 같은 방식으로 운영되던 약국이라면 이를 정상화하는 과정에서 기존 환자들의 반발이 생길 수 있고, 이전 약국장의 고객 응대에 불만이 누적되었거나 평판이 좋지 않았던 경우에는 새로 약국을 운영하게 된 약국장이 초반에 아무리 잘하더라도 이미지를 단기간에 바꾸는 데 어려움이 있을 수 있다.

또한 기존 약국은 권리금 규모가 상당한 경우가 많기 때문에 향후 어느 정도 기간에 걸쳐 회수가 가능할지, 그리고 추후 약국을 양도할 때 권리금이 기존에 비해 어떻게 변화할지에 대해서도 함께 고려한 뒤 신중하게 판단할 필요가 있다.

신규 약국의 경우 권리금이 없거나 바닥권리금 수준에서 시작할 수 있다는 점이 가장 큰 장점으로 꼽힌다. 다만 최근에는 약국을 비교적 안정적인 업종으로 인식하는 분위기가 임대인들 사이에 널리 퍼져 있어, 약국이라는 이유만으로 바닥권리금 자체를 시세보다 높게 부르는 경우도 종종 발생한다. 또한 명백히 불법에 해당함에도 불구하고, 병원 지원금을 인테리어 비용 등의 명목으로 직·간접적으로 요구하는 사례도 여전히 존재하므로 각별한 주의가 필요하다.

여기에 더해 인테리어 비용이 선투입되는 데다, 처방이나 일반약 매출이 일정 수준까지 올라오기까지의 기간 동안 시간에 따른 기회비용이 발생하기 때문에 신규 개국이라고 해서 부담 없이 쉽게 시작할 수 있는 선택지는 아니다. 앞서 잠깐 언급했듯이 신규 개국의 가장 큰 리스크는 향후 결과를 누구도 확실하게 예측할 수 없다는 점에 있다. 배후 세대, 예상되는 경쟁 병원, 유동 인구 등 여러 변수를 충분히 검토하고 진입하더라도, 막상 1~2년이 지나도 처방이 기대에 비해 거의 나오지 않는 경우가 있는 반면 예상보다 빠르게 자리 잡는 경우도 존재한다.

필자는 기존 약국을 인수한 사례에 해당하는데, 개인적으로는 다음 개국 역시 기존 약국 인수를 선택할 가능성을 염두에 두고 있다. 다만 늘 그렇듯 개국에는 정해진 정답이 있는 것은 아니므로,

여러 변수와 개인적인 선호도를 종합적으로 고려해 자신에게 가장 적합한 선택을 하는 것이 중요하다.

일반적으로 신규 약국의 경우 내과는 처방이 안정적으로 올라오기까지 짧게는 1년, 길게는 2년 정도로 예상하는 경우가 많고, 이비인후과나 소아과는 상대적으로 그보다 빠르게 처방이 증가하는 경향을 보이기도 한다. 또한 신규 개국은 기존에 구축된 시스템이 없기 때문에 조제 흐름이나 동선, 개국 비품 구성 등 운영 전반을 처음부터 직접 설계해야 한다는 점 역시 함께 고려해볼 만한 요소다.

▎ 지방 약국은 어떨까?

수도권에 거주하고 있는 경우, 수도권에 비해 상대적으로 낮은 권리금과 월세를 고려해 수도권 외 지역으로 눈을 돌리는 약사들도 점점 늘어나는 추세다. 조제료 자체는 지역에 따라 차이가 나는 구조가 아니기 때문에, 경영적인 관점에서 보면 충분히 합리적인 선택이 될 수도 있다. 다만 이러한 선택을 고민하고 있다면 몇 가지는 미리 짚고 넘어가는 것이 좋다.

먼저 본가가 해당 지역에 있거나, 가족이나 친척 등 일정한 연고가 있는지를 생각해볼 필요가 있다. 물론 연고가 전혀 없는 지역에서도 약국을 개국해 주변 거주민들과 관계를 쌓아가며 자리 잡는 경우도 있지만, 연고가 조금이라도 있는 지역과 그렇지 않은 지역

사이에는 실제 체감되는 차이가 적지 않다. 또한 내려가려는 지역이 광역시인지, 읍이나 면 단위의 생활권인지 역시 중요한 고려 요소다. 의료 인프라나 생활 환경, 유동 인구 등에서 차이가 크기 때문이다. 더 나아가 해당 지역에서 몇 년 정도 머물 계획인지, 상황에 따라서는 장기적으로 정착할 가능성까지 스스로 질문해볼 필요가 있다. 여기에 더해 현재 배우자가 없는 경우와, 배우자나 자녀가 있는 경우에 따라 고려해야 할 요소 역시 달라질 수밖에 없다.

지인들의 사례를 살펴보면 타지로 내려가 일정 기간 생활하다가 어느 정도 정착하게 되면, 다시 수도권으로 돌아오기보다는 그 지역에 그대로 자리 잡는 경우를 적지 않게 보았다. '여차하면 다시 기존 생활권으로 돌아오면 되지 않을까' 혹은 '몇 년만 집중해서 일한 뒤 이동하면 되지 않을까'라고 생각하기 쉽지만, 실제로 환경을 바꾼다는 것은 생각보다 쉽지 않은 결정이기도 하다. 따라서 선택을 앞두고 본인의 현재 상황까지 함께 고려해 충분히 고민해보는 것이 좋다. 현재 거주지가 수도권 외 지역이라면, 반대로 수도권으로 이동하는 선택지 또한 고려 대상이 될 수 있다.

Core Summary

'어떤 약국이 좋은 약국인가'에 대해서는 각자 기준이 다르고 정답이 없는 질문이겠지만 내가 어떤 처방과 위주로 선택하고 싶은지, 조제나 매약 중 어떤 것에 더 비중을 두고 싶은지, 기존 약국을 선호하는지 신규 약국을 선호하는지를 미리 생각해본다면 보다 내 성향에 맞는 결정을 할 수 있고, 개국 이후에도 자신의 선택에 대한 만족도를 높이며 더 즐겁게 운영할 수 있을 것이다.

개국을 준비하는 약사들이
가장 많이 하는 현실적인 고민들

"풀타임 약사를 그만두고 임장을 다녀야 할까요?"

개국 강의를 하면서 비교적 자주 받는 질문 중 하나다. 풀타임으로 근무하는 경우, 다른 약사들에 비해 물리적으로 시간을 내기 어렵기 때문이다. 퇴근 후 매물을 보러 가려고 하면 이미 앞선 약사가 계약을 마친 경우도 적지 않고, 시간적 여유가 부족하다 보니 매물에 대해 충분히 검토하지 못하고 고민하다가 기회를 놓치게 되는 상황도 종종 발생한다.

필자의 경우 풀타임 근무약사로 일하면서 약국 계약을 진행한 사례에 해당한다. 풀타임 근무를 하더라도 충분히 약국 계약은 가능하다고 생각하지만, 개국 의지가 비교적 분명하다면 근무 형태를 파트타임으로 조정하는 것도 하나의 방법이 될 수 있다. 무엇보다 시간적인 여유를 확보할 수 있기 때문이다. 다만 이른바 '금수저'

가 아닌 이상, 일을 완전히 그만두는 선택은 신중할 필요가 있다.

일을 그만두면 매물을 볼 시간은 늘어날 수 있지만, 생각보다 마음에 드는 매물이 빠르게 나타나지 않는 경우도 많기 때문이다.

이 과정이 길어지면 경제적인 부담이 커지고, 그로 인한 압박감은 초조함으로 이어질 수 있다. 그리고 이러한 초조함은 마지막에 가서 원래 기준과는 다소 어긋난 매물을 선택하게 만드는 요인이 되기도 한다. 오전이나 오후 파트 근무를 선택하든, 주중 일부 요일만 근무하고 나머지 시간을 임장에 활용하든, 혹은 주말 근무를 하고 평일에 임장을 다니는 방식이든 각자의 상황에 맞는 형태를 선택하면 된다.

개국 과정에서 무엇보다 중요한 것은 조급해지지 않는 것이다. 말처럼 쉽지는 않지만, 마음의 여유가 어느 정도 확보되어야 역설적으로 가장 이성적이고 만족스러운 판단을 내릴 수 있다. 이런 관점에서 보면, 최소한의 기본적인 생활이 가능한 수준의 소득을 유지한 상태에서 개국을 준비하는 것이 생각보다 중요한 의미를 가진다고 볼 수 있다.

▌ 임장 경험은 많을수록 좋을까?

필자는 개인적으로 임장 경험이 10회 미만이라면, 기회가 허락하는 대로 임장을 다녀보는 것을 권하는 편이다. 실제로 임장을 가

보면 꼭 계약으로 이어지진 않더라도, 매물 하나하나에서 무엇이든 크고 작은 인사이트를 얻을 수 있기 때문이다. 또한 임장은 마음먹는다고 언제든 갈 수 있는 것도 아니다. 당일 저녁에 임장 약속을 잡아두었더라도, 그 사이 다른 약사와 계약이 진행되어 결국 임장을 가지 못하는 경우도 종종 발생한다.

물론 임장 경험이 전혀 없어도 약국 계약과 운영 자체는 충분히 가능하다. 다만 임장 경험이 쌓일수록 매물을 바라보는 시야가 점점 넓어지고, 판단 기준 역시 보다 구체화되는 것은 분명하다. 그런 의미에서 어느 정도까지는 임장 경험을 축적해두는 것이 도움이 된다.

그렇다고 해서 임장 횟수가 20~30회 이상으로 많아야 한다고까지는 생각하지 않는다. 물론 많이 볼수록 경험치가 누적되는 측면도 있지만, 임장 자체가 최소 하루 이상의 에너지를 상당히 소모하는 일정인 만큼, 마음에 들지 않는 매물까지 무리해서 볼 필요는 전혀 없다. 특히 계약을 염두에 두지 않은 매물의 임장은 양도 약사에게 불필요한 부담을 주는 상황이 될 수 있다.

오히려 임장 횟수가 일반적인 경우에 비해 상당히 많아질 경우 좋은 매물을 만날 가능성은 높아지는 반면 임장 기간이 길어지면서 피로가 누적되고, 그 결과 마지막에 판단력이 흐려진 상태에서 엉뚱한 매물을 계약하게 되는 사례도 종종 발생한다. 적정한 임장 횟수에 정답이 있는 것은 아니지만, 어느 지점을 넘어서면 임장 1

　　　　　　　　

회당 얻을 수 있는 정보와 경험의 밀도가 더 이상 비례해서 증가하지는 않는다고 보는 편이다.

중요한 계약과 협상, 누구와 상의하는 게 가장 현명할까?

이 질문에 대해 필자는 비교적 분명한 기준을 가지고 있다. 가능한 한 현재 약국을 운영하고 있는 약사와 상의하는 것이다. 가족과의 의논도 의미가 있지만, 약국 권리금이 현재와 같은 수준으로 형성되는 배경이나 구조까지를 충분히 공유하기에는 현실적인 한계가 있는 경우도 많다. 특히 부모님과 상의할 경우에는 일반 상가를 기준으로 판단하시는 경우가 많아, 권리금이 과도하다고 느끼실 가능성도 높다. 다만 유동 인구나 상권의 흐름을 바라보는 감각은, 사회적 경험이 보다 축적되어 상대적으로 더 예리하게 형성되어 있는 경우도 있어 참고가 될 의견을 얻을 수는 있다.

한편, 함께 개국을 준비 중인 약사들과의 의논 역시 일정 부분 도움이 되기는 하지만, 시야에는 어느 정도 한계가 존재할 수밖에 없다고 생각한다. 실제로 약국을 개국해 운영해본 경험이 있는 경우와 그렇지 않은 경우 사이에는 생각보다 큰 간극이 있기 때문이다. 여기에 더해 여러 사람에게 동시에 의견을 묻게 되면, 누군가는 해보라고 하고 누군가는 만류하는 상황이 발생하는 경우도 꽤 있다. 흔히 말하는 것처럼 사공이 많으면 배가 산으로 가기 쉽다.

이런 점에서 필자는 중요한 계약이나 협상을 앞두고는, 현재 국장이거나 국장 경험이 있는 약사 중에서 본인이 신뢰할 수 있는 약사 세 명 이하로 의견을 구하는 것을 권한다. 물론 그중 한 명은 계약을 추천하고, 두 명이 만류하는 상황이더라도 그 이유를 충분히 이해하고 스스로 납득할 수 있다면 계약을 진행하는 선택도 가능하다. 다만 세 명 모두가 한결같이 만류한다면, 그때는 감정이나 기대를 잠시 내려놓고 다시 한 번 진지하게 고민해볼 필요가 있다. 모두가 말리는 데에는 대개 분명한 이유가 존재하기 때문이다.

Core Summary

개국을 준비하는 과정에서 기본적인 생활 유지가 가능한 소득을 확보하면서 임장을 병행하는 것이 생각보다 중요하다. 임장 또한 다니면서 시야를 넓히되 무리하지 않는 선에서 접근하는 것을 추천한다. 계약을 앞두고는 무엇보다도 실제 약국을 운영한 경험이 있는 약사의 조언을 참고하는 것이 도움이 되며, 결국 가장 중요한 것은 조급해지지 않고 마음의 여유를 유지하는 것이다.

Part 1
개국 준비,
반드시 알아야 할 필수 지식

1장 개국 여정의 전체 지도
약국을 열기 전, 어디부터 시작해야 할까?

2장 임대차계약과 상가임대차보호법
이 약국 자리, 정말 괜찮을까?

3장 개국 형태별 가이드
새 약국을 열까? 기존 약국을 인수할까?
혼자 할까? 같이 할까?

4장 약국 권리금의 모든 것
약국 권리금 한 번에 이해하기

임대차계약서에 도장 찍기 전, 반드시 확인해야 할 두 장의 서류

약국 개국에서 임대차계약은 첫 단추라고 볼 수 있다. 이 첫 단추를 잘못 끼우면, 이후에 아무리 꼼꼼하게 준비해도 문제는 계속 발생할 수 있다. 실제 상담을 하다 보면, 개국 이후 발생한 분쟁의 상당수가 '계약 전에 조금만 더 신중히 확인하고 검토했다면 막을 수 있었던 일'인 경우가 많다.

병원 인근이고, 입지도 좋아 보이고, 임대료 조건도 나쁘지 않다. 건물주는 친절하고, 부동산에서는 "이 자리 금방 나간다"라면서 빨리 계약하자고 재촉한다. 이제 도장만 찍으면 되는 상황. 그런데 막상 계약서를 앞에 두면, 설명하기 어려운 불안감이 드는 경우가 있다. 만약 이런 불안감이 든다면, 여러분의 감을 믿으시면 된다. 법률 전문가가 아니더라도, 께름칙한 부동산은 실제 께름칙한 부동산이다.

등기부등본의 '갑구'와 '을구':
건물주보다 서류를 믿어야

임대차계약을 앞두고 가장 먼저 확인해야 할 서류는 바로 등기부등본이다. 등기부등본은 이 건물의 소유 관계와 담보 관계가 어떻게 얽혀 있는지를 정리해 놓은 문서다. 때문에 임대차계약의 안전성을 가늠하는 출발점이 된다.

"부동산 중개사도 있고, 계약서도 있는데 등기부등본까지 꼭 봐야 하나요?"

현장에서 종종 듣는 말인데, 필자에게 이런 질문을 하는 의뢰인은 필자한테 혼난다. 반드시 필요하다. 그리고 반드시 직접 봐야 한다. 임대차계약은 결국 '누구와 계약하는지', 그리고 '그 사람이 이 건물로 얼마나 빚을 지고 있는지'를 확인하는 문제이기 때문이다. 이 두 가지만 놓쳐도, 계약서는 아무런 보호막이 되지 않는다.

등기부등본은 대법원 인터넷등기소를 통해 누구나 열람할 수 있고, 수수료도 매우 적다. 문제는 비용이 아니라, 이를 확인하지 않았을 때 발생하는 위험의 크기다.

등기부등본은 크게 표제부, 갑구, 을구로 구성되어 있다.

- **표제부**는 건물의 주소와 면적, 구조 등 기본적인 현황을 적어 둔 부분이다.

- **갑구**에는 이 건물의 소유자가 누구인지, 소유권이 어떻게 이전

되어 왔는지가 표시된다.

- **을구**에는 소유권 이외의 권리, 즉 근저당권이나 전세권, 가압
류 등의 담보 관계가 정리되어 있다.

이 중, 임차인의 입장에서 핵심은 갑구와 을구다. 갑구와 을구가 무슨 의미인지 조금 더 상세히 살펴보자.

① 갑구: "지금 나와 계약하는 사람이 진짜 임대인인가"

갑구에서는 현재 건물의 소유자가 누구인지 확인할 수 있다. 가장 먼저 확인해야 할 것은 단순하다. 지금 계약서에 도장을 찍으려는 상대방이, 등기부에 표시된 소유자와 동일한지를 확인하면 된다. 가능하다면 주민등록번호까지 함께 대조하는 것이 안전하다.

이 과정을 가볍게 넘겼다가 문제가 된 사례는 의외로 많다.

필자가 실무에서 상담했던 사건 중에는 건물주의 친인척이나 관리인이 소유자인 것처럼 계약을 진행한 경우도 있었다. 계약 당시에는 아무 문제 없어 보였지만, 실제 소유자가 계약을 부인하면서 임대차계약 자체의 효력이 문제된 사례였다. 이 경우 임차인은 '그냥 믿고 체결했다'는 주장만으로는 보호를 받기 어렵다.

건물이 공동명의인 경우에는 더 주의가 필요하다. 부동산을 여러 명이 공동으로 소유할 때, 그 부동산을 임대하는 행위는 '관리행위'에 해당한다. 그리고 우리 민법상 이러한 관리행위는 공유자 지

분의 과반수 동의가 있어야 유효하다.

만약 지분 과반수가 되지 않는 일부 공유자와 임대차계약을 체결했다면, 그 계약은 다른 공유자에 대해 효력을 주장할 수 없어 매우 불안정한 상태에 놓이게 된다. 예를 들어, A, B, C 세 명이 건물을 1/3씩 공유하는 상황에서 A 하고만 계약을 체결했다면, B와 C는 새로운 임차인에게 가게를 비워달라고 요구할 수 있는 것이다(부산지방법원 동부지원 2022. 7. 20. 선고 2021가단202738 판결 등 참조).

따라서 등기부등본 갑구에서 공동소유 관계가 확인된다면, 반드시 모든 공유자의 지분을 확인하고, 지분 과반수 이상의 동의(또는 위임)를 받았는지 계약서나 위임장을 통해 명확히 검증해야 한다.

을구에서 가장 먼저 확인해야 할 것은 근저당권이다. 근저당권은 건물을 담보로 제공하고 금융기관에서 돈을 빌릴 때 설정되는 권리다. 건물주가 대출을 상환하지 못할 경우 은행이 건물을 경매로 넘겨 우선적으로 배당을 받을 수 있는 것이다.

문제는 '순서'다. 경매가 진행되면 법원은 낙찰대금을 채권자들에게 순서대로 나누어 주는데, 이를 배당이라고 한다. 이때 임차인이 「상가건물 임대차보호법」에 따라 '우선변제권'을 확보했더라도, 나보다 앞선 순위의 권리, 특히 등기부등본 을구에 설정된 '근저당권'보다는 후순위로 밀리는 경우가 대부분이다.

임차인의 우선변제권은 '대항요건(건물 인도+사업자등록)'과 '확정일자'를 모두 갖춘 날을 기준으로 효력이 발생한다. 반면, 은행의 근저당권은 등기된 날 효력이 발생한다. 따라서 계약 전에 이미 설정된 근저당권은 항상 임차인의 보증금보다 먼저 배당을 받아가게 된다.

예를 들어, 건물 시세가 10억인데 은행의 근저당권 채권최고액이 8억이고, 내 보증금이 2억이라고 가정해 보자. 만약 건물이 경매에서 8억에 낙찰된다면, 은행이 8억 전액을 먼저 가져가고 임차인은 보증금을 한푼도 돌려받지 못하게 된다. 실제 판결례들을 보더라도, 공인중개사가 선순위 권리관계를 제대로 설명하지 않아 임차인이 보증금 대부분을 잃는 사례가 빈번하게 발생하고 있다(서울중앙지방법원 2024. 1. 23. 선고 2023가단5175299 판결, 서울중앙지방법원 2019. 10. 16. 선고 2017가단5174486 판결 등 참조).

그렇기 때문에 등기부등본 을구에 기재된 모든 근저당권의 '채권최고액'을 합산한 금액에, 나보다 먼저 입주한 다른 임차인들의 보증금(선순위 임차보증금)과 자신의 보증금을 더한 총액이 건물 시세의 70%를 넘는다면 계약을 매우 신중하게 재고해야 한다.

   Part 1 : 개국 준비, 반드시 알아야 할 필수 지식

사례 분석: 서울중앙지방법원 2019.10.16. 선고 2017가단5174486 판결

사건 개요

원고 A는 피고 C와 D의 중개로 피고 B와 임대차계약을 체결하고 보증금 1억 5천만 원을 지급했으나, 건물이 경매로 넘어가면서 보증금 중 일부(약 3,900만 원)를 반환받지 못했다. 원고는 피고 B에게 미반환 보증금을, 중개사 피고 C, D 및 공제계약 당사자인 피고 E협회에게 손해배상을 청구했다.

주요 사실관계

- 원고는 2017.3.4. 피고 C, D의 중개로 피고 B와 임대차계약 체결(보증금 1억 5천만 원)
- 계약 당시 건물에는 선순위 근저당권(채권최고액 9억 1,200만 원)과 선순위 임차인들이 존재
- 피고 C는 중개 시 선순위 근저당권은 설명했으나, 선순위 임차인들의 보증금 총액을 7억 원으로 설명(실제는 12억 7,500만 원)
- 2017.6.23. 건물에 대한 임의경매절차 개시, 2018.8.16. 배당 결과 원고는 보증금 중 1억 1,094만 원만 배당받음

법원의 판단

1. 피고 B에 대한 청구

임대차계약이 종료되었으므로 피고 B는 원고에게 미반환 보증금 39,056,539원과 지연손해금(연 12%)을 지급할 의무가 있다.

2. 피고 C, D, E협회에 대한 청구

- 중개업자의 의무: 다가구주택 임대차계약 중개 시 임차인이 보

증금 반환 가능성을 판단할 수 있도록 다른 임차인들의 임대차 계약 내역(보증금, 계약기간 등)을 확인·설명해야 한다.
- 피고 C, D의 과실: 다른 임차인들의 보증금 총액을 실제보다 5억 7,500만 원이나 적게 설명하고, 최우선순위 소액임차인 가능성도 설명하지 않았다.
- 인과관계: 정확한 정보를 제공받았다면 원고는 계약을 체결하지 않았거나 보증금을 낮추었을 것으로 판단된다.
- 책임제한: 원고도 스스로 권리관계를 조사·확인할 책임이 있고, 중개업자에게만 의존한 과실이 있어 피고 C, D의 책임을 30%로 제한한다.

결론

- 피고 B는 원고에게 39,056,539원 및 지연손해금(연 12%) 지급
- 피고 C, D, E협회는 피고 B와 공동하여 11,716,961원 (39,056,539원의 30%) 및 지연손해금 지급
- 원고의 나머지 청구 기각

시사점

이 판결은 부동산 중개업자가 임대차계약 중개 시 선순위 권리관계를 정확히 확인·설명할 의무가 있음을 확인하면서도, 임차인 역시 스스로 권리관계를 확인할 책임이 있다는 점을 강조하고 있다. 중개업자의 설명의무 위반과 임차인의 과실이 모두 고려되어 손해배상 책임이 제한된 사례이다.

등기부등본을 보면서 반드시 주의해야 할 표시가 있다. 바로 가압류, 가처분, 가등기와 같은 문구이다.

가압류나 가처분이 설정되어 있다는 것은, 이미 해당 건물이 채무 문제나 소유권 분쟁의 한가운데 있다는 뜻이다. 이런 상태에서는 언제든 경매나 소송이 현실화될 수 있고, 임차인의 보증금은 가장 취약한 위치에 놓이게 된다.

필자가 상담 과정에서 자주 듣는 말이 있다. "곧 해제될 거라고 하더라", "계약금 주면 바로 정리해 준다고 했다"는 취지의 이야기다.

그러나 실무적으로 보면, 가압류나 가처분이 걸릴 정도라면 이미 건물주의 재정 상태는 상당히 악화돼 있는 경우가 대부분이다. 설령 하나의 권리관계가 해제된다 해도, 새로운 채권자가 다시 권리를 설정하는 일도 드물지 않다.

정말 그 자리를 포기하기 어렵다면, 모든 가압류·가처분이 완전히 해제된 이후의 등기부등본을 다시 확인한 다음 계약을 진행해야 한다. 그리고 그 경우에도 계약서에 관련 특약을 두지 않으면 위험은 여전히 남는다.

다만 필자 개인적으로는 이런 상황의 건물은 선택하지 않는 것이 안전하다고 본다. 약국 자리보다 중요한 것은, 개국 이후에도 안정적으로 영업을 지속할 수 있는 환경이기 때문이다.

등기부등본을 확인하는 일은 어렵지 않다. 다만 조급해지면 쉽게 생략하게 되는 절차일 뿐이다. 그러나 이 단계를 건너뛰는 순간, 임대차계약은 '운에 맡긴 선택'이 될 수 있다.

다시 강조하면, 임대차계약 전, 반드시 확인해야 할 핵심은 세 가지이다.

- 갑구: 계약 상대방이 실제 소유자인지
- 을구: 담보권이 보증금을 위협하지 않는 수준인지
- 분쟁 신호: 가압류·가처분과 같은 위험 표시가 없는지

건축물대장: 용도확인은 필수
약국 개설이 가능한 건물인지, 계약 전에 확인하는 마지막 관문

앞서 살펴본 등기부등본이 '이 건물이 얼마나 위험한 상태인지'를 판단하기 위한 서류라면, 건축물대장은 '이 건물을 약국으로 사용할 수 있는지'를 판단하기 위한 서류다.

이 구분이 중요하다. 등기부등본이 아무리 깨끗해도, 건축물대장에 문제가 있으면 약국은 열 수 없다. 이 경우 임대차계약이 유효하더라도 약국 개설 자체가 불가능해질 수 있다. 건축물대장은 해당 건물이 어떤 용도로 허가받아 사용되고 있는지, 그리고 행정적으로 문제가 되는 사항은 없는지를 확인하는 문서다.

약국 임대차에서 이 서류를 확인하지 않는 것은, '영업 허가가 날지 알 수 없는 상태에서 계약부터 하는 것'과 다르지 않다.

① 제1종 근린생활시설인지 반드시 확인해야 하는 이유

약국은 건축법상 제1종 근린생활시설에 해당한다. 따라서 건축물대장에 기재된 해당 층의 용도가 제1종 근린생활시설이 아니면, 원칙적으로 약국 개설이 불가능하다. 겉보기에는 같은 상가이고, 이전에도 약국이나 의원이 사용했던 공간처럼 보여도, 건축물대장에 기재된 용도가 기준이 된다. 실제 사용 실태나 임대인의 설명은 결정적인 기준이 아니다.

오히려 실무에서 자주 문제가 되는 경우는 다음과 같다.

- 건축물대장상 해당 층의 용도가 제2종 근린생활시설인 경우
- 근린생활시설이긴 하나 사무실·소매점 등 다른 용도로 기재되어 있는 경우
- 일부 층만 약국이 가능한 구조인데, 문제가 되는 층을 임차한 경우

이런 상태에서는 보건소에서 약국 개설등록 자체가 반려된다. '이전에 약국이 있었다'거나 '다들 이렇게 해서 영업했다'는 등의 설명은 이러한 행정 기준 앞에서는 아무 의미가 없다.

건축물대장에서 반드시 확인해야 할 또 하나의 항목은 위반건축물 여부다. 건축물대장에 '위반건축물'로 표시되어 있다면, 이는 해당 건물이 현행 건축법을 위반한 상태라는 의미다.

위반건축물의 대표적인 사례는 아래와 같다.

- 무단 증축
- 허가받지 않은 구조 변경
- 용도에 맞지 않는 사용
- 일부 공간의 불법 전용

문제는 위반 자체보다 그 파급 효과다. 위반건축물로 표시된 상태에서는 약국 개설등록이 거부되거나 시정 명령이 내려질 수 있고, 더 심한 경우에는 원상복구 또는 영업 제한으로 이어질 수 있다. 임대인이 "곧 정리된다"는 식으로 말하는 경우도 많지만, 실제로 위반 사항을 해소하는 데는 상당한 시간과 비용이 필요하고, 그 부담이 누구에게 있는지 역시 명확하지 않은 경우가 많다.

만일 약사가 임차한 이후에 행정기관의 시정 명령이 내려오면, 그 불이익은 고스란히 임차인에게 돌아올 가능성이 있다. 이미 계약을 체결한 상태라면 선택지는 매우 제한될 수밖에 없다. 위반건축물임을 알고도 계약을 체결한 경우라면, 책임을 임대인이나 중개사에게 돌릴 여지도 없다.

③ 건축물대장과 실제 모습이 다를 때가 가장 위험하다

현장에서 가장 위험한 경우는 건축물대장 내용과 실제 건물 상태가 다른 경우다. 겉으로 아무 문제 없어 보이고, 기존에도 병원이나 약국으로 사용했던 흔적이 남아 있으며, 부동산 중개사도 "문제 없었다"고 말한다.

하지만 건축물대장을 보면, 해당 공간이 적법한 약국 용도가 아니거나 과거 불법 구조 변경이 그대로 남아 있는 경우가 있다. 이 경우 약국 개설이 불가능한 것은 물론, 이미 지급한 계약금·보증금·인테리어 비용을 돌려받는 과정에서 분쟁이 발생할 수 있다. 임대인은 "임대차계약은 정상적으로 체결했다"고 주장하고, 임차인은 "애초에 약국 개설이 불가능한 공간이었다"고 다투게 될 수 있는 것이다. 이 상황에서 소송으로 가게 되면 시간과 비용은 물론 개국 일정 자체가 무너질 수 있다.

④ 계약 전에 반드시 확인해야 할 건축물대장 체크 포인트

임대차계약을 체결하기 전, 최소한 확인해야 할 사항이다.

□ 해당 층의 용도가 제1종 근린생활시설로 기재되어 있는가

□ 건축물대장에 위반건축물 표시가 없는가

□ 실제 사용 상태와 건축물대장 기재 내용이 일치하는가

□ 구조 변경이나 내부 공사가 예정되어 있다면, 허가·신고 대상인지 검토했는가

조금이라도 의문이 생긴다면, 계약을 서두를 이유는 없다. 보건소나 관할 지자체에 사전 문의를 하는 것도 충분히 가능한 선택일 수 있다.

Core Summary

임대차계약에서 등기부등본과 건축물대장은 한 쌍으로 봐야 한다. 등기부등본이 '이 건물을 빌려도 되는가'에 대한 질문이라면, 건축물대장은 '이 건물에서 약국을 열 수 있는가'에 대한 질문이다. 이 두 질문 모두에 "그렇다"고 답할 수 있을 때에만, 비로소 약국 개국을 위한 임대차계약이 안전해질 수 있다.

비용 구조:

임대료 외 '관리비', '부가세' 포함 여부 및 인상 조건 명시하기
월세 300만 원이 실제로는 400만 원이 되는 순간

길거리를 지나가다가 공인중개사 사무소 창문에 붙어있는 상가 차임 시세 문구를 본 적이 있을 것이다. "보증금 1억 원 / 월세 300만 원", "반전세. 보증금 3억 / 월세 100만 원" 등. 상가 월세 매물을 찾는 사람들은 이 시세 문구를 보면서, '아 내가 이 상가를 계약하면 매월 300만 원이 빠져나가겠구나, 나는 목돈이 좀 있는 상황이니까, 매달 나가는 비용을 줄이는 게 좋으니 15만 원 짜리 월세를 계약해야지.’ 이런 생각과 고려를 하기 마련이다.

그러나 임차인이 되어 본 사람은 누구나 알겠지만, 실제 임대차와 관련해서 매달 나가는 돈은 월세 뿐이 아니다. 예를 들어 보겠다.

- 보증금: 1억 원
- 월세: 300만 원
- 관리비: 50만 원
- 부가가치세(월세 300만 원의 10%): 30만 원
- 전기료: 20만 원(냉난방·조명·약국 설비 등 실제 사용분)

이 경우 매달 실제로 나가는 금액은 약 400만 원이 될 수 있다. 즉, 공인중개사로부터 처음 들었던 ‘월세 300만 원’과는 연간 기준으로 1,200만 원의 차이가 나게 되는 것이다.

개국 준비 과정에서 자금 계획을 세울 때, 임대료만 보고 계산했다가 개국 후 몇 달 지나지 않아 ‘생각보다 고정비가 너무 많이 나간다’면서 공인중개사나 임대인에게 책임을 물을 수 있는지 물어보는 분들도 있다. 대부분이 이 ‘숨은 비용 구조’를 계약 전에 충분히 확인하지 않아서 발생하는 문제다. 명심하자. 임대차계약을 체결할 때는, 차임 뿐 아니라 부가세, 관리비, 전기·수도·난방비 등을 포함한 ‘월 총 부담액’이 얼마인지를 기준으로 판단하는 것이 합리적이다.

계약서상 임대료 부분을 뭉뚱그려 쓰이는 경우가 있다.

(나쁜 예시) 월 임대료: 금 3,500,000원 (제세공과금 포함)

언뜻 보기에는 문제가 없는 것 같지만, 이렇게 작성해 두면 나중에 '어디까지가 임대료인지, 무엇이 포함·제외되는지'에 대한 분쟁이 생길 우려가 있다. 때문에 가능하면 다음과 같이 항목을 나누어 기재하는 것이 안전하다.

(권장 예시)

1. 월 임대료: 금 3,000,000원(부가세 10% 별도)
2. 관리비: 금 500,000원

   - 포함 항목: 공용관리비, 승강기 유지비, 건물 청소비, 경비비, 소방시설 점검비
   - 미포함 항목: 전기료, 수도료, 난방비
3. 전기료·수도료·난방비: 실사용량에 따라 별도 청구

이처럼 항목별로 구분해 두면 나중에 "이 비용은 관리비에 포함된 줄 알았다", "부가세를 별도로 낼 줄 몰랐다"는 등의 불필요한 논쟁을 최소화할 수 있다.

상가 임대료에는 원칙적으로 부가가치세 10%가 별도로 붙는다. 약국이 들어가는 상가 건물 대부분 건물주가 일반과세자인 경우가 많다. 때문에 '월세 300만 원'이라는 말을 들으면, 실제로는 10%가 더 추가된 금액, 즉 330만 원이 매월 지출된다고 보는 것이 타당하다. 이에 대한 구체적인 설명이 없을 경우, 공인중개사나 임대인에게 직접 물어보고 계약을 체결하는 것이 안전하다.

다만, 건물주가 간이과세자인 경우, 건물 자체가 주거용으로 분류된 경우, 건물주가 면세사업자인 경우 등은 부가세 문제가 달라질 수 있지만, 실무적으로는 부가세 10%가 별도로 책정된다고 전제하고 계약을 진행하는 것이 안전하다.

따라서 앞서 계약 조항 예시를 들었던 것처럼, 월 임대료에 '부가세 별도' 또는 '부가세 포함'을 명시하여 계약서에 기재해두는 것이 중요하다.

실제 판결 사례: 부가가치세, 계약서에 명시되지 않았다면?

월세 500만 원으로 알고 계약했는데, 매달 부가세 50만 원을 추가로 내라고 한다면 임차인 입장에서는 당황스러울 수밖에 없다. 이러한 분쟁을 막기 위해 법원이 계약서를 어떻게 해석하는지 알아둘 필요가 있다.

핵심 요지: '부가세 별도' 약정이 없다면, 월세에 포함된 것으로 본다

법원은 기본적으로 계약 당사자 간의 분쟁이 발생했을 때 계약서에 기재된 문언을 해석의 출발점으로 삼는다. 판결례에 따르면, 임대차계약서에 '부가세 별도'라는 문구가 명확하게 기재되어 있지 않다면, 특별한 사정이 없는 한 월세와 보증금에 부가가치세가 포함된 금액으로 합의한 것으로 본다(서울중앙지방법원 2018. 9. 18. 선고 2017가단5178600, 2017가단5222958 판결).

부가가치세는 원칙적으로 재화나 용역을 공급하는 사업자, 즉 임대인이 납부할 의무가 있는 세금이다. 만약 이 부담을 임차인에게 넘기고자 한다면, 계약서에 '월세 ○○○원(VAT 별도)' 이라고 명확히 기재하거나 '공급가액과 부가세를 별도로 기재'하는 등 그 부담에 대한 명시적인 합의가 반드시 있어야 한다.

주의할 점: '부가세 별도' 약정이 있다면 반드시 지급해야 한다.

반대로 임차인이 주의해야 할 점도 있다. 만약 계약서에 '부가세 별도'라고 명확히 기재했다면, 임대인이 세금계산서를 발급해주지 않는다는 이유만으로 부가세 지급을 거절할 수는 없다. 법원은 임차인의 부가세 지급 의무와 임대인의 세금계산서 발급 의무가 동시에 이행되어야 하는 관계는 아니라고 보기 때문이다 (서울서부지방법원 2022. 10. 18. 선고 2021가단205332 판결).

따라서 계약서에 부가세 별도 지급 조항이 있다면, 세금계산서 발급 여부와 무관하게 부가세는 약속대로 지급해야 한다. 물론, 임차인은 별도로 임대인에게 세금계산서 발급을 청구할 수 있다.

관리비는 건물마다 차이가 매우 클 수밖에 없다. 월 10만 원 수준인 곳도 있고, 병원·메디컬 빌딩 등 의료 전문 빌딩의 경우 50만 원을 넘는 사례도 적지 않다. 여기서 중요한 것은 금액 자체보다, '어떤 항목이 관리비에 포함되는지'일 것이다.

통상 관리비에는 다음과 같은 항목이 포함된다.

- 공용공간 관리비(로비·복도·화장실 청소 등)

- 승강기 유지·보수비

- 경비 인건비

- 소방시설 점검비

- 공용 전기료(복도·로비 조명 등)

- 쓰레기 처리비, 정화조 관리비 등

문제는, 계약 당시에는 '관리비 30만 원'이라고만 들었다가, 입주 후 실제 청구서를 받아보면 각종 명목이 추가돼 두 배 가까이 청구되는 경우다. 이런 분쟁을 피하려면, 계약서에 다음과 같이 구분해 적는 것이 좋다.

(관리비 예시)

관리비: 월 300,000원

- 관리비에 포함되는 항목: 공용관리비, 승강기 유지·보수비, 건물 청소비, 경비비, 소방시설 점검비
- 관리비에 포함되지 않고 별도 청구되는 항목: 전기료, 수도료, 냉·난방비, 급탕비, 정화조 관리비

또한 계약 전에 기존 임차인에게 실제 월 평균 부과되는 관리비가 얼마인지 물어보거나, 관리사무소에 관리비 내역서 샘플을 요구해 보는 것도 현실적인 관리비 수준을 예상하는 좋은 방법이다.

④ 관리비 인상 조건: 법적 상한이 없다

임대료 인상은 상가임대차보호법상 일정 범위(통상 5%) 내에서 제한되도록 보호를 받는다. 그러나 관리비는 인상을 제한할 수 있는 별도의 법률 규정이 없다. 건물 사정이나 관리 방침을 이유로, 관리비가 단기간에 크게 인상되면서 임대차 분쟁이 발생하는 경우도 적지 않다.

그러나 이를 악용하여 사실상의 임대료 인상을 시도하는 이른바 '꼼수 인상'에 대해서는 법원에서 제동을 걸기도 한다. 실제 판결 사례도 있다. 다만, 소송까지 가는 것 자체가 막 약국을 개원한 여러분 입장에서는 상당한 부담이자 위험일 수 있다. 이러한 사례가 있다고 해서 여러분들의 승소가 보장되는 것도 아니다. 때문에 이러한 위험을 줄이기 위해서는, 계약 단계에서 관리비 인상률과 절

서울중앙지방법원은 임대인이 월세는 그대로 둔 채 관리비만 1년 만에 두 배 넘게 올린 사건에서, 실질적으로는 차임 증액에 해당한다고 판단했다.

법원은 임대인이 인상된 관리비가 어떤 항목에 사용되었는지 그 구체적인 산출 내역을 전혀 제시하지 못하는 점, 인상된 금액이 실제 관리 비용과 무관하게 주변 시세에 맞춰 정해진 것으로 보이는 점 등을 지적했다. 이러한 사정을 종합할 때, 해당 관리비 인상은 「상가건물 임대차보호법」의 차임 증액 제한 규정을 회피하기 위한 탈법적인 시도라고 본 것이다. 결국 법원은 임차인이 인상된 관리비 부분을 납부하지 않았더라도 차임을 연체한 것으로 볼 수 없다며 임차인의 손을 들어주었다(서울중앙지방법원 2024.8.22. 선고 2023가단5264724 판결).

차에 관한 특약을 두는 것이 임차인 입장에서 안전하다. 실무적으로는 아래와 같은 방식의 계약 조항이 사용된다.

(특약 예시)

관리비는 매년 전년도 관리비의 5%를 초과하여 인상할 수 없다. 관리비 인상 시 임대인은 인상 사유 및 내역을 서면으로 제시하고, 인상 1개월 전에 임차인에게 통지하여야 한다.

물론, 건물주가 이런 특약에 동의하지 않을 가능성이 높을 것이다. 다만 임차인 입장에서 과도한 관리비 인상에 대해 신경쓰고 있다는 점을 임대인에게 알리고 협의를 해보는 것만으로도 관리비의 무리한 인상을 사전에 억제하는 효과가 있다. 협의 과정에서 최근 5년 이내의 관리비 변동 내역, 대규모 보수 공사 계획 여부 등 관리비 인상 요인에 대해 임대인에게 확인을 해두는 것도 좋다.

⑤ 전기·수도·난방비: 개별 계량인지, 면적 안분인지를 확인하자

전기 및 수도 요금을 청구하는 방식은 크게 두 가지이다.

첫 번째 방식은 '개별 계량 방식'이다. 각 호실에 계량기가 설치되어, 실제 사용량에 따라 부과되는 것이다. 두 번째 방식은 '일괄 안분 방식'이다. 건물 전체 사용량을 전용면적 비율 등으로 나누어 부과하는 방식이다. 약국 입장에서는 아무래도 개별 계량 방식이 훨씬 투명하고 공정할 수 있다. 건물 전체 사용량을 기준으로 하면 내가 얼마나 썼는지와 관계없이, 건물 사용량이 늘어나면 나의 부담분 또한 늘어나기 때문이다. 특히 여름철 대형 음식점, 24시간 운영 업소, 지하 주차장 설비 등이 있는 건물이라면, 약국에서 실제 사용하는 규모에 비해 과도한 부담을 질 위험이 있다.

따라서 상가건물을 계약하기 전, 계량기가 각 호실에 개별로 설치되어 있는지, 아니면 관리사무소에서 전체 사용량을 안분하는 방식인지, 난방 방식(개별·중앙)과 겨울철 평균 난방비 수준은 어느 정도인지 등을 확인할 필요가 있다.

(개별 계량 방식 계약조항 예시)

전기료 및 수도료는 개별 계량에 따른 실제 사용량을 기준으로 산
정하며, 임차인이 한국전력공사 및 수도사업소에 직접 납부한다.

(일괄 안분 방식 시 예시)

전기료 및 수도료를 건물 전체 사용량을 전용면적 비율로 안분
하여 산정하는 경우, 임대인은 매월 전기·수도요금 고지서 사본
및 산정 내역을 임차인에게 제공한다.

Core Summary

'월 총 부담액'을 기준으로 판단하자.

임대차계약에서 임대료만 보고 판단하면, 개국 이후 고정비 부담이 예상
보다 커질 위험성이 있다. 약국은 한 번 입점하면 쉽게 옮길 수 없는 업
종이다. 계약 체결 전에 아래의 체크리스트를 다시 한 번 확인토록 하자.

□ 월세 외에 부가가치세 10%가 별도로 부과되는지

□ 관리비의 구체적인 금액과 포함·제외 항목

□ 관리비 인상 조건 및 통지 절차

□ 전기·수도·난방비 청구 방식(개별 계량 vs 면적 안분)

□ 최근 여름·겨울 성수기 기준 실제 비용 수준

나를 지켜주는 방패,
특약 한 줄의 힘

"계약서요? 부동산에서 주는 표준 양식에 도장만 찍으면 되는 거 아닌가요?"

많은 사람들이 이렇게 생각한다. 실제 계약 현장에서는 공인중개사가 두툼한 서류를 내밀면서 "여기 서명하시고, 여기 도장 찍으세요"라고 말을 한다. 시간은 촉박하고, 계약서는 복잡해 보이니, 자세히 읽어보기보다는 얼른 도장을 찍게 되기 쉽다. 특히 마음에 드는 자리를 놓칠까 불안할수록 일단 계약부터 하자는 마음이 앞서기 마련이다.

하지만 표준 계약서는 말 그대로 '표준'일 뿐이다. 가장 기본적인 틀만 담고 있다. 보증금과 월세, 계약 기간, 사용 목적처럼 모든 상가에 공통되는 내용들만 적혀 있을 뿐이다. 실제 약국 운영 과정에서 문제가 되는 세부 상황들, 예를 들어 같은 건물 안에 다른 약국이 들어오는 경우는 어떻게 되는지, 약국 개설등록이 불가한 경우는 어떻게 처리해야 하는지, 퇴거할 때 어디까지 철거해야 하는지 같은 구체적인 장면들은 표준 계약서에 등장하지 않는다.

그래서 유념해야 할 것이 바로 '특약'이다. 계약서 하단에 보면, '기타 특약사항'이라는 문구를 발견할 수 있을 것이다. 이 부분은 표준계약서 상 기재된 문구와 별개로, 당사자 간 합의에 따라 추가로 적을 조건이 있을 때 사용된다.

이 특약의 법적 효력은 계약서 본문과 동일하다. 본문이 일반적인 규정이라면, 특약은 그 계약 당사자들을 위해 특별히 합의한 내용이 된다. 법원에서도 당사자의 의사를 더 직접적으로 반영한 조항으로 보는 경우가 많다.

쉽게 말해서 특약은 계약 당사자들이 직접 설계할 수 있는 '맞춤형 조건'이다. 건물주와 협의해서 자신에게 필요한 조건을 명확히 적어두면, 나중에 분쟁이 생겼을 때 강력한 보호막이 된다. 특약에 기재해 둔 단 한 줄의 문장이 수억 원짜리 투자를 지켜줄 수 있다. 반대로 특약이 없다면, 건물주의 말이 아무리 그럴듯해도 법적 효력은 거의 없다. 나중에 분쟁이 나면 "그런 말을 했다, 안 했다"는 다툼으로 이어지고, 서면 증거가 없는 임차인이 결국 불리해지기 쉽다.

독점권:
'건물 내 독점 약국 지정' 문구의 효력과 올바른 기재법

약국 개설을 준비 중인 약사라면 '독점권'에 대한 관심이 높을 수밖에 없다. 특히 신규 건물에 약국을 입점하는 경우 다른 업종에 비해 높은 금액의 분양가나 임대료를 지불하는 경우가 많다. 약사는 이에 대한 반대급부로 독점권을 보장받고 싶어 한다.

필자가 실제 상담했던 사례 중에는, 같은 건물 안에서 1층 약국과 5층 약국의 처방전 비율이 8:2, 심지어 9:1까지 벌어진 경우도 있었다. 10명 환자 중 9명이 1층 약국을 선택하고, 5층 약국은 겨우 1명의 환자를 받는 상황이 벌어진 것이다. 이런 상황에서 상층부 약국은 영업을 이어가기 어렵다. 임대료와 인건비, 대출 이자 등 고정비용을 감당할 수 없기 때문이다.

독점권 특약, 구체적으로 어떻게 작성해야 하나?

그렇다면 독점권 특약은 어떻게 써야 할까? 단순히 '약국은 빌딩 내에 한 곳만 둔다'는 정도로는 부족하다. 법률 문서는 얼마나 구체적으로 적었는지가 나중에 큰 차이를 만든다. 애매모호한 표현은 나중에 해석을 둘러싼 다툼의 씨앗이 될 수 있다.

특약의 예시조항을 소개한다.

제○조 (독점 운영권)

임대인은 임대차계약기간 동안 본 건물 내에 임차인 외의 약국
(의약품 판매업소 포함)을 입점시키지 않는다.

이 정도만 적어도 어느 정도의 보호는 된다. 아예 없는 것보다는
훨씬 낫다. 하지만 여전히 해석의 여지가 많다. '본 건물'의 범위가
어디까지인지, '약국'을 어떻게 정의할 것인지, 위반 시 어떤 결과
가 따르는지 명확하지 않다. 이런 빈틈들이 나중에 분쟁의 원인이
될 수 있는 것이다.

이제 조금 더 약사의 권리가 보호될 수 있는 형태의 특약을 보자.

제○조 (독점 운영권 및 위반 시 조치)

① 임대인은 임대차계약기간 동안 본 건물 전체(지상 전층 및 지
　하층 포함) 내에 임차인 외의 약국을 입점시키지 않는다. 이때
　약국에는 의약품 판매업, 한약방, 조제실을 갖춘 의료기관, 의
　약외품을 주로 판매하는 업소 등을 포함한다.

② 임대인이 제1항을 위반하여 다른 약국 또는 이에 준하는 업
　소를 입점시킬 경우, 임차인은 다음 각 호의 권리를 행사할 수
　있다.

　1. 임차인의 선택에 따라 즉시 계약을 해지하고 보증금 전액을

반환받을 수 있다.

2. 위약금으로 보증금의 50%에 해당하는 금액을 청구할 수 있다.

3. 경쟁 약국 입점 시점부터 계약 해지 또는 경쟁 약국 퇴거 시점까지의 매출 감소분에 대하여 손해배상을 청구할 수 있다.

③ 임대인은 본 건물 내 신규 임차인과 임대차계약을 체결할 때, 본 조항의 내용을 해당 임차인에게 고지하고 이를 준수하도록 할 의무가 있다.

④ 임대인이 건물을 제3자에게 매각하는 경우에도 본 조항은 그대로 승계되며, 임대인은 매각 시 신규 소유자에게 본 조항을 고지하고 이를 준수하도록 조치할 의무가 있다.

이 정도로 구체화하면, 대부분의 분쟁 가능성을 상당 부분 줄일 수 있다.

협상이 어려울 때는 어떻게 해야 할까

현실적으로 건물주가 독점권 특약을 선뜻 받아들이지 않는 경우도 많다. 특히 대형 메디컬 빌딩을 소유한 법인이나 자산가일수록, 여러 약국을 유치해 임대 수익을 극대화하고 싶어 한다. 건물주 입장에서는 약국이 많이 들어오는 것이 훨씬 유리하다.

그럼 약사 입장에서는 어떻게 자신의 입장을 관철시킬 수 있을까?

우선 보증금을 상향하는 제안을 해볼 수 있다. 독점권을 보장해

　　　　　　　　　Part 1 : 개국 준비, 반드시 알아야 할 필수 지식

주면, 보증금을 가령 1억에서 1억 5천만 원으로 상향하는 것이다. 보증금이 늘어나면 건물주는 이자 수익과 안정성을 동시에 얻는다. 은행에 예치하거나 다른 투자에 활용할 수 있는 자금이 늘어나는 것이다. 또한 보증금이 크면 임차인이 쉽게 나가지 못한다는 장점도 있다. 건물주 입장에서는 나쁘지 않은 제안이다.

두 번째는 장기 계약을 제안해볼 수 있다. 통상 5년의 계약이 많은 상황에서 10년 이상의 장기 계약을 제안하는 것이다. 건물주 입장에서는 공실 위험을 크게 줄일 수 있고, 약국은 장기적인 영업 기반을 확보할 수 있다. 건물주들이 가장 두려워하는 것 중 하나가 바로 공실이다. 임차인이 나가고 새 임차인을 구하는 동안 임대료 수입이 끊기기 때문이다. 장기 계약은 이 위험을 제거해줄 수 있다.

세 번째 방안으로 임대료를 상향하는 제안을 해볼 수 있다. 월세를 30~50만 원 정도 상향하겠다고 제안하는 대신, 독점권을 보장해 달라고 요구하는 것이다. 건물주 입장에서는 추가 수익을 얻을 것이냐, 아니면 추가 약국을 유치할 것이냐 사이에서 고민할 수 있다.

그럼에도 불구하고 건물주가 완전한 독점권을 거부할 수 있다. 이 경우 약사 입장에서는 층수 제한 특약을 생각해볼 수 있다. 가령 아래와 같은 예시 조항을 제안해 볼 수 있다.

"임대인은 임대차계약기간 동안 본 건물 1층부터 5층까지는 임차인 외의 약국을 입점시키지 않는다(단, 6층 이상 또는 지하층은 제외할 수 있다).”

이렇게 하면 최소한 환자들이 주로 이용하는 저층부에는 경쟁 약국이 들어오지 못하게 막을 수 있다. 완벽하지는 않지만, 전혀 보호장치가 없는 것보다는 훨씬 낫다.

기간 제한 특약도 좋은 방법이다. 예시 조항을 보자.

“임대인은 최초 계약기간 5년 동안은 본 건물 내에 임차인 외의 약국을 입점시키지 않는다. 계약 갱신 시에는 쌍방이 협의하여 본 조항의 연장 여부를 결정한다.”

초반 5년만이라도 독점권을 확보하면, 그 기간 동안 고객 기반을 탄탄히 다질 수 있다. 단골 환자들을 확보하고, 지역 내에서 신뢰를 쌓으면, 나중에 경쟁 약국이 들어와도 어느 정도 버틸 수 있는 힘이 생길 수 있다.

허가 불발 시:
‘약국 개설등록 불가 시 계약금 전액 반환’ 조건의 중요성

약국 개설등록, 무조건 되는 게 아니다

많은 분들이 착각하는 게 있다. ‘계약만 하면 약국을 열 수 있는 거 아닌가' 생각하는 것이다. 하지만 그렇지 않다. 계약은 건물주와 하는 것이고, 약국 개설은 보건소에서 허가를 받아야 한다. 이둘은 완전히 별개의 절차다.

약국 개설등록이 불가능한 주요 경우들을 살펴보자.

첫째, 학교환경위생 정화구역에 저촉되는 경우다. 「학교보건법」에 따라 학교 출입문으로부터 직선거리 50m 이내인 '절대정화구역'에서는 약국 개설이 원칙적으로 금지된다. 이때 기준이 되는 출입문은 정문뿐 아니라 학생들이 실제로 이용하는 후문 등을 모두 포함한다. 때문에 계약 전 관할 교육지원청을 통해 정확한 구역 해당 여부를 확인하는 것이 필수적이다.

둘째, 건축물 용도가 부적합한 경우다. 「건축법」상 약국은 '제1종 근린생활시설'에 해당한다. 따라서 건축물대장상 용도가 '주택', '업무시설' 등으로 되어 있는 경우, 약국 개설등록이 불가능하다. 이 경우 건축물 용도변경 절차를 거쳐야 하며, 이는 건물주의 동의와 상당한 시간 및 비용을 수반할 수 있다.

셋째, 「약사법 시행규칙」 제13조에 따른 시설 기준을 충족해야 한다. 대표적으로 조제실, 저온 보관 및 빛가림 시설, 급수 시설, 조제 기구 등을 갖추어야 한다. 건물의 구조적 한계로 인해 이러한 시설 기준을 충족하지 못하면 개설이 불가능할 수 있다.

이런 조건들 중 하나라도 충족하지 못하면 보건소에서 개설등록을 반려한다. 그리되면 임대차계약은 했는데 약국을 열 수 없는 황당한 상황이 발생한다. 개설등록 불가로 계약금을 날린 J 약사의 실제 사례를 살펴보기로 하자.

J 약사는 10년간 대형 체인 약국에서 근무한 베테랑 약사였다. 신축 상가 건물 1층에 좋은 자리를 발견했다. 대로변에 위치해 있고, 바로 옆 건물에 큰 내과 의원이 있었다. 보증금 2억에 월세 400만 원으로 조건도 괜찮았다. 중개사도 "이런 자리는 흔치 않다"며 빨리 계약하라고 재촉했다.

J 약사는 계약금 2천만 원을 입금하고 계약서에 도장을 찍었다. 인테리어 업체도 선정하고 2개월 후 오픈을 목표로 했다. 그런데 계약 2주 후, 보건소에 개설등록 신청을 하러 갔는데 담당자 표정이 심상치 않았다.

"약사님, 죄송한데요. 여기는 학교보건구역이라 약국 개설이 안 됩니다."

지도를 보니 직선거리로 47m 떨어진 곳에 초등학교 후문이 있었다. 정문은 멀었지만 후문이 가까웠던 것이다. 학교보건법상 50m 이내에 약국을 개설하는 것은 원칙적으로 불가능하다. 불과 '3m'가 모자랐지만 법은 법이었다.

J 약사는 급히 건물주에게 연락했다. "계약금을 돌려주세요. 약국 허가가 안 나온답니다."

건물주의 답변은 냉정했다. "죄송하지만 계약서를 보시죠. 임대

　　　　　　　　Part 1 : 개국 준비, 반드시 알아야 할 필수 지식

차계약의 목적 자체를 '약국 개설'이라고 명시하지도 않았고, 무엇보다 개설등록에 대한 조건부 해제 조항도 없습니다. 계약은 유효하니까 계약금은 돌려드릴 수 없습니다."

우리 민법은 계약금을 원칙적으로 해약금으로 추정한다(민법 제565조). 즉, 계약 당사자 일방이 이행에 착수하기 전까지는 계약금을 포기하거나 그 배액을 상환하고 계약을 해제할 수 있지만, J 약사가 계약을 해제하려면 이미 지급한 계약금을 포기해야 하는 것이다. 결국 J 약사는 계약금을 그대로 날릴 위기에 처했다. 공인중개사에게 따져 묻고, 임대인과 몇 차례의 실랑이를 벌인 끝에, 500만 원의 위약금을 내고 나머지 계약금을 돌려받았다. 돈을 일부라도 돌려받는 것으로 위안을 삼기에는, 시간과 비용, 그리고 정신적 스트레스가 어마어마했다.

J 약사의 사례와 같은 비극을 막으려면 어떻게 예방해야 할까? 답은 간단하다. 계약서에 "허가를 못 받으면 계약이 무효"라는 특약을 넣을 필요가 있다. 조항 예시는 다음과 같다.

제○조 (약국 개설등록 조건부 계약)

① 본 계약은 임차인이 관할 보건소로부터 약국 개설등록 허가를 받는 것을 전제조건으로 한다. 임차인이 허가를 받지 못할 경우, 본 계약은 처음부터 효력이 없었던 것으로 본다.

② 임차인은 계약 체결일로부터 60일 이내에 약국 개설등록 허가를 신청하고, 신청일로부터 30일 이내에 허가 여부가 결정되어야 한다. 만약 위 기간 내에 허가를 받지 못할 경우, 본 계약은 자동으로 해제되며 임대인은 임차인에게 수령한 계약금 전액을 계약 해제일로부터 7일 이내에 반환하여야 한다.

③ 제2항의 사유로 계약이 해제되는 경우, 이는 임차인의 귀책사유가 아닌 객관적 사유에 의한 것으로 보며, 임대인과 임차인 쌍방은 상대방에게 어떠한 손해배상도 청구할 수 없다.

제1항의 "전제조건으로 한다"는 표현이 중요하다. 허가를 받아야 계약이 유효해지는 것이다. "처음부터 효력이 없었던 것으로 본다"는 표현도 중요하다. 계약금을 당연히 돌려줘야 한다는 뜻이다.

제2항은 구체적인 기간을 명시한다. 건물주 입장에서는 언제까지 기다려야 하는지 불확실하면 불안하다. "7일 이내 반환"이라고 명시한 이유는 건물주가 계속 반환을 미루는 걸 막기 위해서다.

제3항에서는 "귀책사유가 아닌 객관적 사유"라는 표현이 핵심이

   Part 1 : 개국 준비, 반드시 알아야 할 필수 지식

다. 학교가 근처에 있었던 건 객관적 사실이고 누구의 잘못도 아니다. 따라서 누구도 손해배상을 청구할 수 없다.

특약을 넣는 것도 중요하지만, 계약 전에 미리 확인하는 게 최선이다. 보건소 사전 상담 방법은 이렇다. 먼저 네이버나 다음에서 '해당 주소 + 보건소'로 검색해서 위생과 또는 의약과 전화번호를 확인한다. 전화하여 정확한 주소를 말하고 "주변에 학교가 있나요? 건축물 용도가 약국 개설이 가능한 용도인가요?" 물어본다. 담당자가 내부 시스템으로 즉시 확인해준다. 학교보건구역은 보건소에서 정확히 측정할 수 있다. 지적도를 기반으로 직선거리를 측정해주므로, 조금이라도 애매하면 반드시 보건소에 확인해야 한다.

건축물대장은 정부24에서 발급받을 수 있다. '주용도'가 제1종 근린생활시설인지 확인하고, '위반건축물 여부'에 '위반'이라고 찍혀 있으면 계약을 삼가는 것이 좋다.

원상복구:
인테리어 시설물 철거 범위와 시기에 대한 구체적 합의

약국 운영을 마치고 퇴거할 때, 많은 약사들이 예상치 못한 분쟁에 휘말린다. 바로 '원상복구' 문제다.

"원상복구요? 제가 설치한 건 제거하면 되는 거 아닌가요?" 대부분은 이렇게 생각한다. 하지만 현실은 다르다. 건물주와 임차인이 생각하는 원상복구의 범위가 전혀 다른 경우가 많기 때문이다. 실제 필자가 폐업 예정인 소상공인들에 대한 법률 상담을 진행하다 보면, 10명 중 7~8명이 바로 이 '원상복구' 문제를 가지고 상담을 신청해온다.

실제 사례를 보자. L 약사는 5년간 운영하던 약국을 정리하기로 했다. 계약 종료 2개월 전부터 철거 준비를 했다. 약국 간판, 약품 진열장, 조제대 등 자신이 설치한 주요 시설들을 철거했다. 벽지도 새로 바르고, 바닥도 청소했다. '이 정도면 충분하겠지' 생각했다.

하지만 퇴거일에 건물주가 나타나더니 이렇게 말했다.

"천장 조명은 왜 안 뜯었어요? 벽에 붙인 콘센트도 그대로네요. 에어컨도 철거해야죠. 바닥 장판도 입주 전에는 없었으니까 다 걷어내야 합니다. 화장실 거울과 선반도 선생님이 설치한 거잖아요. 이 부분들도 원상복구해주셔야 보증금을 반환해드릴 수 있어요."

L 약사는 당황했다. "천장 조명이요? 그건 약국 운영에 필수적인 거고, 다음 임차인도 쓸 텐데요. 에어컨도 마찬가지고요."

건물주는 단호했다. "계약서에 원상복구 의무가 있잖아요. 입주 전 상태로 돌려놓으셔야 합니다. 철거 안 하시면 보증금에서 공제하겠습니다."

결국 건물주가 철거 업체에서 받은 견적은 1,900만 원이었다. 협상 끝에 700만 원을 보증금에서 공제하는 걸로 마무리됐지만, L 약사는 억울함을 감출 수 없었다.

법적으로 원상복구란 무엇일까? 「민법」과 「상가건물 임대차보호법」에 따르면, 임차인은 임대차 종료 시 임차물을 원상으로 회복하여 반환할 의무가 있다. 여기서 '원상'이란 임대차 시작 시점의 상태를 말한다.

법원 판례는 원상회복의무의 범위에 대해 구체적인 기준을 제시하고 있다. 핵심은 '임차인이 임차 받았을 때의 상태'로 되돌리는 것이며, 별도의 약정이 없는 한 이전 임차인이 설치한 시설까지 원상회복할 의무는 없다는 것이 기본적인 판례의 태도다(대법원 1990. 10. 30. 선고 90다카12035 판결).

또한, 임차인이 통상적인 방법으로 사용하다 자연스럽게 마모되거나 더러워진 부분의 경우에도 원상회복의무의 대상이 아니다. 예를 들어, 시간이 지나 벽지 색이 바래거나, 가구를 놓았던 자리에 자국이 남는 것, 일상적인 사용으로 바닥에 미세한 흠집이 생기는 것 등은 임차인이 원상회복해야 할 대상이라 보기 어렵다.

더 나아가, 임대인이 임차인이 설치한 시설을 철거하지 않고 그대로 이용하여 새로운 임차인에게 임대하려 하는 등 원상회복을

할 의사가 없는 경우에는, 원상회복 비용을 임차인에게 청구할 수 없다는 판결도 있다(서울중앙지방법원 2023. 12. 22. 선고 2022가단5090445, 2023가단5083659 판결).

일반적으로 임차인이 원상회복 대상으로서 철거해야 하는 것과, 철거하지 않아도 되는 것을 구분하면 이렇다.

철거 대상 (임차인이 원상복구해야 함)

- 임차인이 새로 설치한 구조물 (칸막이, 벽체 등)

- 임차인이 부착한 간판, 사인물

- 임차인 전용으로 설치한 특수 시설 (예: 약품 보관 냉장고 고정 선반)

- 건물 구조를 변경한 부분 (벽 철거, 출입문 추가 등)

철거 제외 (그대로 두어도 되는 것)

- 통상적인 조명기구 (형광등, LED등)

- 일반적인 에어컨, 난방기구

- 기본적인 전기·통신 설비 (콘센트, 인터넷 단자 등)

- 화장실 기본 설비 (거울, 선반 등)

- 벽지, 바닥재의 자연적 노후화

하지만 이것도 절대적 기준은 아니다. 임대차계약의 성격, 건물의 용도, 당사자 간 합의에 따라 달라질 수 있다. 그래서 특약을 통해 원상회복의 범위와 대상을 명확히 특정할수록 좋다.

▍ 퇴거 시 분쟁을 줄이는 현명한 특약 작성법

원상복구 분쟁을 예방하려면 계약 시점에 원상복구 범위를 구체적으로 정해야 한다.

기본 특약 문구를 보자.

제○조 (원상복구)
임차인은 임대차 종료 시 임차 부분을 원상으로 회복하여 반환한다. 단, 통상의 사용으로 인한 자연적 노후화 및 파손은 원상복구 의무에 포함되지 않는다.

이 정도만 적어도 아예 없는 것보다는 낫다. "통상의 사용으로 인한 자연적 노후화"라는 문구가 들어가면 벽지 변색, 바닥 마모 등은 임차인 책임이 아니라는 걸 명확히 할 수 있다. 하지만 여전히 애매하다. "어디까지가 통상의 사용인가"를 놓고 다툼이 생길 수 있다. 더 구체적인 특약이 필요한 경우도 있다. 다음의 예시를 보자.

제○조 (원상복구의 범위)

① 임차인은 임대차 종료 시 다음 각 호의 시설을 철거하고 원상으로 회복하여야 한다.
   1. 임차인이 설치한 간판 및 외부 사인물
   2. 임차인이 설치한 칸막이, 파티션 등 구조물
   3. 임차인이 설치한 약품진열장, 조제대 등 약국 전용 시설

② 다음 각 호의 시설은 원상복구 대상에서 제외하며, 임차인은 이를 그대로 두고 퇴거할 수 있다.
   1. 천장 조명기구 (형광등, LED등)
   2. 에어컨, 냉난방기구
   3. 벽면 콘센트, 전기·통신 설비
   4. 화장실 거울, 선반 등 기본 설비
   5. 벽지, 바닥재 (단, 의도적 훼손은 제외)

③ 제2항의 시설 중 임차인이 철거를 희망하는 경우, 임차인은 이를 철거하여 가져갈 수 있으며 이 경우 원상복구 의무를 부담한다.

④ 통상의 사용으로 인한 벽지 변색, 바닥 마모 등 자연적 노후화는 원상복구 의무에 포함되지 않는다.

⑤ 원상복구 범위에 대하여 다툼이 있을 경우, 임대인과 임차인은 퇴거 1개월 전까지 현장에서 협의하여 결정하며, 협의가 되지 않을 경우 제3자 감정을 받아 결정한다.

이렇게 구체적으로 적으면 분쟁을 예방할 가능성이 높아진다.

제1항은 명확히 철거해야 할 것을 나열한다. 간판, 약국 전용 시설 등은 다음 임차인이 쓸 가능성이 낮으므로 당연히 철거 대상이다.

제2항은 철거하지 않아도 되는 것을 명시한다. 이게 핵심이다. 위 L 약사의 사례처럼, 천장 조명, 에어컨, 콘센트 등을 놓고 다투는 것을 원천적으로 차단하는 것이다. 이런 시설들은 다음 임차인도 그대로 사용할 가능성이 높고, 철거했다가 다시 설치하는 건 비용 낭비기 때문이다.

제3항은 임차인의 선택권을 보장한다. 예를 들어 고가의 에어컨을 설치했는데 다른 곳에서도 쓰고 싶다면, 철거해서 가져갈 수 있다. 단, 철거한 부분은 원상복구해야 한다.

제4항은 자연적 노후화를 명시한다. 5년 운영한 약국의 벽지가 입주 때와 똑같을 수는 없다. 사람이 다니면 바닥도 닳는다. 이건 정상적인 사용의 결과이므로 임차인이 책임질 필요가 없다.

제5항은 분쟁 해결 절차를 정한다. 아무리 구체적으로 적어도 해석의 차이가 생길 수 있다. "퇴거 1개월 전 현장 협의"라는 절차를 넣으면, 퇴거일 당일에 갑자기 다투는 걸 막을 수 있다. 협의가 안 되면 제3자 감정을 받도록 해서 객관성을 확보한다.

실전 팁:
입주 시부터 퇴거를 준비하라

특약도 중요하지만, 실전에서 분쟁을 줄이는 방법이 따로 있다.

첫째, 입주 시 상태를 사진과 동영상으로 상세히 기록하는 것이다. 이는 원상회복의 기준점인 '임대 당시 상태'를 입증할 가장 중요한 증거다. 원래 상태의 증명책임은 임대인에게 있으나(대전지방법원 2024. 3. 28. 선고 2022나115448 판결 등 참조), 임차인이 명확한 증거를 갖추면 임대인의 과도한 요구에 효과적으로 대응할 수 있다.

둘째, 인테리어할 때 시공 내역을 기록하는 것이다. 어떤 공사를 했는지, 어떤 자재를 사용했는지, 얼마나 들었는지 기록하고 사진을 남기는 것이 중요하다. 퇴거할 때 "이건 제가 설치한 게 아니라 원래 있던 겁니다."라고 주장할 수 있는 근거가 된다.

셋째, 퇴거 1개월 전에 건물주와 사전 점검을 하는 것을 추천한다. 계약서에 명시되어 있지 않더라도, 먼저 제안하면 된다. 이를 통해, 퇴거일 당일에 갑자기 문제가 생기는 걸 막을 수 있다.

넷째, 사전 점검 시 합의 내용을 서면으로 남기는 것이 좋다. "천장 조명은 그대로 두기로 했습니다", "에어컨은 철거하지 않기로 했습니다" 같은 내용을 간단하게라도 문서로 만들고 쌍방이 서명하는 것이다. 그런데 한국인의 정서 상 합의서 같은 서류를 많이 쓰는 것을 좋아하지 않는 사람들이 많다. 임대인에게 확인서까지 요구하기 불편하면, 문자메시지나 카카오톡으로라도 확인을 받아 두는 것이 좋다.

다섯째, 퇴거일에 인수인계서를 작성하면 베스트다. "○○년 ○○월 ○○일, 임차인 ○○○은 임대인 ○○○에게 임차 부분을 반환하였으며, 임대인은 이를 확인하였음. 원상복구는 쌍방이 합의한 대로 완료되었음을 확인함." 이런 내용으로 간단한 문서를 만들고 쌍방이 서명하는 것이다. 이를 통해 나중에 임대인이 혹시라도 "원상복구 안 했다"며 보증금을 안 돌려주는 돌발상황을 예방할 수 있다.

▍위험한 특약 vs 합리적인 특약

한편, 원상복구 특약을 작성할 때 조심해야 할 것들도 있다. 건물주가 제시하는 특약 중에는 지나치게 임차인에게 불리한 것들 역시 있으니 조심해야 한다. 아래에 사례를 살펴보자.

위험한 특약 사례

"임차인은 퇴거 시 모든 시설물을 철거하고, 벽지와 바닥재를 새 것으로 교체하여야 한다."

이 특약 조항의 경우, 원상 '복구'의 범위를 넘어선 사실상의 '리모델링' 비용을 임차인에게 전가하는 것으로 해석될 수 있다. 임차인이 통상적인 방법으로 사용하며 발생하는 자연스러운 마모나 가치 감소(통상의 손모)는 월 차임에 이미 포함된 것으로 보는 것이 법원 판결의 일관된 입장다. 때문에 이러한 특약은 과도한 의무를 부과하는 것으로 해석될 수 있다. 특히 수십 년이 지난 노후 건물의 경우, 법원은 감가상각 등을 고려하여 임차인의 책임 범위를 제한하기도 한다(서울서부지방법원 2024.5.17. 선고 2023가합 37547 판결 등 참조).

"원상복구 비용은 임대인이 지정하는 업체의 견적에 따르며, 임차인은 이에 이의를 제기할 수 없다."

이 조항 역시 비용 산정의 객관성이 결여되어 위험하다. 임대인이 일방적으로 비용을 부풀릴 가능성을 배제할 수 없으며, 분쟁 발생 시 임차인이 매우 불리한 위치에 놓이게 될 수 있다.

"임차인은 퇴거일로부터 7일 이내에 원상복구를 완료하여야 하며, 지연 시 1일당 100만 원의 위약금을 지급한다."

이 조항은 비현실적인 기간과 과도한 위약금(손해배상액의 예정)을 설정한 조항이다. 철거 공사는 업체 선정, 공사, 폐기물 처리 등 최소 2주 이상 소요될 수 있다. 또한, 법원은 손해배상 예정액이 부당하게 과다한 경우 직권으로 감액할 수 있으므로(서울중앙지방 법원 2021. 10. 27. 선고 2020가합527488 판결), 실제 소송에서는 전 액이 인정되지 않을 가능성이 높다. 하지만 불필요한 분쟁을 피하 기 위해 계약 단계에서부터 합리적인 수준으로 조정해야 한다.

합리적인 특약 사례

(이행 기간 명시) "원상복구는 임대차 종료일로부터 14일 이내 에 완료한다. 부득이한 사유로 지연될 경우, 임대인과 협의하여 기간을 연장할 수 있다."

현실적인 기간을 설정하고 예외 상황에 대한 협의 절차를 둠으 로써 유연성을 확보하는 합리적인 조항이다.

(비용 산정 방식 구체화) "원상복구 비용에 다툼이 있을 경우, 임 대인과 임차인이 각각 지정하는 1개 업체의 견적을 받아 그 산술 평균액으로 정한다."

이 경우도 일방의 독단을 막고 객관적인 비용을 산정할 수 있는 공정한 방식이 될 수 있다.

(임대인 대행 시 절차) "임차인이 원상복구를 직접 이행하기 어려운 경우 임대인이 대행할 수 있으며, 이 경우 임대인은 2개 이상의 비교 견적서를 임차인에게 제시하고 협의를 거쳐 업체를 선정한 후 공사를 진행한다. 비용은 실비를 기준으로 보증금에서 공제한다."

임대인이 대행하더라도 투명한 절차를 거치도록 하여 신뢰를 확보하는 좋은 예시조항이 될 수 있다.

(원상복구 의무 면제와 시설 양도) "임차인은 원상복구 의무를 부담하지 않는 대신, 임차인의 비용으로 설치한 ○○○, ×××등 부속물 일체에 대한 소유권 및 철거권을 포기하고 임대인에게 무상으로 양도한다."

이 조항은, 임차인의 시설이 다음 임차인에게도 유용하여 임대인이 철거를 원하지 않을 때 사용할 수 있는 실용적인 성격의 특약이다. 이 경우, 임대인은 원상복구 비용을 청구할 수 없다(서울중앙지방법원 2023. 12. 22. 선고 2022가단5090445, 2023가단5083659 판결 등 참조).

임대차계약 시 자주 발생하는
문제점과 해결방안 사례

안정적 약국 운영의 든든한 방패, 상가건물 임대차보호법

「상가건물 임대차보호법」의 제정 시점은 이른바 'IMF'시대로 거슬러 올라간다. 수많은 상가 임차인들이 갑작스러운 임대료 인상과 계약 해지로 생계를 잃는 문제가 발생했다. 이것이 심각한 사회적 혼란을 초래하게 되자, 임대인과 임차인 사이의 힘의 불균형을 법으로 조정하고, 영세 상인을 보호하기 위해 제정되었다.

약국도 상가다. 따라서 약국 임대차는 「상가건물 임대차보호법」의 보호를 받는다. 하지만 모든 약국이 다 보호받는 것은 아니다. 법이 정한 "환산보증금 기준" 이하의 계약 조건이어야 한다. 이 기준을 넘으면, 아무리 약국이라도 「상가건물 임대차보호법」의 보호를 받지 못한다.

「상가건물 임대차보호법」이 어떤 권리를 보장하는지, 내 약국이 법의 보호를 받는지, 구체적으로 어떻게 활용할 수 있는지를 알아야 한다. 법이 주는 권리를 모르면 권리를 행사할 수 없다. 알아야 지킬 수 있다.

적용 대상: 환산보증금 기준과 내 약국이 보호받을 수 있는 범위

약국 임대차계약이 「상가건물 임대차보호법」의 보호를 받기 위해서는 법에서 정한 일정 기준을 충족해야 한다. 그 핵심 기준이 바로 '환산보증금'이다. 이 법은 기본적으로 영세 상인을 보호하기 위한 취지다. 때문에 일정 규모 이상의 임대차에는 법의 모든 조항이 적용되지 않는 것이다.

따라서 약국 임대차계약 시 가장 먼저 확인할 것은 내 약국의 환산보증금이 얼마이며, 상가임대차법의 보호를 온전히 받을 수 있는지 여부다.

환산보증금의 개념과 계산법

환산보증금이란 임대차계약의 경제적 가치를 평가하기 위해 보증금과 월 차임을 일정한 기준에 따라 합산한 금액이다. 「상가건물 임대차보호법」은 보증금뿐만 아니라 월세까지 고려하여 법 적용 대상을 정하고 있다. 이는 보증금과 월세의 비율이 다양한 임대차계약을 공평하게 규율하려는 취지다.

환산보증금은 임대차계약 형태가 다양하기 때문에 쓰는 개념이다. 어떤 약국은 보증금 10억, 월세 없음(전세). 다른 약국은 보증금 2억, 월세 500만 원. 또 다른 약국은 보증금 없음, 월세 1천만 원(월세만).

위 세 가지 경우를 어떻게 비교할까? 보증금만 보면 첫 번째가 10억으로 제일 크다. 하지만 월세가 없으니 임차인 부담은 상대적으로 적다. 세 번째는 보증금이 없지만 월세가 크니 실제 부담은 클 수 있다. 따라서 보증금과 월세를 하나의 기준으로 환산해야 공정하게 비교할 수 있다. 그래서 나온 개념이 바로 '환산보증금'이다.

환산보증금에 대한 계산식은 다음과 같다.

환산보증금 = 보증금 + (월 차임 × 100)

왜 100을 곱할까? 이건 '월세의 100개월치가 보증금과 같은 가치'라고 보는 것이다. 월세 100만 원이면, 100개월(약 8년 4개월)치인 1억 원이 보증금과 동등하다고 본다. 예를 들어보자.

사례 1: 보증금 5억, 월세 300만 원

환산보증금 = 5억 + (300만 원 × 100) = 5억 + 3억 = 8억

사례 2: 보증금 3억, 월세 500만 원

환산보증금 = 3억 + (500만 원 × 100) = 3억 + 5억 = 8억

사례 1과 사례 2는 보증금과 월세 구성은 다르지만, 환산보증금
은 같다. 법은 이 둘을 동등하게 취급한다.

사례 3: 보증금 10억, 월세 없음

환산보증금 = 10억 + (0 × 100) = 10억

사례 4: 보증금 없음, 월세 1천만 원

환산보증금 = 0 + (1,000만 원 × 100) = 10억

사례 3과 사례 4도 환산보증금이 같다.

한편, 「상가건물 임대차보호법」에서 환산보증금 산정의 기준이
되는 '차임'에는 매월 정액으로 지급되는 고정적인 관리비가 포함
될 수 있다. 판례는 관리비가 실비 정산의무 없이 매월 일정액으로
정해져 임대인에게 지급되는 경우, 이는 임대차 목적물 사용의 대
가로서 차임의 성격을 가지므로 환산보증금 산정 시 포함되어야
한다고 본다(서울서부지방법원 2023. 1. 17. 선고 2022가단239493
판결). 반면, 전기료, 수도료 등 임차인이 실제 사용한 금액에 따라
정산되는 실비 성격의 관리비나, 임대인이 아닌 관리업체 등에 직
접 지급하는 관리비는 차임에 포함되지 않는다(서울동부지방법원
2019. 6. 5. 선고 2018나29711 판결).

따라서 만일 매월 고정 관리비 100만 원을 임대인에게 지급하는

조건이라면, 이는 월 차임에 합산되어야 한다. 예를 들어 보증금 5억 원에 월세 400만 원, 고정 관리비 100만 원이 발생하는 경우, 환산보증금은 [보증금 5억 원 + (월세 400만 원 + 관리비 100만 원) × 100]으로 계산되므로 총 10억 원이 될 것이다.

이처럼 관리비 포함 여부에 따라 법 적용 대상에서 제외될 수 있으므로 계약 시 관리비의 성격과 지급 방식을 명확히 해야 한다.

지역별 환산보증금 적용 기준

「상가건물 임대차보호법 시행령」 제2조 제1항에 따라 법의 전면 적용을 받는 환산보증금의 상한액은 다음과 같다. 이 기준은 2019년 4월 2일 이후 체결되거나 갱신되는 임대차계약부터 적용된다.

서울특별시: 9억 원

「수도권정비계획법」에 따른 과밀억제권역(서울 제외) 및 부산광역시: 6억 9천만 원

광역시(과밀억제권역 및 군 지역 제외), 세종특별자치시, 파주시, 화성시, 안산시, 용인시, 김포시, 광주시: 5억 4천만 원

그 밖의 지역: 3억 7천만 원

서울 강남에서 약국을 하는 사람과 강원도 춘천에서 약국을 하는 사람의 기준이 다른 것이다.

왜 이렇게 차등을 두는가? 지역별 임대료 수준이 다르기 때문이다. 서울 강남의 월세와 지방 소도시의 월세는 몇 배 차이가 난다. 똑같은 기준을 적용하면 서울에서는 거의 모든 약국이 법의 보호를 못 받게 되고, 지방에서는 거의 모든 약국이 보호받게 된다. 그래서 지역별로 기준을 다르게 정한 것이다. 때문에 같은 환산보증금 6억 원의 약국이라도 서울에서는 상가임대차법의 모든 보호를 받지만, '그 밖의 지역'에 속하는 춘천에서는 기준(3억 7천만 원)을 초과하여 일부 조항의 적용이 배제될 수 있다.

환산보증금 기준 초과 시 법적 보호 범위

다만, 환산보증금 기준을 초과한다고 해서 「상가건물 임대차보호법」의 보호를 아예 못 받는 것은 아니다. 다음과 같은 중요 조항들은 환산보증금 기준과 관계 없이 상가임대차라면 적용된다.

환산보증금 초과 임대차에도 적용되는 핵심 권리

- 대항력(제3조): 임차 건물의 소유자가 변경되더라도 새로운 소유자에게 임차권을 주장할 수 있다.
- 계약갱신요구권(제10조): 최초 임대차 기간을 포함하여 최장 10년까지 계약 갱신을 요구할 수 있다. 임대인은 법에서 정한 정당한 사유 없이는 이를 거절하지 못한다.
- 권리금 회수기회 보호(제10조의4): 임대차 종료 시 임차인이

주선한 신규 임차인으로부터 권리금을 회수하는 것을 임대인이 방해할 수 없다.

- 3기 차임 연체 시 해지(제10조의8): 임차인이 3기분의 차임액을 연체한 경우 임대인이 계약을 해지할 수 있다.

환산보증금 초과 시 적용되지 않는 조항

- 우선변제권(제5조) 및 최우선변제권(제14조): 건물이 경매 등으로 넘어갈 때 보증금을 다른 채권자보다 우선하여 변제받을 권리가 없다.

- 차임 증액 상한(연 5%) 규정(제11조): 계약 갱신 시 임대인이 차임을 5% 이상으로 대폭 인상하더라도 이를 제한할 법적 근거가 없다.

- 월 차임 전환 시 산정률 제한(제12조): 보증금의 전부 또는 일부를 월세로 전환할 때의 전환율 제한이 적용되지 않는다.

[실제 분쟁 사례] 현저히 높은 임대료 요구는 권리금 회수 방해 행위가 될 수 있다(서울중앙지방법원 2024. 1. 19. 선고 2022가단5249766, 2022가단5353139 판결).

상가임대차법의 적용 여부가 문제 되는 상황에서, 임대인이 신규 임차인에게 현저히 높은 임대료를 요구하여 계약을 무산시키는 경우가 종종 발생한다. 다음은 약국 임대차에서 발생한 실제 사례이다.

1. 사실관계

약사 A는 5년간 약국을 운영한 후 임대차계약 만료를 앞두고 새로운 임차인 B와 권리금 2억 5천만 원에 계약을 체결했다. 약사 A는 임대인에게 임차인 B와의 신규 임대차계약 체결을 요청했다. 그러나 임대인은 기존 '보증금 2,000만 원, 월 차임 170만 원'이었던 계약 조건과 달리, 신규 임차인 B에게 '보증금 7,000만 원, 월 차임 320만 원'이라는 현저히 높은 조건을 제시했다. 결국 신규 임대차계약은 체결되지 못했고, 약사 A는 권리금을 회수할 기회를 놓치게 되었다.

2. 쟁점

임대인이 신규 임차인이 되려는 자에게 주변 시세에 비해 현저히 고액의 차임과 보증금을 요구한 행위가 상가임대차법 제10조의4 제1항 제3호에서 정한 '권리금 회수 방해 행위'에 해당하는지 여부가 쟁점이 되었다.

3. 법원의 판단

법원은 임대인의 행위가 권리금 회수 방해 행위에 해당한다고 판단했다. 법원은 감정평가 결과를 근거로 해당 약국의 적정 월 차임이 약 177만 원 수준이라고 보았다. 임대인이 요구한 월 차임 320만 원은 적정 차임에 비해 현저히 고액이므로, 이는 정당한 사유 없이 신규 임대차계약 체결을 거절한 것과 같다고 판단한 것이다. 이에 따라 법원은 임대인에게 권리금 감정평가액 상당의 손해를 배상하라고 판결했다.

4. 판결의 의미

이 판결은 임대인이 형식적으로는 신규 계약 협상에 응하면서도, 실제로는 무리한 임대료를 요구하여 계약을 무산시키는 방법으로 임차인의 권리금 회수를 방해하는 행위에 제동을 걸었다는 점에서 의미가 크다. 즉, 임대인이 제시하는 새로운 계약 조건은 적정 시세 등 객관적인 기준에 비추어 현저히 높아서는 안

된다는 점을 명확히 한 것이다. 약국 임차인은 임대인이 부당하게 높은 임대료를 요구하여 권리금 회수를 방해할 경우, 법적으로 손해배상을 청구할 수 있다는 점을 알아두어야 한다.

변호사의 조언: 계약 전 확인과 협상이 핵심이다

상가임대차법의 보호 범위를 결정하는 환산보증금은 임대차계약의 성패를 좌우하는 첫 단추다. 다음 사항을 반드시 기억해야 한다.

첫째, 계약 체결 전 환산보증금을 반드시 계산하고 지역별 기준과 비교해야 한다. 기준을 초과할 경우 어떤 법적 지위에 놓이는지 명확히 인지하고 계약에 임해야 한다.

둘째, 환산보증금 기준은 계약 체결 당시를 기준으로 판단한다. 계약 기간 중 차임이 인상되어 환산보증금이 기준을 초과하더라도, 그 계약 기간 동안에는 여전히 법의 보호를 받는다. 다만, 계약이 완전히 종료된 후 새로운 조건으로 재계약하는 경우에는 그 시점의 환산보증금을 기준으로 다시 판단하게 된다. 이 점을 유의해야 한다.

셋째, 환산보증금이 기준을 초과하는 경우, '차임 증액 상한'에 관한 특약이 중요한 보호장치가 될 수 있다. "갱신 시 차임 인상률은 통계청 소비자물가지수 변동률 범위 내로 한다"와 같이 구체적인 기준을 마련하는 것이 좋다.

계약 갱신:
10년 동안 쫓겨나지 않을 권리

"변호사님, 지금 5년 간 약국 잘 운영하고 있는데, 건물주가 계약 연장은 어렵다고 나가라네요. 저는 그냥 나가야 하나요?"

A 약사가 상담을 요청해왔다. A 약사는 2020년 3월에 계약해서 4년 6개월여 간 약국을 운영했다. 2025년 3월이 계약 만료일이었다. 보증금 3억, 월세 300만 원. 서울 마포구 주택가에 위치한 약국이었다. 환산보증금은 6억으로 법의 보호를 받는 조건이었다.

월세를 한 번도 밀린 적 없었고, 건물도 깨끗하게 관리했다. 단골 환자들도 많이 생겼고, 매출도 안정적이었다. A 약사는 앞으로도 계속 이 자리에서 약국을 운영하고 싶었다.

그런데 2024년 9월 경, 건물주에게서 연락이 왔다.

"약사님, 내년 3월이면 계약 만료잖아요. 저희가 건물을 매각하려고 하는데, 계약 연장은 어렵겠습니다. 미리 알려드리니까 다른 자리 알아보세요."

A 약사는 절망했다. 5년간 쌓아온 것들이 물거품이 되는 것 같았다. 단골 환자들을 어떻게 하나. 인테리어에 들인 비용은? 직원들 고용은? 모든 게 불확실했다. A 약사는 그 길로 변호사 사무실을 찾아왔다.

A 약사 같은 상황에서 가장 중요한 권리가 바로 '계약갱신요구권'이다. 상가건물 임대차보호법의 핵심 중 핵심이다.

『상가건물 임대차보호법』제10조 제1항을 보자.

"임대인은 임차인이 임대차기간이 만료되기 6개월 전부터 1개월 전까지 사이에 계약갱신을 요구할 경우 정당한 사유 없이 거절하지 못한다. 다만, 다음 각 호의 어느 하나의 경우에는 그러하지 아니하다."

그리고 제10조 제2항은 이렇게 규정한다.

"임차인의 계약갱신요구권은 최초의 임대차기간을 포함한 전체 임대차기간이 10년을 초과하지 아니하는 범위에서만 행사할 수 있다."

나아가 제10조 제3항은 기간을 정한다.

"갱신되는 임대차는 전 임대차와 동일한 조건으로 다시 계약된 것으로 본다. 다만, 차임과 보증금은 제11조에 따른 범위에서 증감할 수 있다."

핵심은 이것이다. 임차인이 '최초의 임대차기간을 포함한 전체 임대차기간 10년'의 범위 내에서 안정적으로 영업할 권리를 보장받는다. 따라서 5년 계약을 체결한 임차인이라도 갱신 요구를 통해 추가로 5년의 영업 기간을 보장받을 수 있으며, 임대인은 법에서 정한 정당한 사유가 없는 한 이를 거절할 수 없다.

A 약사 사례로 보자. A 약사는 2020년 3월부터 5년 계약으로 약국을 운영했다. 그러니까 2025년 3월이 만료일이다. 그런데, A 약사가 "계약을 갱신해주세요"라고 요구하면, 건물주는 정당한 사유가 없는 한 받아들여야 한다. 갱신되면 2030년 3월까지 5년을 더 보장받게 된다.

물론 10년이 지나면 어떻게 될까? 법의 보호는 끝난다. 건물주가 "이제 계약 안 할 겁니다"라고 하면 나가야 한다. 하지만 10년이면 상당히 긴 기간이다. 그 사이 다른 자리를 알아보거나, 권리금을 받고 양도하거나, 준비할 시간이 충분하다.

갱신요구권 행사 시기와 방법

A 약사가 필자에게 물었다. "그럼 언제 어떻게 요구하면 되나요?"

이와 관련해서 법은 시기를 명확히 정하고 있다. 즉, "계약 만료 6개월 전부터 1개월 전까지"다.

예를 들어 약사의 계약 만료일은 2024년 3월 31일이라고 하자. 이 경우 계약갱신요구 가능 시작일은 2023년 9월 30일(6개월 전)

    Part 1 : 개국 준비, 반드시 알아야 할 필수 지식

이고, 갱신 요구 마감일은 2024년 2월 29일(1개월 전)이 된다.

만일 약사가 계약갱신을 원하는 경우, 위 정해진 기간 내에 갱신을 요구해야 한다. 이보다 너무 일찍 해서도 안 되고(예: 7개월 전), 너무 늦어도 안 된다(예: 만료 20일 전).

필자가 상담한 사례의 경우, A 약사는 건물주가 2024년 9월에 "계약 연장이 안 된다"고 통지를 했다고 했다. 9월이면 6개월 전이니, 갱신 요구 기간이 시작된 시점이다. A 약사는 바로 그때 갱신을 요구할 수 있었다.

그렇다면 계약갱신은 구체적으로 어떻게 요구해야 할까? 아래에 몇 가지 방법을 소개한다.

1) 내용증명 발송

내용증명 우편으로 건물주에게 계약갱신을 통지하는 방법이다. 내용증명 우편은 우체국이 문서의 내용, 발송일, 수신인을 공적으로 증명해주는 제도다. 이는 추후 혹시 있을지도 모르는 법적 분쟁에서 '나의 입장을 밝혔다'는 것에 대한 확실한 증거가 된다. 이를 통해, 임대인이 혹시라도 "나는 계약갱신 요구를 받은 적이 없다"고 주장하는 것을 원천적으로 차단할 수 있다.

2) 문자 메시지 또는 카카오톡

두 번째 방법으로, 문자나 카카오톡으로 보내는 것도 가능하다.

가령 아래와 같이 보낼 수 있다.

"안녕하세요. 저는 2025년 3월 31일 계약 만료 예정인 임차인 ○○○입니다. 『상가건물 임대차보호법』 제10조에 따라 계약 갱신을 요구합니다. 갱신 기간 5년, 조건은 현재와 동일합니다. 갱신 계약서 작성 협조 부탁드립니다."

이처럼 문자는 발송 기록이 남으니 증거가 된다. 하지만 내용증명보다는 공신력이 약하다. 임대인이 "문자를 못 봤다"고 할 수도 있으니, 문자를 발송한 후 임대인에게 문자를 수신했는지 여부를 확인하는 연락을 해두는 것이 좋다.

3) 대면 또는 전화 통지

물론, 임대인을 직접 만나서 말하거나, 전화를 걸어서 통화로 의견을 제시할 수도 있다. 이 역시 그 의사표시가 임대인에게 정확히 전달되었고, 임대인 또한 이를 인정한다면 법적으로는 유효한 통지로 인정될 수 있다. 그렇지만 '물증'이 없기 때문에 위험하다. 나중에 임대인이 입장을 바꿔서, "나는 그런 말 들은 적 없다"고 하면 입증하기 어려워질 수가 있다.

때문에 만약 대면이나 전화로 계약갱신 요구를 통지하려면, 반드시 녹음을 해둘 필요가 있다. 그리고 나중에 문자나 카카오톡으로 "오늘 말씀드린 것처럼, 계약 갱신 요구드립니다"라고 다시 한번 보내는 것이 안전하다. 증거를 남기는 게 핵심이다.

이러한 계약갱신 요구가 통지되면, 건물주는 "정당한 사유" 없이는 계약갱신 요구를 거절할 수 없다. A 약사가 갱신을 요구했고, 건물주에게 정당한 사유가 없다면, 계약은 자동으로 갱신된다.

여기서 "자동으로"라는 것이 중요하다. 건물주가 명시적으로 동의하지 않아도, 법적으로는 통지만으로 갱신된 것으로 본다. 만일 건물주가 침묵하면 어떻게 될까? 통지가 유효하게 이루어진 사실만 확인되면, 건물주의 답변 여부는 갱신 통지 효력에 아무런 영향을 미치지 못한다.

물론 현실에서는 갱신 계약서를 다시 작성하는 게 좋다. "2025년 4월 1일부터 2030년 3월 31일까지, 보증금 3억, 월세 300만 원(또는 증액된 금액)"이라고 명시한 새 계약서를 쓰는 것이다. 이것이 나중에 분쟁을 예방하는 가장 확실한 방법이다.

하지만 건물주가 계약서 작성을 거부하면 어떻게 될까? 그렇다고 하더라도 갱신 자체는 유효하다. A 약사는 "갱신 요구를 했다"는 증거(내용증명 등)만 있으면, 법적으로 갱신된 상태다. 건물주가 "나가라"고 해도 안 나가면 된다.

임대인이 거절할 수 있는 정당한 사유

A 약사가 다시 필자에게 물었다. "건물주가 '정당한 사유가 있다'며 거절하면 어떻게 되나요? 정당한 사유에는 어떤 것들이 있나요?"

이게 핵심이다. 법은 "정당한 사유"를 구체적으로 나열한다. 제

10조 제1항 각 호를 보며 하나씩 풀어서 보자.

1. 임차인이 3기의 차임액에 해당하는 금액에 이르도록 차임을 연체한 사실이 있는 경우
2. 임차인이 거짓이나 그 밖의 부정한 방법으로 임차한 경우
3. 서로 합의하여 임대인이 임차인에게 상당한 보상을 제공한 경우
4. 임차인이 임대인의 동의 없이 목적 건물의 전부 또는 일부를 전대한 경우
5. 임차인이 임차한 건물의 전부 또는 일부를 고의나 중대한 과실로 파손한 경우
6. 임차한 건물의 전부 또는 일부가 멸실되어 임대차의 목적을 달성하지 못할 경우
7. 임대인이 목적 건물의 전부 또는 대부분을 철거하거나 재건축하기 위하여 목적 건물의 점유를 회복할 필요가 있는 경우
8. 그 밖에 임차인이 임차인으로서의 의무를 현저히 위반하거나 임대차를 계속하기 어려운 중대한 사유가 있는 경우

1호: 차임 연체 (3기분 이상)

가장 빈번하게 문제 되는 사유이다. '3기 차임액'이란 월 차임이 300만 원이라면 900만 원을 의미한다. 중요한 것은, 갱신요구 시점에 연체액이 없더라도, 임대차 기간 중 3기 차임액에 달하는 금액을 연체했던 '사실'이 한 번이라도 있었다면, 임대인은 갱신을 거절할 수 있다.

사실관계: 임차인 A는 임대차 기간 중 수차례 차임을 연체하여 연체 차임액 합계가 3기 차임액을 초과하였다. 이후 연체 차임을 모두 지급하여 갱신요구 시점에는 연체 사실이 없었다. 임대인 B는 과거의 연체 사실을 이유로 계약 갱신을 거절하였다.

쟁점: 갱신요구 시점에 연체액이 없더라도, 과거에 3기 차임액에 달하는 연체를 한 사실만으로 갱신을 거절할 수 있는지 여부

법원의 판단: 대법원은 임대차 기간 중 3기 차임액에 이르도록 차임을 연체한 '사실'이 있다면, 이후 임차인이 연체 차임을 모두 지급했더라도 임대인은 계약갱신 요구를 거절할 수 있다고 판시하였다.

시사점: 이는 임차인의 신뢰를 중시하는 판결이다. 갱신요구권은 성실한 임차인을 보호하기 위한 것이므로, 과거라도 중대한 의무 위반 사실이 있었다면 갱신요구권이 제한될 수 있음을 명확히 한 것이다. 따라서 차임 연체 관리에 각별히 유의해야 한다.

2호: 거짓이나 부정한 방법으로 임차

예를 들어 약사 면허 없이 약국을 임차했다거나, 신원을 속였다거나 하는 경우다. 정상적으로 계약했다면 해당될 일이 없다.

3호: 합의 + 상당한 보상

건물주가 "나가주시면 보상금 1억 드리겠습니다"라고 제안하는 경우는 어떨까? A 약사 입장에서 이에 동의하면 가능하다. 하지만 A 약사가 동의하지 않으면 효력이 없다. 즉, 일방적으로 "보상금 줄 테니 나가라"고 강요할 수는 없는 것이다.

4호: 무단 전대

A 약사가 건물주 동의 없이 약국을 다른 사람에게 전대(임대)했다면, 임대인은 이를 이유로 계약 갱신을 거절할 수 있다.

5호: 고의·중과실로 건물 파손

약국 운영하다가 실수로 벽에 금이 갔다거나, 바닥이 긁혔다거나 하는 건 '경미한 파손'이라 문제될 일이 없다. 하지만 '고의나 중대한 과실'로 건물을 심각하게 훼손했다면 임대인 입장에서 계약 갱신을 거절할 사유가 된다.

6호: 건물 멸실

화재나 지진으로 건물이 무너졌다면 임대차가 자체가 불가능한 상황이 된다. 때문에 이런 경우에는 당연히 갱신 자체가 되기 어렵다.

7호: 철거·재건축

실무에서 가장 많이 다투는 조항 중 하나다. 건물주가 "건물을 철거하고 재건축할 겁니다"라고 주장하면서 갱신을 거절하는 경우가 많다.

하지만 무조건 인정되는 건 아니다. 철거·재건축을 할 계획이 구체적으로 있어야 한다. 실제 분쟁 사례를 보도록 하자.

분쟁 사례: '재건축 예정' 통보, 갱신 거절 사유가 될까?
- 서울동부지방법원 2016가단121056 판결

1. 사실관계

임차인 A는 2013년부터 상가에서 식당을 운영하고 있었다. 2014년 건물이 매각되어 새 임대인 B가 임대인의 지위를 승계하면서, 계약서에 "임대인은 건물의 철거 또는 재건축 계획에 따라 점유를 회복할 필요가 있는 경우 임차인의 계약갱신 요구를 거절할 수 있다"는 특약을 기재했다. 임대인 B는 2015년 5월, "재건축을 진행할 예정"이라며 계약 갱신을 거절하는 내용증명을 발송했다. 이에 임차인 A는 "구체적인 재건축 계획을 고지받지 못했다"며 계약 갱신을 요구했다.

2. 쟁점

임대인이 구체적인 실행 단계에 이르지 않은 막연한 재건축 계획만으로 임차인의 계약갱신요구권을 거절할 수 있는지 여부

3. 법원의 판단

법원은 임차인의 손을 들어주었다. 재판부는 상가임대차법의 임차인 보호 취지를 강조하며, 임대인이 단순히 장래에 재건축할 계획을 가지고 있다는 사정만으로는 계약갱신을 거절할 수 없다고 명확히 했다. 갱신 거절이 정당화되려면, 재건축을 위한 자금 조달, 관련 인허가 완료 등 구체적인 실행 단계에 이르러 점유 회복이 객관적으로 필요한 경우여야 한다고 판단했다.

이 사건에서 임대인이 건축사무소와 설계 계약을 체결하고 구청에 일부 신청을 하는 등 노력을 했으나, 갱신 거절 당시에는 계획이 구체적인 실행 단계에 이르렀다고 보기 부족하다고 본 것이다.

4. 결론 및 시사점

이 판결은 '재건축'을 이유로 한 갱신 거절이 얼마나 엄격한 요건 하에서만 인정되는지를 명확히 보여준다. 단순히 '재건축 예정'이라는 통보나 내부적인 계획만으로는 임차인의 갱신요구권을 막을 수 없다. 임차인은 임대인에게 구체적인 재건축 계획(허가 서류, 설계 도면, 공사 일정 등)을 요구하고, 그것이 불분명하다면 당당하게 갱신을 요구할 수 있다.

8호: 기타 중대한 사유

임차인이 약국을 불법 용도로 사용했다거나(예: 약국 아닌 다른 영업), 소음이나 악취로 다른 임차인에게 피해를 줬다거나, 범죄에 사용했다거나 하는 극단적인 경우다.

A 약사가 필자에게 다시 물었다. "갱신되면 조건은 똑같은 건가요? 아니면 월세가 오르나요?"

「상가건물 임대차보호법」 제10조 제3항은 "갱신되는 임대차는 전 임대차와 동일한 조건으로 다시 계약된 것으로 본다. 다만, 차임과 보증금은 제11조에 따른 범위에서 증감할 수 있다."고 규정한다.

이는 갱신 시 임대차 기간, 상가 면적, 사용 목적 등 기존의 주요 조건은 그대로 유지된다는 의미다. 그러나 차임과 보증금은 예외적으로 변경될 수 있다.

「상가건물 임대차보호법」 제11조는 차임 또는 보증금의 증액 한도를 규정한다. 증액 청구는 약정한 차임 또는 보증금의 100분의 5(5%) 금액을 초과하지 못하며, 증액이 있은 후 1년 이내에는 다시 증액을 청구할 수 없다.

A 약사의 사례를 보면, 기존 월 차임이 300만 원이었으므로, 건물주가 갱신 시 증액을 요구하더라도 최대 5%인 15만 원을 초과할 수 없다. 따라서 갱신 후 월 차임 상한선은 315만 원이 된다. 만약 건물주가 5%를 초과하는 400만 원으로의 인상을 요구한다면, 이는 법정 한도를 넘어서는 위법한 요구이므로 A 약사는 이를 거절하고 315만 원까지만 지급할 의무가 있다. 보증금 역시 기존 3억 원의 5%인 1,500만 원을 초과하여 증액할 수 없다.

물론, 5%는 증액의 상한선일 뿐, 임대인이 일방적으로 5%를 인상할 수 있다는 의미는 아니다. 임대인은 조세, 공과금, 그 밖의 부담 증감이나 경제사정의 변동 등을 이유로 증액의 필요성을 입증해야 하며, 임차인은 주변 시세 등을 고려하여 인상률에 대해 협의할 수 있다.

실무적으로는 갱신 시점에 이러한 내용을 명확히 하여 갱신 계약서를 다시 작성하는 것이 분쟁 예방에 가장 좋다.

임대료 인상:
"월세 2배 올려달라?"
임대료 인상 상한선(5%)의 적용과 예외

상가 임대차계약 갱신 시, 임대인이 수년간 동결했던 임대료를 주변 시세를 이유로 한 번에 2배 인상해달라고 요구하는 경우, 임차인은 이를 받아들여야 할까? 이는 「상가건물 임대차보호법」 제11조가 규정하는 차임 증액 상한 5%의 적용 범위와 관련된 핵심적인 쟁점이다.

다음은 필자가 실제 상담 사례를 바탕으로 재구성해 본 내용이다.

P 약사는 3년 전 월 차임 200만 원에 상가 임대차계약을 체결하고 약국을 운영해왔다. 계약 갱신 시점이 되자, 임대인은 '지난 3년간 임대료를 동결했고, 주변 시세가 450만 원까지 올랐다.'는 이유를 들며 월 차임을 400만 원으로 100% 인상하겠다고 통보했다. 임

대인은 3년 치 인상분(5% × 3개월 = 15%)을 한 번에 청구할 수 있다고 주장했다.

P 약사는 법에서 보장하는 연 5% 인상률 제한을 알고 있었지만, 임대인의 주장이 타당한지, 만약 이 요구를 거절했을 때 계약이 해지될 위험은 없는지 혼란스러워했다.

연 5% 상한의 정확한 의미

P 약사의 질문에 답하려면, 「상가건물 임대차보호법」 제11조와 같은 법 시행령의 제4조를 정확히 이해해야 한다. 조문을 보자.

법 제11조 (차임 등의 증감청구권)

① 차임 또는 보증금이 임차건물에 관한 조세, 공과금, 그 밖의 부담의 증감이나 경제 사정의 변동으로 인하여 상당하지 아니하게 된 경우에는 당사자는 장래의 차임 또는 보증금에 대하여 증감을 청구할 수 있다. 그러나 증액의 경우에는 대통령령으로 정하는 기준에 따른 비율을 초과하지 못한다.

② 제1항에 따른 증액 청구는 임대차계약 또는 약정한 차임 등의 증액이 있은 후 1년 이내에는 하지 못한다.

시행령 제4조

법 제11조제1항 단서에서 '대통령령으로 정하는 기준에 따른 비율'이란 청구 당시 차임 또는 보증금의 100분의 5의 금액을 말한다.

위 법령을 종합하면, 임대료 증액의 핵심 요건은 다음과 같이 정리할 수 있다.

첫째, 증액 청구는 청구 당시 차임 또는 보증금의 5%를 초과할 수 없다. 이는 절대적인 상한이다. 당사자 간의 합의나 주변 시세 변동을 이유로 초과할 수 없다.

둘째, 증액 청구는 임대차계약 체결 또는 직전 증액 후 1년이 경과해야만 가능하다. 수년 간 임대료를 동결했더라도 그 기간을 소급하여 한 번에 누적 인상하는 것은 허용되지 않는다.

즉, '연 5% 상한'이란 매년 5%씩 인상할 수 있다는 의미가 아니라, '1년에 한 번, 올릴 때마다 5% 이내'라는 의미이다. 임대인이 증액 청구권을 행사하지 않은 기간의 인상분이 이월되거나 누적되지 않는다는 점이 핵심이다.

다시 P 약사 사례로 보자. 현재 월세가 200만 원이다. 이 때 건물주가 증액을 청구하면:

1차 증액: 200만 원의 5% = 10만 원 → 월세 210만 원

1년 후 2차 증액: 210만 원의 5% = 10만 5천 원

    → 월세 220만 5천 원

1년 후 3차 증액: 220만 5천 원의 5% = 11만 250원

    → 월세 231만 5,250원

이렇게 매년 5%씩 복리로 올라간다. 3년이 지나면 약 231만 5천 원이 된다. 200만 원에서 15.7% 오른 금액이다.

하지만 P 약사 사례에서 건물주는 "3년 동안 안 올렸으니까 3년 치를 한꺼번에"라며 400만 원을 요구했다. 이것이 법적으로 가능할까?

답은 명확하다. 불가능하다.

법은 "1년에 한 번, 5%까지"라고 정한다. 3년 동안 안 올렸다고 해서 3년치를 몰아서 올릴 수 없다. 매년 올릴 '기회'는 있었지만, 건물주가 올리지 '않았던' 것이다. 올리지 않은 기회가 누적되는 게 아니다.

따라서 P 약사 사례에서 건물주가 지금 올릴 수 있는 금액은 딱 5%다. 200만 원의 5% = 10만 원. 월세는 210만 원까지만 올릴 수 있다.

400만 원은 100% 인상이니, 법정 한도를 20배 초과한다. 명백히 위법한 요구다.

"1년에 5%"의 정확한 의미

그런데 조금 복잡한 문제가 있다. "1년에 5%"라는 게 정확히 무슨 뜻일까? 예를 들어 P 약사가 2021년 1월 1일에 계약했고, 월세가 200만 원이라고 해보자.

경우 1: 매년 1월 1일마다 5%씩 올린다?

- 2022년 1월 1일: 210만 원

- 2023년 1월 1일: 220만 5천 원

- 2024년 1월 1일: 231만 5천 원

경우 2: 건물주가 원하는 시점에 올릴 수 있되, 한 번 올리고 나서 1년은 기다려야 한다?

- 2022년 7월 1일에 올림: 210만 원

- 2023년 7월 1일에 또 올림: 220만 5천 원

- 2024년 7월 1일에 또 올림: 231만 5천 원

법은 경우 2를 택한다. 제11조 제2항을 다시 보자. "제1항에 따른 증액 청구는 임대차계약 또는 약정한 차임 등의 증액이 있은 후 1년 이내에는 하지 못한다."

"증액이 있은 후 1년"이라는 표현이 핵심이다. 계약일이 아니라, "실제로 증액한 날"로부터 1년이다.

따라서 건물주는 증액 시점을 자유롭게 선택할 수 있다. 다만, 한 번 올리면 1년은 기다려야 한다.

P 약사 사례를 다시 보자. 2021년 1월 1일 계약했고, 월세가 200만 원이라고 치면,

- 건물주가 3년 동안 한 번도 월세를 안 올렸다.
- 2024년 1월 1일, 계약 갱신 시점에 처음으로 올리려 한다.
- 법적으로 올릴 수 있는 금액은 5%, 즉 10만 원.
- 월세는 210만 원.

건물주가 "3년 동안 안 올렸으니 15%"라고 주장할 수 없다. 안 올린 건 건물주의 선택이었고, 그 기회가 누적되지 않는 것이다.

유사한 사안에서 법원은 수년간 임대료를 인상하지 않았더라도, 누적된 경제사정 변동을 이유로 한 번에 5%를 초과하여 인상할 수는 없다고 본다. 법정 상한을 준수한 임대료 인상만이 유효하다고 판단한 바 있다(수원지방법원 성남지원 2022.8.23. 선고 2018가합 408387, 2019가합405446 판결).

"주변 시세"는 5% 상한과 무관하다

P 약사 사례에서 건물주는 또 다른 논리를 폈다. "주변 시세가 월세 450만 원인데, 400만 원이면 싸게 드리는 것"이라고 주장했다. 이 논리는 타당할까?

답은 "아니다"이다.

「상가건물 임대차보호법」 제11조 제1항을 다시 보자. "경제 사정의 변동으로 인하여 상당하지 아니하게 된 경우"라는 표현이 있다. 이 조항만 보면, 주변 시세가 올랐다는 걸 고려할 수 있다는 의미다.

그러나 제11조 제1항 단서까지 같이 살펴보아야 한다. "그러나 증액의 경우에는 대통령령으로 정하는 기준에 따른 비율을 초과하지 못한다." 즉, 경제 사정이 아무리 변동되어도, 주변 시세가 아무리 올라도, 5% 상한은 절대적이다.

따라서 건물주가 "주변 시세가 450만 원"이라고 주장해도, P 약사의 월세는 210만 원까지만 올릴 수 있는 것이다. 이게 「상가건물 임대차보호법」의 강력한 보호다. 주변 시세가 폭등해도, 기존 임차인은 연 5%씩만 부담하면 된다. 급격한 임대료 인상으로 쫓겨나는 걸 막기 위한 장치인 것이다.

관리비는 인상률 제한 대상인가?

그렇다면 관리비와 부가세 부분은 어떨까? 만일 임대인이 월세는 5%만 올리는 대신, 관리비를 올리겠다고 하면 어떻게 되는 것일까? 여기에서의 핵심은 '관리비의 성격'을 무엇으로 규정하는지다. 아래 유형별로 살펴보자.

유형 1: 관리비가 실제 관리 비용을 반영하는 경우

예를 들어 건물 청소비, 엘리베이터 유지비, 공용 전기료 등이 실제로 올랐고, 그걸 관리비에 반영하는 경우가 있을 수 있다. 이런 관리비는 '차임'이 아니라 '실비 정산' 성격이 맞다. 이 경우 관리

     Part 1 : 개국 준비, 반드시 알아야 할 필수 지식

비 인상은 5% 제한을 받지 않는다. 실제 비용이 올랐으니 그만큼 받는 게 합리적일 것이다.

그런데 어떤 계약서는 이렇게 쓴다. "월 차임 200만 원, 관리비 100만 원." 하지만 실제로는 관리 비용이 100만 원이 아니다. 관리 비용은 20만 원 정도인데, 나머지 80만 원은 사실상 임대료로 볼 수 있는 경우다.

이 경우, 월세와 관리비를 합산한 총액이 증액 제한의 대상이 될 것이다. 명목상 관리비라 하더라도 그 실질이 임대차 목적물의 사용 대가에 해당한다면 차임 증액 제한 규정이 적용될 수 있다.

[분쟁 사례] 법정 상한을 초과한 임대료 인상 요구와 권리금 회수 방해 (대전지방법원 논산지원 2019.10.10. 선고 2017가단2390, 2018가단20722 판결)

1. 사실관계

임대인이 약국 임대차계약 갱신 시점에서 연 임대료를 500만 원에서 960만 원으로 92% 인상을 요구했다. 임차인은 이를 감당할 수 없어 거절하고, 권리금을 받고자 신규 임차인을 주선했다. 그러나 임대인은 신규 임차인에게도 동일하게 높은 임대료를 요구했고, 결국 신규 임대차계약이 무산되었다.

2. 쟁점

① 임대인이 「상가건물 임대차보호법」 상 증액 상한(5%)을 현저히 초과하는 임대료를 요구하며 사실상 갱신을 거절한 것이 정당한지, ② 이러한 행위가 임차인의 권리금 회수 기회를 방해한 것에 해당하는지 여부

3. 법원 판단

법원은 임대인이 주변 시세와 비교하여 현저히 고액의 차임을 요구함으로써 신규 임차인과의 계약 체결을 거절한 것은, 「상가건물 임대차보호법」 제10조의4 제1항에서 정한 권리금 회수 방해 행위에 해당한다고 판단했다. 이에 따라 임대인에게 권리금 회수 방해로 인한 손해배상책임을 인정했다.

4. 의미

이 판례는 임대인이 법정 상한을 초과하는 임대료를 요구하는 것 자체가 위법할 뿐만 아니라, 이를 이용해 신규 임차인과의 계약을 무산시키는 행위는 임차인의 권리금 회수를 방해하는 불법행위가 될 수 있음을 명확히 한 사례다. 임차인은 부당한 인상 요구를 거절할 수 있으며, 권리금 회수 과정에서 임대인의 비협조적인 행위가 있다면 손해배상을 청구할 수 있는 법적 근거가 될 수 있다.

대항력:
건물이 매매되어 주인이 바뀌어도 계속 영업할 수 있는 힘

"건물주가 바뀌었으니 나가세요."

K 약사는 청천벽력 같은 통지를 받았다. 3년간 운영하던 약국, 보증금 2억에 월세 250만 원. 별 문제 없이 잘 운영하고 있었다. 그러던 어느 날 공인중개사로부터 연락이 왔다. 건물의 주인이 바뀌었는데, 건물을 다른 용도로 쓸 계획이라면서 퇴거를 요청해왔다는 것이다.

K 약사는 놀라서 새 임대인의 연락처를 얻은 후 따로 만나서 자초지종을 설명했다. 임대인은 자신이 새 건물을 매입해서 소유권 이전등기를 마친 상황이며, 건물을 애초부터 다른 용도로 사용할 계획으로 매입한 것이기 때문에 퇴거 해달라는 말만 반복했다.

K 약사는 새 임대인에게 자신이 기존 임대인과 체결한 상가임대차계약서를 제시하면서 말했다.

"계약서를 보시면, 저는 아직 계약 기간이 2년이나 남은 상황입니다. 저는 이 건물에서 영업을 계속할 권리가 있어요."

그러자 새 임대인은 고개를 저었다.

"그건 전 건물주와 약사님 사이의 계약이잖아요. 저는 그 계약에 동의한 적 없습니다. 그리고 제가 확인해보니, 약사님은 '확정일자'를 안 받으셨더라고요. 그럼 대항력이 없어서 저한테 주장하실 수 있는 내용은 아닌 것으로 알고 있어요."

K 약사는 당황했다. 확정일자? 대항력? 무슨 말인지 이해할 수 없었다.

K 약사의 상황을 이해하려면 '대항력'이라는 개념을 알아야 한다. 「상가건물 임대차보호법」의 핵심 중 핵심 개념이다.

대항력이란 임차인이 임대차계약의 유효함을 임차건물의 양수인, 임대할 권리를 승계한 자, 그 밖에 임차건물에 관하여 이해관계를 가진 제3자에게 주장할 수 있는 법률상의 힘을 말한다. 원칙적으로 임대차는 당사자 사이에서만 효력이 있는 채권계약에 해당한다. 즉, 임대인이 건물을 제3자에게 매도하면 임차인은 새로운 소유자에게 임차권을 주장할 수 없다. 그러나 이러한 원칙을 고수할 경우 상가 임차인의 지위가 매우 불안정해지게 된다. 때문에 「상가건물 임대차보호법」은 일정한 요건을 갖춘 임차인에게 대항력을 부여하여 보호하고 있는 것이다.

「상가건물 임대차보호법」 제3조 제1항을 보자.

"임대차는 그 등기가 없는 경우에도 임차인이 건물의 인도와 부가가치세법 제8조, 소득세법 제168조 또는 법인세법 제111조에 따른 사업자등록을 신청하면 그 다음 날부터 제3자에 대하여 효력이 생긴다."

조문을 풀어보면 이렇다.

대항력의 요건: 1. 건물의 인도 (실제로 점유하고 있을 것)

  2. 사업자등록 신청

이 두 가지를 갖추면, "다음 날부터" 대항력이 생긴다. "제3자에 대하여 효력이 생긴다"는 건 "새 건물주에게도 임대차를 주장할 수 있다"는 의미다.

필자가 상담한 K 약사는 건물을 인도받았다. 3년간 약국을 운영 중이니, 인도 요건은 충족했다. 사업자등록도 했다.

이 요건을 모두 갖추었으니, K 약사는 대항력이 있다. 새 임대인이 "나가라"고 해도, K 약사는 "나는 대항력이 있으니 계약 기간까지는 나가지 않겠다"고 주장할 수 있는 것이다.

그런데 새 임대인은 왜 자신 있게 "확정일자가 없어서 대항력이 없다"고 말했던 것일까? 여기서 우리는 '대항력'과 '우선변제권'을 구분해야 한다. '대항력'이란, 건물이 팔려도 임대차를 유지할 수 있는 권리를 말한다. 반면 '우선변제권'이란, 건물이 경매에 넘어가도 보증금을 우선 받을 수 있는 권리를 말한다.

대항력과 우선변제권은 그 구비 요건이 다르다. 대항력은 '인도 + 사업자등록'을 갖추면 생긴다. 반면 우선변제권은 '인도 + 사업자등록'과 더불어 '확정일자'를 부여받았을 때 비로소 생기게 되는 권리다. 즉, 보증금에 대한 우선변제권을 받으려면 '확정일자'가 추가로 필요한 것이다.

확정일자란 무엇일까? 확정일자란, 계약서에 "이 계약이 언제 체결됐는지" 공적 기관(주로 관할 세무서 또는 주민센터)이 날짜를 찍어주는 것이다. 계약서를 들고 세무서나 주민센터에 가면, 직원이 계약서에 도장을 찍고 날짜를 기재해준다. 임대차 경험이 있는 독자들이라면 한 번쯤은 경험해봤을 것이다.

위 상담 사례에서, K 약사는 확정일자를 받지 않았다. 이 경우, 대항력은 있지만, 우선변제권이 없는 것이다. 새 임대인은 이 둘을 혼동하거나, 또는 의도적으로 헷갈리게 말한 것이다. 즉, "확정일자가 없으니 대항력이 없다"는 건 거짓말이다. 정확하게는 "확정일자가 없으니 우선변제권이 없다"가 맞다.

결국 K 약사는 대항력이 있으므로, 새 건물주에게 "나는 계약 기간(2년 남음)까지 계속 약국을 운영할 권리가 있습니다."라고 주장할 수 있다.

2. 쟁점

상가건물 임대차보호법 제3조 제1항의 대항력 요건(건물 인도 + 사업자등록)을 갖춘 임차인 A가 새로운 소유자 B에게 임대차계약의 유효를 주장할 수 있는지 여부

3. 법원의 판단

법원은 다음과 같은 이유로 임차인 A의 손을 들어주었다.

- 상가건물 임대차보호법 제3조 제1항에 따라 임차인이 건물을 인도받고 사업자등록을 신청하면 그다음 날부터 제3자에 대하여 대항력이 발생한다.

- 임차인 A는 2020.3.6. 0시부터 대항력을 취득하였고, 이는 새로운 소유자 B가 소유권을 취득한 2023.6.10.보다 명백히 선행한다.

- 상가건물 임대차보호법 제3조 제2항은 "임차건물의 양수인(새로운 소유자)은 임대인의 지위를 승계한 것으로 본다"고 규정하고 있다.

- 따라서 새로운 소유자 B는 자신의 의사와 무관하게 전 임대인의 지위를 법률상 당연히 승계하므로, 임차인 A에게 명도를 청구할 수 없다.

결론적으로 법원은 새로운 소유자 B의 명도 청구를 기각하고, 임대차계약이 유효하게 존속함을 확인하였다.

4. 판결의 의미

이 판결은 상가 임차인이 법에서 정한 최소한의 요건인 '건물 인도'와 '사업자등록'만 갖추면, 임대차 기간 중 건물의 소유자가 변경되더라도 자신의 임차권을 안전하게 보호받을 수 있다는 점을 명확히 보여준다. 임차인의 대항력은 소유권 변동이라는 외부 요인으로부터 임차인의 안정적인 영업 활동을 보장하는 가장 기본적인 법적 장치임을 잊지 말자.

K 약사는 대항력이 있기 때문에 새 임대인의 "나가라"는 요구는 막을 수 있었다. 그러나 안심할 수는 없다. 확정일자를 받지 않았던 것이 문제다. 확정일자를 받지 않으면 다음과 같은 문제가 생길 수 있다.

문제 1: 보증금을 못 받을 수 있다

만약 건물이 경매에 넘어가면 어떻게 될까? 예를 들어 새 임대인이 건물을 담보로 대출을 받았는데, 대출금을 못 갚아서 경매가 진행됐다고 하자. 건물이 경매로 팔린 후, 경매 낙찰자(또 새로운 건물주)가 나타난다. 이 사람이 K 약사에게 "나가라"고 하면 어떻게 될까?

물론 이 경우에도 K 약사는 여전히 대항력이 있다. 따라서 "계약기간까지는 나가지 않겠다"고 주장할 수 있다. 그런데 보증금 2억 원을 돌려받을 때가 문제다. 이 때 보증금은 원칙적으로는 전 건물주(위 사례에서 K 약사에게 나가라고 했던 새로운 임대인)에게 받아야 한다. 하지만 전 건물주는 경매로 건물을 잃었고, 돈이 없다. 대출금도 못 갚아서 경매에 넘어간 마당에 보증금이 남아 있을 리 없다.

여기서 '우선변제권'이 중요해진다. 만약 K 약사가 확정일자를 받았다면, '우선변제권'이 있어서 경매 대금에서 보증금을 우선 배당받을 수 있다. 하지만 확정일자가 없으면, 우선변제권이 없어서 배당받을 가능성이 사라진다. 피같은 보증금 2억 원을 날릴 수 있다.

문제 2: 순위에서 밀린다

건물에는 여러 권리가 겹쳐 있을 수 있다. 예를 들어:
- 은행 대출 근저당권 (5억 원)
- K 약사 임차권 (보증금 2억, 확정일자 없음)
- Y 약사 임차권 (보증금 1억, 확정일자 있음)

이 건물이 경매로 8억 원에 팔렸다고 가정하면, 배당 순서는 아래와 같다.

배당 순서:

1. 은행 근저당권 5억 원 (우선)
2. Y 약사 우선변제권 1억 원 (확정일자 있음)
3. 남은 금액 2억 원

K 약사는 확정일자가 없어서 우선변제권이 없다. 따라서 남은 2억 원을 받을 수 있을까? 운이 좋으면 받을 수 있다. 하지만 다른 채권자들(세금, 임금 등)이 있으면 순위에서 밀려서 일부만 받거

나 아예 못 받을 수 있다. 반면, Y 약사는 확정일자가 있어서 우선 변제권이 있다. 따라서 1억을 확실히 배당받을 수 있는 것이다. 확정일자 하나가 보증금 전액을 지키느냐 못 지키느냐를 결정하게 되는 것이다.

문제 3: 대항력 취득 시점 입증의 어려움

대항력은 "입주 + 사업자등록 다음 날" 취득된다. 하지만 나중에 분쟁이 생기면, "정확히 언제 입주했는지", "언제 사업자등록을 했는지" 등을 입증해야 한다. 그런데 입주일은 계약서에 적혀 있지만, "실제로 그날 입주했는지"를 증명하기 어렵다. 반면 사업자등록일은 세무서에 기록이 있으니 증명하기 쉽다.

이 때 확정일자가 있으면 어떨까? 확정일자에 찍힌 날짜가 공적 증거가 된다. "이날 계약이 존재했다"는 사실이 공적으로 증명되는 것이다. 분쟁 시 입증이 훨씬 쉬울 수밖에 없다.

최우선변제권까지 확보하는 법
(소액임차인 보호)

확정일자를 받으면 우선변제권이 생긴다. 하지만 여기서 한 단계 더 강력한 보호가 있다. 바로 "최우선변제권"이다. 최우선변제권이란 "일정 금액까지는 다른 모든 권리(근저당권 포함)보다 우선해서 배당받을 수 있는 권리"다.

「상가건물 임대차보호법」 제14조를 보자.

"임차인은 보증금 중 일정액을 다른 담보물권자보다 우선하여
변제받을 권리가 있다."

그리고 시행령 제6조를 보면, 지역별·보증금 범위별로 최우선변
제 금액이 정해져 있다.

예를 들어 서울의 경우:

- 보증금이 9,500만 원 이하인 경우: 보증금의 1/2, 최대 3,800만 원

- 보증금이 9,500만 원 초과인 경우: 최대 3,800만 원

다른 지역은 금액이 다르다(자세한 금액은 시행령을 참고하라).

여기서 중요한 포인트가 있다. 최우선변제권은 확정일자가 없
어도 받을 수 있는 것이다. 즉, 최우선변제권은 '최소한의 안전망'
이다. 확정일자를 못 받은 소액 임차인을 위한 구제책이다. 하지만
완벽한 보호는 아니다. 확정일자를 받는 게 최선이라는 점을 알아
두자.

체크리스트

☐ 계약서 작성 완료

☐ 계약금 입금 완료

☐ 건물 인도받음 (열쇠 수령, 실제 점유)

☐ 사업자등록 신청 완료

☐ 확정일자 받음 (계약서에 날인 확인)

이 다섯 가지를 모두 체크하면, 여러분은 대항력과 우선변제권을 모두 확보한 것이다.

Part 1
개국 준비,
반드시 알아야 할 필수 지식

1장 개국 여정의 전체 지도
약국을 열기 전, 어디부터 시작해야 할까?

2장 임대차계약과 상가임대차보호법
이 약국 자리, 정말 괜찮을까?

3장 개국 형태별 가이드
새 약국을 열까? 기존 약국을 인수할까?
혼자 할까? 같이 할까?

4장 약국 권리금의 모든 것
약국 권리금 한 번에 이해하기

공실 신규 vs 타업종 인수 vs 기존 약국 인수

약국 개국은 그 위치를 어느 곳으로 선정하는가에 대해서 업종의 특성상 일정 부분 제약이 따르는 것이 현실이다. 단순히 일반의 약품만을 취급하며 매약 위주의 운영을 하겠다고 결심한 것이 아니라면 보통은 인근의 병의원들이 어떻게 구성되어 있는지, 처방전을 발급할 인근 병의원의 구성이 어떻게 되는지에 영향을 받게 된다.

이러한 기준에서 약국의 개국은 크게 3가지의 형태로 나누어볼 수 있다. 첫째, 공실로 되어 있는 장소에 새롭게 약국을 개국하는 경우. 둘째, 약국과는 무관한 업종이 이미 사업을 영위하던 곳에 약국을 개국하는 경우. 셋째, 이미 영업 중인 약국을 인수하는 경우.

이번 장에서는 이러한 약국의 개국 형태에 따라 각각 장점과 단점에 대해 살펴보고자 한다.

공실 신규:
공실로 되어 있는 장소에 새롭게 약국 개국

이 경우는 보통 새롭게 준공된 메디컬빌딩(테마빌딩의 한 형태로 건물의 90%가 의료관련 시설로 기획된 건물)의 1층 약국으로 입점하는 경우가 일반적이며, 이미 연식이 오래된 빌딩의 1층 공실을 약국으로 개국하는 경우는 거의 없다. 이 형태의 가장 큰 장점은 기존에 사업장으로 이용되던 곳이 아니다 보니 사업장 확보를 위해 지불해야 하는 권리금이 없다는 점이다. 다만, 약국으로서의 형태를 갖추기 위해 초기 인테리어 및 보안설비 등 사업장으로서의 기능을 갖추기 위한 초기비용이 소요된다. 이 형태의 가장 큰 특징은 개국 시점에 향후 매출을 예측하기 어렵다는 것이다. 즉, 향후 해당 빌딩에 어느 시점에 병의원들이 입점하게 되는가, 병의원들이 입점 후 얼마나 환자 유치를 하는가, 어떤 진료 과에서 얼마나 처방전을 발급하는가, 해당 메디컬빌딩에 약국이 추가로 입점하는가에 따라서 미래의 매출은 변동될 수 있기 때문이다. 매약 수요와 조제 수요가 어느 정도인지 확인되어야 이에 맞춰서 약국 설비의 규모, 자동조제기(ATC) 도입 여부, 사무보조원의 채용 여부, 일반의약품(OTC)과 전문의약품(ETC)의 초기 매입 규모 등을 결정하게 되는데, 이러한 측면에서 시행착오를 겪을 위험이 있는 형태의 개국이다.

물론 이러한 위험 요소가 있는 만큼 시행착오 끝에 약국을 안정화시키고 나면 이후 다른 약사에게 해당 약국을 매각하면서 고액의 권리금을 받을 수 있다. 또한 이 형태의 개국은 초기 개국 시 다른 유형에 비해서 개국관련 행정절차를 진행하는 데에 편리함이 있다. 실제 약국을 오픈하여 환자를 받기 시작하는 시점을 특정하여 그 전까지 보건소 및 세무서와 관련한 각종 행정처리 절차, 인테리어 등 사업장의 설비작업과 약국 운영 프로그램 및 POS기기의 설치 등의 절차를 어느 정도는 유연하게 계획하여 진행할 수 있다. 다만 같은 건물 내 또는 인근에 병의원이 먼저 개원하여 처방이 이루어지는 경우에는 약국도 고객 이탈을 막기 위해 이에 맞춰서 개국을 서둘러야 한다.

타업종 인수:
약국과 무관한 업종이 이미 사업을 영위하던 곳에 약국 개국

이 경우는 이전에 약국과는 전혀 무관한 업종(예: 커피전문점, 편의점 등)이 있던 자리에 약국을 새롭게 개국하는 경우이다. 입지에 따른 권리금(소위 '바닥권리금')과 관련한 추가적인 지출이 발생할 수 있으며, 인근에 이미 형성된 병의원 진료 과에 따라 처방받은 환자들을 얼마나 유치하는지에 대해서 다른 약국들과 경쟁해야 하는 상황이므로 세 가지의 개국 유형 중 가장 선호되지 않는 유형의 개국이다. 첫 번째 유형과 마찬가지로 약국으로 이용되지 않던 곳을 약국으로 개국하는 것이어서 초기 인테리어 및 보안설비 등의 비용지출이 발생하므로 첫 번째 유형이 갖는 위험과 동일한 위험이 있는 방식이다.

이 형태의 개국은 보통 상당한 유동인구가 있는 지역(예: 지하철역 입구 바로 앞, 대형 쇼핑몰 등)에 매약 위주의 매출을 기반으로 운영할 목적으로 개국하는 경우가 대부분이다.

▌기존 약국 인수:
이미 영업 중인 약국을 인수

현실적으로 현재 약국 개국시장에서 가장 많은 비중을 차지하는 개국의 형태이다. 이미 기존에 장기간 운영되어 오던 약국을 인수하는 것이기 때문에 다음과 같은 장점이 있다.

① 자리가 잡히고 난 후에는 매출에 큰 변동이 없는 약국의 특성상 해당 약국을 인수하여 운영하였을 경우 매출(매약 매출과 조제매출), 매입(일반의약품(OTC)과 전문의약품(ETC)), 인건비(몇 명의 근무약사와 약국사무보조원이 필요한지) 등 약국 운영과정에서 발생하는 수입과 지출이 어느 정도 예측이 가능하고, 이를 통하여 각종 제세공과금까지 가계산하여 1년간 약국을 운영하였을 경우 얻을 수 있는 실질소득을 개략적으로 예상해볼 수 있다.

② 이미 약국의 매출·매입 규모에 맞는 형태의 약국시설(약장을 포함한 전체적인 인테리어 및 자동조제기(ATC))이 갖추어져 있기 때문에 초기 설비투자에 따른 위험이 없다. 예컨대 환자의 수요를 잘못 예측하여 과다한 설비비용이 들어가지 않게 된다.

③ 기존 약국을 양도해주는 약사에게 약국 주변의 상업적 환경 및 내원 환자들의 성향 등 약국 운영에 도움이 될 수 있는 정보들을 전달 받을 수 있다. 이러한 정보들을 토대로 개국 이후 약국 운영과정에서 발생할 수 있는 애로사항들을 해결하기 용이해지며, 특히 생애 처음으로 개국을 해보는 약사의 경우에는 약국 운영경험이 전혀 없는 상태이므로 이러한 정보들이 큰 도움이 된다.

기존약국을 인수하여 개국하는 것은 위와 같은 장점들이 있으므로 매물을 찾는 것이 쉽지 않다. 그러다 보니 자연스럽게 약국을 매도하려는 약사들이 우위에 있는 시장이 형성되고, 인수에 따른 권리금도 매우 높다. 이미 검증된 약국인 만큼 권리금을 주고서라도 인수하고 싶어 하는 약사들이 많고, 그래서 더욱 조건이나 인수 스케줄 등에 대하여 매도하는 약사의 의도대로 진행되는 경우가 많다. 따라서 기존 약국을 인수하는 경우에는 '과연 적정한 가격인가?'에 대하여 고민해볼 필요가 있다. 즉, 해당 매물에 대한 정보(매약 매출 및 조제 매출의 규모, 근무약사의 수, 사무보조원의 수 등)가 정확한 것인지 따져보고 인수를 진행해야 한다.

	공실 신규	타업종 인수	기존 약국 인수
장점	① 개국 스케줄을 유연하게 조절 가능 ② 개국 후 약국 운영이 안정화되면 추후 약국 양도를 통하여 권리금 수익 실현	공실 신규 장점과 전반적으로 동일	① 이미 안정화된 약국 영업의 지표 등을 통하여 개략적인 인수 후 소득 예측 가능 ② 해당 약국의 규모에 맞는 각종 설비 등을 그대로 인수하여 운영하는 것이 가능
단점	① 약국 영업에 영향을 미치는 인근지 병원의 수, 매약 소비자의 규모 등에 대한 예측이 되지 않는 위험 ② 약국 사업장의 인테리어 및 비품 세팅 등 초기 설비투자 비용 발생	공실 신규 단점과 전반적으로 동일 ※이전 사업자에 대하여 바닥권리금 등 추가적인 비용을 지급해야 하는 경우 있음	① 매도자 우위의 약국인수 절차 진행에 따라 유연한 개국 스케줄 구성이 어려움 ② 인수가격에 대한 적정성 여부를 검증하기 어려움

단독개국 vs 공동개국

동업은 동업자 간 상호보완을 통하여 사업에 시너지효과를 내고 위험을 분산시키는 효과가 있다. 이는 약국을 개국함에 있어서도 다르지 않다. 두 명(혹은 그 이상)의 약사가 공동사업자로 약국을 개국하는 경우에는 그만큼 개국 자금을 조달하기도 용이하고, 운영에 있어서도 업무분장을 통한 유연한 근무시간 조절 등이 가능하기 때문이다. 물론 무조건 장점만 있는 것은 아니다. 약국 동업의 핵심은 운영과정에서 각자 얼마의 노력을 기울였는지, 그리고 그에 따른 보상을 적절히 나누었는지 인데 이에 따라 동업자 간의 시너지가 발생할 수도 있고, 반대로 동업자 간의 감정적 갈등이 발생하여 서로 마음의 상처만 남기고 헤어질 수도 있다. 이하에서는 단독개국과 공동개국의 장점과 단점이 각각 무엇인지 살펴보고자 한다.

단독개국

대학병원 앞의 문전약국이나 요즘 유행하는 창고형 약국처럼
'대형약국' 운영을 목적으로 하는 경우가 아니라면 약국 개국의 가
장 일반적인 형태는 단독개국이다. 조제 및 복약지도 업무의 특성
상 다수의 협업이 필요한 경우가 많지 않고, 처방전QR코드, 자동
조제기(ATC) 등 약국 설비기술이 발전한 것도 이에 영향을 주고
있다. 또한 동업은 결국 약국 소득을 나눠 갖는 형태가 되므로 공
격적인 마케팅을 통하여 매출 증대를 도모하기에 쉽지 않은 약국
사업의 특성상 현재의 개국시장에서 가장 큰 비중을 차지하고 있
는 '인수 개국'시장은 대부분 약국장이 단독으로 있는 약국들이 거
래되고 있다.

단독개국의 단점은 약국 운영에 필요한 의사결정을 A부터 Z까
지 모두 약국장 본인이 하게 되므로 여기서 오는 위험부담 그리고
그에 따른 스트레스가 큰 것이다. 하지만 이로 인하여 창출되는 모
든 과실도 약국장 본인의 것이기 때문에 이러한 사업상 위험과 스
트레스를 극복해낸다면 단점이라고만 볼 수는 없을 것이다.

공동개국

약국 개국에 고액의 초기자금을 조달해야 하는 경우(대표적으

로 문전약국이나 창고형 약국 등)에는 여러 명의 약사가 공동으로 개국하는 경우가 많다. 물론 고액의 자금을 단독으로 조달 가능한 경우에는 단독개국도 가능하지만, 혼자서 조달이 가능해도 위험분산을 목적으로 공동개국을 택하는 경우도 있다.

공동개국의 장점은 사업위험을 동업자와 나누어 갖는 것, 운영과정에서 역할분담을 통하여 시너지효과를 낼 수 있는 것 등이 있다. 다만, 일반적인 사업에서의 동업과 마찬가지로 약국에서의 동업도 운영과정 중 동업자 간의 갈등이 발생할 여지를 내포하고 있으며, 이로 인하여 오히려 단독개국보다도 더 스트레스를 받는 상황이 발생할 수도 있다.

Core Summary

약국 개국 시장에서 (부부약사의 공동개국이 아닌) 지인 간의 공동개국은 일반적인 형태라고 볼 수는 없다. 현실적으로 대부분 약국 개국은 단독개국인 경우가 많으며, 이는 약국 운영의 핵심이라 할 수 있는 조제 및 복약지도 업무의 특성에 기인하는 바가 크다. 결국 약국을 몇 명이서 개국할 것인가는 위험을 분산하고 그로 인한 수익도 분산할 것인지, 아니면 위험을 혼자 부담하고, 수익도 혼자서 가져갈 것인지에 따른 결정이라 볼 수 있다.

     Part 1 : 개국 준비, 반드시 알아야 할 필수 지식

Part 1
개국 준비, 반드시 알아야 할 필수 지식

1장 개국 여정의 전체 지도
약국을 열기 전, 어디부터 시작해야 할까?

2장 임대차계약과 상가임대차보호법
이 약국 자리, 정말 괜찮을까?

3장 개국 형태별 가이드
새 약국을 열까? 기존 약국을 인수할까?
혼자 할까? 같이 할까?

4장 약국 권리금의 모든 것
약국 권리금 한 번에 이해하기

권리금이란 무엇인가

　권리금은 약국 개국 이후 초기 운영 단계에서 세무와 자금 흐름에 가장 큰 영향을 미치는 요소 중 하나이다. 따라서 개국 과정에서 권리금이 수반되는 경우라면, 단순히 금액의 크기만을 판단할 것이 아니라 그 성격과 구성 요소를 정확히 이해하고, 이후 발생할 수 있는 세무적 효과까지 함께 고려하는 것이 중요하다.

　일반적으로 권리금이란, 특정 상가나 영업시설이 가지고 있는 유형·무형의 영업상 이점에 대해 당사자 간 합의로 지급되는 금전적 대가를 말한다. 이는 단순히 공간을 사용하는 대가를 넘어, 해당 장소가 축적해 온 영업 환경과 잠재적인 수익 가치에 대한 평가라고 볼 수 있다.

　이 개념을 약국에 적용하면, 약국 권리금은 약국이라는 영업 공간이 지니는 입지적 장점, 영업 환경, 시설 상태, 그리고 장래의 매출 가능성 등에 대해 지급되는 대가로 이해할 수 있다. 권리금의 당사자는 개국 방식에 따라 달라질 수 있으며, 기존 약국을 인수하는 경우에는 매도 약사와 매수 약사 간에, 신규 개국의 경우에는 임대인이나 기존 임차인과 약사 간에 형성되기도 한다.

약국 권리금은 그 성격에 따라 일반적으로 영업권리금, 시설권리금, 바닥권리금 세 가지로 구분해 살펴볼 수 있다.

▌ 영업권리금

영업권리금은 약국에서 앞으로 발생할 것으로 기대되는 영업 성과를 기준으로 형성되는 권리금이다. 약국의 기대 매출은 조제 매출과 매약 매출이라는 직접적인 요소를 중심으로 판단되며, 이러한 매출은 다시 주변 의료기관의 수와 진료과목, 처방의 안정성 등 다양한 환경적 요소의 영향을 받는다.

약국은 한번 영업 구조가 자리 잡으면 비교적 안정적인 매출을 유지하는 특성이 있기 때문에, 이러한 기대 매출에 대한 평가인 영업권리금이 약국 권리금의 핵심이라 볼 수 있다. 실제로 영업권리금이 약국 권리금에서 가장 큰 비중을 차지하는 경우가 대부분이며, 개국 이후 세무상 쟁점이 되는 부분 역시 대부분 이 영업권리금과 관련되어 발생한다는 점에서, 권리금 중에서도 특히 신중한 검토가 필요한 항목이라 할 수 있다.

시설권리금

시설권리금은 약국 영업을 위해 갖추어진 유형의 시설과 설비에 대한 대가를 의미한다. 약국을 운영하기 위해서는 ATC, 인테리어, 조제대와 진열장, 각종 설비 등 다양한 시설이 필요하며, 이러한 시설은 일정한 경제적 가치를 지닌 자산으로 평가된다.

시설권리금은 통상적으로 해당 시설의 최초 취득가액을 기준으로, 사용 기간에 따른 가치 감소를 반영하여 산정된다. 이 과정에서 산출된 금액은 기존 약국의 회계장부를 통해 확인할 수 있으며, 인수 과정에서는 이러한 자료를 바탕으로 합리적인 금액을 협의하게 된다.

바닥권리금

바닥권리금은 입지 자체가 가지는 가치에 대해 형성되는 권리금이다. 특정 상권이나 위치에서 발생이 기대되는 매출 가능성에 대한 평가라는 점에서, 영업권리금과 유사한 측면도 있으나, 기존 영업 실적을 전제로 하지 않는 경우가 많다는 점에서 차이가 있다. 이러한 특성 때문에 바닥권리금은 주로 신규 개국 과정에서 발생하며, 산정 기준이 비교적 추상적인 경우가 많다.

예를 들어, 건물주가 해당 건물 내 약국 업종의 독점적 입지에 대한 대가를 요구하는 경우나, 분양 또는 중개 과정에서 특정 위치를 선점한 주체가 요구하는 경우 등이 이에 해당한다. 바닥권리금은 다른 유형의 권리금에 비해 객관적인 기준을 세우기 어렵기 때문에, 더욱 신중한 판단이 필요하다.

Core Summary

개국 시 발생하는 권리금은 하나의 금액으로 보이지만, 내부를 들여다보면 그 종류는 다양하다. 각각의 권리금 종류별로 정의 및 성격이 다르므로, 이에 따라 세무와 회계에서 바라보는 처리 방식 역시 달라진다. 따라서 권리금의 종류별 정의와 성격을 정확히 이해하는 것은 단순한 개념 정리를 넘어, 개국 이후 발생할 수 있는 세무·회계상 쟁점을 미리 정리하고 대비하는 데 중요한 출발점이 된다.

권리금이 세금에 미치는 영향

대부분의 거래는 세무적으로 보면 한쪽에게는 소득이 되고, 다른 한쪽에게는 비용이 된다. 어떤 자산을 파는 사람에게는 소득이 발생하고, 이를 취득하는 사람에게는 비용이 발생하는 구조이기 때문이다. 이는 세법이 전제로 삼고 있는 가장 기본적인 원리이다.

약국 권리금 역시 같은 구조를 가진다. 권리금을 지급받는 쪽에서는 소득이 발생하고, 이를 지급하는 쪽에서는 비용이 발생한다. 개념 자체는 매우 단순하지만, 바로 이 지점에서 약국 개국 과정의 많은 문제가 시작된다. 거래 당사자 모두가 이 원리를 알고 있음에도 불구하고(아니, 알고 있기 때문에), 실제 계약과 신고 과정에서는 이 원칙이 제대로 지켜지지 않는 경우가 적지 않기 때문이다.

그 결과, 때로는 계약이 마무리 단계에서 흔들리거나, 개국을 하는 약사가 원래 부담하지 않았어도 될 세금을 부담하기도 한다.

█ 약국 권리금과 세금

약국 권리금은 그 종류에 따라 세무 처리 방식이 달라진다. 앞서 살펴본 것처럼, 권리금은 크게 영업권리금과 시설권리금으로 나누어 볼 수 있으며, 이에 따라 양도자와 양수자 각각에게 발생하는 세금 효과도 다르게 나타난다.

영업권리금

영업권리금은 약국이 그동안 형성해 온 영업 환경과 기대 수익에 대한 대가로 지급되는 금액이다. 즉, 눈에 보이는 자산이 아니라 약국의 영업력이라는 무형의 가치, 즉 무형자산을 이전하는 데 따른 대가라고 볼 수 있다.

양도자 입장에서는 이 대가를 통해 소득이 발생한다. 양도자가 개인이라면, 이 소득은 경상적·반복적으로 발생되는 수입이 아니라 일시적·우발적 거래를 통해 발생한 것으로 기타소득으로 분류되어 과세된다. 반면 양도자가 법인인 경우에는, 해당 금액이 다른 수입과 구분되지 않고 법인의 일반적인 소득에 포함된다.

양수 국장 입장에서는 영업권이라는 무형자산을 취득한 것으로 보게 된다. 이 자산은 약국 운영 과정에서 장기간에 걸쳐 수익 창출에 기여하므로, 회계상 자산으로 계상한 뒤 일정 기간에 걸쳐 비용으로 나누어 반영하게 된다. 즉, 영업권리금은 한 번에 비용 처리되는 금액이 아니라, 시간이 지나면서 세금 부담을 완화해주는 것이다.

시설권리금

시설권리금은 약국 영업을 위해 사용 중이던 ATC, 인테리어, 집기, 기타 설비 등의 유형자산을 이전하는 데 따른 대가다. 성격이 명확한 물적 자산의 거래이기 때문에, 영업권리금과는 다른 방식으로 접근하게 된다.

양도자 입장에서는 유형자산을 처분함으로써 지급받은 대가이다. 개인이 양도자인 경우에는 해당 자산의 장부상 가치와 실제 받은 금액의 차이에 따라 과세 대상 소득이 결정되고, 법인의 경우에도 동일한 논리로 법인세 과세 여부가 판단된다.

양수 국장 입장에서는 취득한 시설을 유형자산으로 장부상 계상하고, 세법에서 정한 기준에 따라 감가상각을 통해 여러 기간에 걸쳐 비용으로 반영하게 된다.

누군가의 이득은
누군가의 손해가 된다!

권리금 거래를 종합해 보면 구조는 분명하다. 권리금을 받는 쪽에서는 소득이 발생하고, 이를 지급하는 쪽에서는 비용이 발생한다. 이는 세법이 허용하고 있는 정상적인 권리이자 의무다.

그러나 실제 약국 양수도 시장에서는 좋은 매물이 귀하기 때문에 협상 과정에서 양도자가 상대적으로 우위를 차지하는 경우가 많고 이로 인해 권리금 신고가 제대로 이루어지지 않는 경우가 종종 발생하는 것이 현실이다.

권리금을 신고하지 않음으로써 줄어드는 양도자의 세금은 고스란히 양수 국장에게 돌아온다. 비용으로 반영하지 못한 권리금만큼 세금 부담이 늘어나기 때문이다. 권리금의 규모가 수천만 원에서 수억 원에 이르는 경우도 적지 않은 만큼, 이러한 차이는 개국 초기 세금에 상당한 영향을 미치게 된다.

권리금을 신고하지 않는 것이 양도자에게 반드시 좋은 것만은 아니다. 소득은 결국 자산 형성에 기여하게 되는데 자산 특히, 부동산을 매입할 때 자금출처는 상당히 중요하다. 부동산 매입 시 자금출처가 불분명할 경우 세무조사의 대상이 되기도 한다. 권리금의 신고는 양도자의 자금출처를 증명해주는 가장 좋은 방법이다.

그러므로 위와 같은 권리금의 세금효과를 잘 이해하고 양도자와 양수자 간에 원만한 협의를 통하여 권리금을 신고함으로써 양 당사자가 모두 이득을 볼 수 있는 계약을 하는 것이 중요하다.

권리금 신고로 절세하기

양수 약사의 소득금액과, 영업권리금 규모를 달리한 3가지 사례로 권리금 신고 시 절세금액이 얼마 정도인지를 알아보자.

구분	양수 약국장 연 소득금액	영업권리금	연간 상각비 (20%)	적용 세율 (소득세+지방세)	연간 절세효과	5년 누적 절세효과
사례 1	1.2억 원	1억 원	2,000만 원	38.5%	770만 원	3,850만 원
사례 2	2.4억 원	2억 원	4,000만 원	41.8%	1,672만	8,360만 원
사례 3	3.6억 원	3억 원	6,000만 원	46.2%	2,772만 원	1억 3,860만 원

〈계산을 위한 기본 가정〉

- 영업권리금 외 다른 종류의 권리금은 없음

- 약국은 5년 이상 운영

- 영업권의 감가상각 내용연수는 5년, 감가상각방법은 정액법

- 연간 감가상각비 = 영업권리금 × 1/5
- 연간 절세효과 = 연간 감가상각비 × 적용 세율

사례별로 보면, 양수 약사의 기존 소득 수준과 권리금 규모에 따라 절세 효과는 크게 달라진다. 구체적으로 분석해보면 아래의 내용이 핵심이라 할 수 있다.

첫째, 권리금 규모가 커질수록 절세 효과는 증가한다.

3가지 사례에서 볼 수 있듯이 권리금의 규모가 커질수록 절세 효과는 그 이상으로 증가한다.

둘째, 소득세율이 높은 약국장일수록 신고 효과는 더욱 극대화된다.

권리금을 비용처리하여 발생하는 절세금액은 양수 약사의 소득세율이 최종적으로 결정한다. 그러므로 양수약사의 소득세율이 클수록, 즉 운영하는 약국의 매출 또는 이익 클수록 권리금의 비용처리로 인한 절세 효과가 커지는 것이다.

셋째, 절세 효과는 한 해에 그치지 않고 5년간 계속된다.

권리금은 일시에 비용처리 할 수 없고, 통상 5년간 나누어 비용처리하게 된다. 그러므로 개국 초기 5년간의 약국 세금에 권리금이 지속적으로 영향을 미치게 되는 것이다.

현실적인 제약 속에서의 전략적 접근

물론 현실에서는 권리금 전액을 신고하는 것이 쉽지 않은 경우가 많다. 그렇다고 해서 아무런 대응 없이 넘어가는 것은, 양수 약사에게는 지나치게 불리한 선택일 수 있기 때문에 이를 일부라도 만회할 수 있는 방법을 찾아보아야 한다.

사전에 권리금의 신고에 따른 절세 효과를 수치로 확인하자

권리금 계약 전, 세무사와의 상담을 통해 예상 절세 금액의 추정치를 구체적인 숫자로 확인하는 것이 우선이다. 절세 효과를 정확히 알고 있어야 양도자에게 적절한 제안을 할 수 있으며, 협상 과정에서도 명확한 기준을 세워 합리적인 판단이 가능하다.

권리금 전액신고가 어렵다면 일부라도 신고하자

권리금의 세금신고는 양도자에게 소득으로 귀속되어 세부담을 발생시키는 것이 사실이다. 다만 권리금을 소득으로 신고할 경우, 해당 금액은 향후 양도자의 재산 형성 과정에서 자금출처로 활용할 수 있는 장점이 있다. 또한 양도자가 권리금 신고로 납부하게 되는 세금 부담에 대해서는, 그에 대한 반대급부로 계약 조건상 편의를 제공하는 방식 등으로 협상을 시도해볼 수도 있다.

권리금 전액을 신고하는 것이 현실적으로 어렵다면, 이러한 계약 과정에서의 적극적인 협상을 통해 권리금 신고가 양도자에게도 일정 부분 이익이 될 수 있는 구조를 만들고, 그 결과로 권리금의 일부라도 신고하는 것이 현실적인 최선의 선택이다.

시설권리금을 적극적으로 활용하자

권리금은 영업권리금만으로 구성되는 것은 아니다. 시설권리금도 있으며 경우에 따라 시설권리금이 권리금 신고에 중요한 역할을 할 수 있다(앞선 계산사례에서 영업권리금을 기준으로 설명한 것은, 실제로 영업권리금이 권리금 관련 세금 이슈의 대부분을 차지하고 있으며, 동시에 논의를 단순화하기 위한 목적이었다).

만약 양도자의 회계장부에 인수할 만한 인테리어, 비품, 기계장치 등이 자산으로 계상되어 있고, 양수도 시점까지 감가상각 후에도 장부상 잔존가액이 남아 있다면, 해당 금액은 양도자와 양수 약국장 모두에게 추가적인 세부담 없이 시설권리금으로 처리하는 것이 가능하다.

이러한 시설권리금을 적절히 활용하면 영업권리금에 대한 양도자의 세부담을 일부 줄일 수 있고, 동시에 양수 약사 입장에서는 세무신고 가능한 권리금의 총액을 높이는 효과도 기대할 수 있다.

권리금 계약 시 주의사항

거액이 오가는 권리금을 안전하게 주고받는 법에 대해서 알아보기로 하자.

계약의 분리:
임대차계약서와 권리금 계약서는 별개다

A 약사는 기존 운영되고 있는 약국을 인수하려고 했다. 양도인 B 약사와 권리금 5천만 원에 합의했다. 임대차 조건은 보증금 1억 5천, 월세 200만 원으로 그대로 승계하기로 했다. 공인중개사에게 계약을 체결하겠다는 의향을 전했다.

곧 중개사가 계약서 한 장을 보내주었다. 제목은 "임대차 및 권리금 계약서"였다. 내용을 보니 이렇게 적혀 있었다.

제1조 (임대차)
임대인 ○○○은 임차인 A에게 서울시 ○○구 ○○동 ○○번지
상가 1층을 임대하고, 임차인은 이를 임차한다.
- 보증금: 1억 5천만 원
- 월 차임: 200만 원
- 임대 기간: 2024년 1월 1일 ~ 2029년 12월 31일

제2조 (권리금)
임차인 A는 양도인 B에게 권리금 5천만 원을 지급한다.

A 약사는 계약서에 서명하기 전, 필자에게 계약서에 대한 상담을 요청해왔다. 필자는 계약서를 본 후, A 약사에게 계약서를 다시 써야 할 것 같다고 설명했다. 필자의 설명 요지는, '임대차계약서와 권리금 계약서는 별도로 분리해서 써야 한다'는 것이었다.

임대차계약과 권리금 계약의 법적 성격

임대차계약과 권리금 계약은 법적 성격, 당사자, 목적, 적용 법규 등에 있어서 전혀 다른 별개의 계약이다. 이를 명확히 구분할 필요가 있다. 두 계약의 큰 차이는 다음과 같다.

임대차계약

당사자: 임대인(건물주)과 임차인(약사)

목적: 상가건물이라는 특정 부동산의 사용·수익

법적 근거: 「민법」 제618조 이하의 임대차 규정 및 「상가건물 임대차보호법」

권리금 계약

당사자: 양도인(기존 임차인)과 양수인(신규 임차인)

목적: 영업시설·비품 등 유형물과 거래처, 신용, 영업상 노하우, 점포 위치에 따른 영업상 이점 등 무형의 재산적 가치의 양도

법적 근거: 「상가건물 임대차보호법」 제10조의3 및 「민법」상 계약의 일종

대법원 판례에 따르면, 권리금 계약이 임대차계약에 수반되더라도, 그 법적 성격이 명백히 다른 별개의 계약이라는 점을 일관되게 설시하고 있다(대법원 2013.5.9. 선고 2012다115120 판결). 임대차계약이 '부동산 사용권'을 다루는 반면, 권리금 계약은 '영업상 유·무형의 재산적 가치'를 이전하는 계약이기 때문이다.

다만 예외적으로, 두 계약이 경제적·사실적으로 일체로 행해져 어느 하나 없이는 다른 계약을 체결하지 않았을 것이 명백한 경우에는 전체를 하나의 계약처럼 취급하기도 한다(대법원 2017.7.11. 선고 2016다261175 판결). 그러나 이는 해석상 다툼의 여지가 많아 분쟁의 원인이 될 수 있으므로, 원칙적으로 두 계약은 반드시

분리하여 작성해야 법률관계를 명확히 하고 불필요한 위험을 피할 수 있다.

왜 따로 작성해야 하나? 법적 효력의 차이

A 약사가 필자에게 물었다. "법적으로 다른 건 알겠는데, 그래도 실무에서는 하나로 쓰면 편하잖아요. 분리하면 뭐가 어떤 점에서 좋은 건가요?"

우선 이는 법적 효력의 차이와 관련되어 있다. 즉, 임대차계약과 권리금 계약은 분쟁 시 적용 법률이 다르다.

임대차 분쟁

- 「상가임대차법」 적용
- 계약갱신요구권, 차임증액제한권, 권리금회수기회보호 등
- 건물주와 약사 사이의 분쟁

권리금 분쟁

- 「민법」 적용 (계약 일반 원칙)
- 권리금 반환, 하자담보책임, 사기·착오 등
- 양도인과 양수인 사이의 분쟁

만약 계약서를 하나로 합치면, 분쟁 시 "이게 임대차 분쟁인가, 권리금 분쟁인가" 다툼이 생긴다. 예를 들어 A 약사가 권리금을 주

고 약국을 인수했는데, 알고 보니 양도인 B 약사가 허위 정보를 제
공했다고 하자.

[분쟁 사례] 권리금 계약만 따로 취소할 수 있을까?

사실관계

임차권 양수인 A는 양도인 B의 기망행위(속임수)를 이유로 임
차권 양도계약과 권리금 계약을 모두 취소 또는 해제한다고 주
장했다. 원심(2심) 법원은 임차권 양도계약과 별개로 권리금 계
약만 취소되었다고 판단했다.

쟁점

임차권 양도계약과 권리금 계약이 함께 체결된 경우, 경제적·사
실적으로 일체로 볼 수 있다면 권리금 계약 부분만 따로 떼어 취
소할 수 있는지가 쟁점이 되었다.

법원의 판단(대법원 2013.5.9. 선고 2012다115120 판결)

대법원은 다음과 같이 판단했다.
"영업용 건물의 임대차에 수반되어 행하여지는 권리금의 지급
은 임대차계약의 내용을 이루는 것은 아니고… 권리금 계약은
임대차계약이나 임차권 양도계약 등에 수반되어 체결되지만 임
대차계약 등과는 별개의 계약이다."
"그러나 여러 개의 계약이 체결된 경우, 그 계약 전부가 하나의
계약인 것과 같은 불가분의 관계에 있는 것인지는 계약체결의
경위와 목적 및 당사자의 의사 등을 종합적으로 고려하여 판단

하여야 한다."

이 사건의 경우, 권리금 계약은 임차권 양도계약과 결합하여 전체가 경제적·사실적으로 일체로 행하여진 것으로 보았다. 즉, 어느 하나의 존재 없이는 당사자가 다른 하나를 원하지 않았을 것이므로, 권리금 계약 부분만을 따로 떼어 취소할 수 없다고 판단했다.

실무적 시사점

이 판례는 임대차계약과 권리금 계약이 법적으로는 별개이지만, 실제 거래에서는 하나의 패키지로 취급될 수 있음을 보여준다. 권리금 계약에 문제가 생기면 임대차계약 전체가 흔들릴 수 있다는 의미다. 따라서 계약서를 분리하여 각 당사자(임대인, 양도인, 양수인)의 권리와 의무를 명확히 구분하는 것이 분쟁을 예방하고, 문제가 발생했을 때 책임 소재를 분명히 하는 데 매우 중요하다.

다음으로 권리금 계약에 대한 비밀을 유지할 필요가 있기 때문이다.

권리금 금액은 때로는 민감한 정보에 해당될 수 있다. 양도인과 양수인은 권리금을 얼마에 주고받았는지 외부에 알리고 싶지 않을 수 있다.

하지만 임대차계약서는 건물주에게 보여줘야 한다. 건물주가 "새 임차인과 계약하기 전에 계약서를 확인하고 싶다"고 요구할 수 있다. 그런데 만약 임대차계약서와 권리금 계약서가 합쳐져 있으면, 건물주가 권리금 금액까지 알게 된다. 양도인과 양수인이 원하지 않아도 말이다.

권리금 표준계약서 작성법
(법무부·국토교통부 표준양식 기준)

권리금 계약은 법적 분쟁의 소지가 많은 영역이므로, 반드시 표준계약서를 활용하고 그 내용을 정확히 이해해야 한다. 「상가건물임대차보호법」 제19조에 따라 법무부와 국토교통부가 마련한 '상가건물임대차 권리금 표준계약서'가 있으며, 이는 법무부 홈페이지나 대한법률구조공단 웹사이트에서 다운로드할 수 있다.

※ 작성 주체에 대한 주의사항

실무상 공인중개사가 권리금 계약서 작성을 주도하는 경우가 많다. 그러나 공인중개사가 권리금 계약서 작성을 대가로 수수료를 받을 경우, 행정사법 위반으로 처벌될 수 있다는 하급심 판례가 있다(수원지방법원 성남지원 2022.11.11. 선고 2022고단577 판결). 계약 당사자가 표준계약서를 바탕으로 직접 작성하거나 법률 전문가의 검토를 받는 것이 가장 안전하다.

A 약사가 물었다. "그런데 변호사님, 건물주도 계약서에 넣어야 하는 경우가 있다고 들었어요. 어떤 경우인가요?"

좋은 질문이다. 원칙적으로 권리금 계약은 기존 임차인(양도인)과 신규 임차인(양수인) 사이의 계약이므로 임대인(건물주)은 당사자가 아니다. 그러나 실무에서는 임대인의 협조가 필수적이며, 특정 상황에서는 임대인이 계약에 관여하거나 법적 책임을 지게 되는 경우가 있어 명확한 정리가 필요하다. 이를 간과하면 예상치 못한 분쟁에 휘말릴 수 있다.

1. 신규 임대차계약 체결이 권리금 계약의 조건일 때 (가장 일반적인 경우)

권리금 계약은 신규 임차인이 해당 상가에서 영업할 수 있음을 전제로 한다. 따라서 권리금 계약에는 '임대인과 신규 임대차계약이 체결되지 않으면 권리금 계약은 무효로 하고, 지급된 계약금 등은 반환한다'는 취지의 조건이 포함될 수 있다.

만약 임대인이 정당한 사유 없이 신규 임대차계약 체결을 거절하면, 권리금 계약은 효력을 잃고 양수인은 양도인에게 계약금을 돌려받아야 한다. 양도인은 권리금을 받지 못하는 손해를 입게 되며, 이때 「상가건물 임대차보호법」 제10조의4에 따라 임대인에게 손해배상을 청구할 수 있다.

이러한 분쟁을 예방하기 위해, 권리금 계약 체결 전에 임대인의 '사전 동의'를 확보하는 것이 가장 안전하다.

1) 별도의 동의서를 확보할 것

임대인으로부터 '신규·임차인과의 계약 체결 동의서'를 받아두는 방법이다. 동의서에는 신규 임차인의 인적사항과 보증금, 월 차임 등 주요 임대차 조건을 명시하여, 임대인이 나중에 다른 주장을 하지 못하도록 하는 것이 중요하다.

2) 권리금 계약서에 임대인을 확인자로 포함시킬 것

권리금 계약서에 임대인을 '확인자' 또는 '참고인'으로 기재하고 서명을 받는 방법이다. 법적으로 임대인이 권리금 계약의 당사자가 되는 것은 아니지만, "본 권리금 계약의 내용을 인지하고, 양수인과의 신규 임대차계약 체결에 동의한다."는 사실을 명확히 하는 효과가 있다.

2. 임대인이 권리금 계약의 특정 조건을 보장하거나 의무를 부담할 때

때로는 권리금 계약서에 임대차계약의 내용에 영향을 미치는 특약이 포함되기도 한다. 예를 들어, "상가 내 특정 업종의 추가 입점을 금지한다." 또는 "인근 병원의 이전 시 계약을 해지할 수 있다."와 같은 조건이다.

앞서 설명했듯이, 판례는 임대차계약과 권리금 계약이 별개임을 원칙으로 하면서도, 두 계약이 경제적·사실적으로 일체로 행해져 불가분의 관계에 있는 경우 하나의 계약처럼 취급하기도 한다(대법원 2013.5.9. 선고 2012다115120 판결). 특히 임대인의 대리인이 이러한 특약을 포함한 권리금 계약을 체결한 경우, 해당 특약의 효력이 임대인에게 미칠 수 있다(서울고등법원 2022.10.20. 선고 2022나2003873 판결, 서울동부지방법원 2024.12.5. 선고 2023가합102722 판결 등).

만약 임대인이 이러한 특약에 동의하고 그 내용을 보장한다면, 임대인 역시 해당 조항에 대한 책임을 지게 되므로 계약서에 당사자 또는 확인자로 명시하여 그 권리와 의무를 명확히 해야 한다. 그렇지 않으면, 임대인은 "나는 권리금 계약의 당사자가 아니므로 책임이 없다."고 주장하고, 양수인은 "임대인을 믿고 계약했다."고 반박하며 복잡한 분쟁으로 이어질 수 있다.

3. 임대인이 직접 권리금(소위 '바닥권리금')을 받는 경우

신축 상가이거나 임대인이 직접 상가를 운영하다가 처음으로 임대하는 경우 등, 임대인이 직접 양도인이 되어 권리금을 받는 경우가 있다. 이때 권리금은 통상 '바닥권리금' 또는 '시설 투자비' 등의 명목으로 지급된다. 이 경우 임대인은 권리금 계약의 당사자가 된다. 따라서 계약서에는 임대인과 임차인이 당사자로 명시되어야 한다. 권리금의 성격(영업권의 대가인지, 시설비인지 등)과 금액, 지급 방법도 정확히 기재해야 한다. 또한, 임대인은 권리금 수령에 대해 소득세(기타소득) 신고 의무를 부담하게 된다.

4. 임대인이 기존 임차인의 권리금 회수를 보장하는 경우

매우 드물지만, 임대차계약 시 임대인이 "임대차 종료 시 임차인의 권리금 회수를 보장한다." 또는 "일정 금액의 권리금을 임대인이 지급한다."는 등의 취지로 약정하는 경우가 있다.

이러한 약정은 구두 약속만으로는 효력을 인정받기 매우 어렵다. 때문에 반드시 임대인을 당사자로 하는 별도의 계약서를 작성하거나, 임대차계약서에 특약사항으로 명시할 필요가 있다. 이런 조항이 있다면, 임차인은 임대차 종료 시 해당 약정에 근거하여 임대인에게 직접 권리금 지급이나 회수 협조를 요구할 수 있다.

Core Summary

임대차계약서와 권리금 계약서는 분리해서 작성하는 것이 좋다. 법적 효력, 비밀유지 등 여러 면에서 분리가 유리하다. 대한법률구조공단의 표준 양식을 활용해보면 된다. 그리고 양도인의 보증, 인수인계 절차, 계약 해제 조건 같은 핵심 조항은 반드시 포함해야 한다. 건물주의 동의를 동의서나 계약서 참고인 조항으로 확보하는 것도 잊지 말아야 한다. 거액의 권리금이 오가는 만큼, 며칠 투자해서 제대로 된 계약서를 작성하는 것이 재산을 지키는 길이다.

권리금 산정:
바닥권리금 vs 영업권리금 vs 시설권리금의 명확한 구분

"변호사님, 저 이번에 권리금 5억 원에 합의했습니다."

K 약사가 내게 말했다. K 약사는 이번에 큰 마음을 먹고, 강남 대로변의 약국을 인수하기로 한 것이다. 양도인 J 약사와 권리금 5억 원에 합의했고, 계약서를 쓰려고 하면서 필자를 찾아왔다.

"고생하셨어요. 권리금 5억 원의 세부 내역은 어떻게 되나요?"

필자가 질문하자, K 약사는 고개를 갸우뚱했다. "세부 내역이요? 그냥 권리금 5억 원이라고 서로 얘기를 나눈 후 계약서를 쓰기로 했어요. 무얼 더 나눠야 하나요?"

권리금의 세 가지 구성 요소

권리금은 단일한 개념이 아니다. 실제로는 여러 요소가 합쳐진 것이다. 법적으로, 그리고 실무적으로 권리금은 세 가지로 나뉜다.

「상가건물 임대차보호법」 제10조의3 제1항에 따르면, 권리금은 "임대차 목적물인 상가건물에서 영업을 하는 자 또는 하려는 자가 영업시설·비품, 거래처, 신용, 영업상의 노하우, 상가건물의 위치에 따른 영업상의 이점 등 유형·무형의 재산적 가치의 양도 또는 이용대가로서 임대인, 임차인에게 보증금과 차임 이외에 지급하는 금전 등의 대가"로 정의하고 있다. 실무적으로 권리금은 다음 세

가지 요소로 구분하여 산정한다.

① 바닥권리금 (지역권리금)

바닥권리금은 상가건물의 지리적 위치, 상권, 유동인구 등 장소적 이점에 대한 대가다. 특정 위치 자체가 갖는 영업적 가치를 의미한다. 판결례들에서도 '상가건물의 위치에 따른 영업상의 이점'으로서 바닥권리금을 인정하고 있다(서울중앙지방법원 2024. 1. 19. 선고 2022가단5249766, 2022가단5353139 판결 등).

예를 들어, 대형 병원 바로 앞이나 유동인구가 많은 역세권 약국 자리는 그 자체만으로 높은 바닥권리금이 형성된다. 이는 신규 임차인이 특별한 노력 없이 누릴 수 있는 이익의 대가로 본다는 것이다.

② 영업권리금

영업권리금은 기존 임차인이 영업 활동을 통해 축적한 무형의 재산적 가치에 대한 대가다. 여기에는 확보된 단골 환자, 인근 병원과의 유대 관계, 약국의 인지도 및 신용, 영업 노하우 등이 포함된다(서울고등법원 2018. 6. 28. 선고 2017나2057005 판결 등).

영업권리금은 양도인의 영업 실적(매출, 순이익 등)을 기반으로 산정된다.

③ 시설권리금

시설권리금은 약국 운영에 필요한 유형자산에 대한 대가다. 인테리어, 조제대, 약품 진열장, 자동 조제기, 냉장고, 컴퓨터 등 영업 시설 및 비품 등이 시설권리금을 구성하는 요소다(인천지방법원 2019. 2. 1. 선고 2017가합60368, 2017가합60375 판결 등).

시설권리금은 해당 자산의 잔존 가치를 평가하여 산정하며, 감가상각을 고려해야 한다.

위 K 약사의 권리금 5억 원을 세 가지로 나눠보자. 가정이지만 이렇게 나눌 수 있다.

- 바닥권리금: 3억 원 (강남 역세권, 유동인구 많음)
- 영업권리금: 1억 5천만 원 (10년 운영, 단골 환자 다수)
- 시설권리금: 5천만 원 (인테리어, 집기, 비품)
- 합계: 5억 원

이렇게 나누면 각 항목의 근거가 명확해진다. 바닥권리금 3억은 "이 자리의 입지가 그만큼 가치가 있다"는 뜻이다. 영업권리금 1억 5천은 "기존 약국의 영업 기반이 그만큼 가치가 있다"는 뜻이다. 시설권리금 5천만 원은 "시설과 집기가 그만큼 가치가 있다"는 뜻이다.

각 항목별 금액을 구체적으로 명시해야 하는 이유

우선, 세금 처리에 있어서 각 권리금의 유형별 세법상 취급이 달라진다. 양도인 입장에서 양도소득세를 신고할 때, 각 항목별로 계산 방식이 다르다. 시설권리금은 '유형자산 양도'로 처리되고, 영업권리금은 '무형자산 양도'로 처리된다. 이 때 세금 계산이 달라진다.

양수인 입장에서도 차이가 있다. 시설권리금으로 받은 자산(냉장고, 진열대 등)은 감가상각 대상이다. 매년 감가상각비를 비용 처리할 수 있다. 하지만 바닥권리금이나 영업권리금은 감가상각 대상이 아니다. 따라서 시설권리금이 얼마인지 명확히 해야 양수인이 제대로 세무 처리를 할 수 있다.

만약 "권리금 일괄 5억"으로만 쓰면 어떤 문제가 발생할 수 있을까? 세무 당국이 "이 5억 중 얼마가 시설이고 얼마가 영업이냐"고 물을 때 답하기 어렵다. 세무사와 상담해서 나중에 나누려 해도, 계약서에 명시가 안 되어 있으면 입증이 어렵다. 세무 조사를 받을 수 있고, 불이익을 받을 우려가 있다.

권리금 명목을 구분해야 하는 두 번째 이유는, 분쟁 시 책임 소재가 명확해지기 때문이다. 권리금 계약 후 분쟁 발생 시, 각 항목의 가액이 명시되지 않았다면 책임 범위를 특정하기 매우 어렵다. 법원은 계약 체결 경위, 당사자의 의사, 주변 정황 등을 종합하여 권리금의 성격을 판단하지만(서울고등법원 2018.6.28. 선고 2017

나2057005 판결), 이 과정에서 상당한 시간과 감정 비용이 소요된다. 아래 분쟁 사례를 보자.

[분쟁 사례] '바닥권리금'이라 주장했지만 사기죄가 인정된 경우 – 서울중앙지방법원 2024.5.21. 선고 2023고단3624 판결

약국 컨설팅 업체 대표와 공모한 임차인이, 약사 행세를 하며 약국 개업 희망자에게 접근했다. 그는 "이 자리는 약사가 약국을 하기 위해 맡아둔 자리라 권리금이 있다"고 속여 1억 2천만 원의 권리금 계약을 체결했다. 이후 임차인이 약사가 아님이 밝혀지자, 이들은 "해당 권리금은 약사 자격과 무관한 '바닥권리금'이었다"고 주장했다.

그러나 법원은 "피해자는 양도인이 약사이고 약국 자리를 넘겨받는 것을 전제로 권리금을 지급한 것"이라 판단하며, 이는 단순 바닥권리금이 아니라고 보았다. 결국 피고인들에게는 사기죄가 인정되었다(서울중앙지방법원 2024.5.21. 선고 2023고단3624 판결).

이 사례는 권리금의 성격이 계약의 유효성과 법적 책임을 결정하는 핵심 요소임을 보여준다.

K 약사가 J 약사로부터 약국을 인수한 지 얼마 지나지 않았는데 냉장고가 고장났다고 치자. K 약사가 J 약사에게 항의하자, J 약사

는 "권리금 5억에 시설도 포함된 건 맞지만, 정확히 얼마치 시설인지 계약서에 없잖아요. 그리고 냉장고는 인수 당시 정상 작동했어요. 한 달 후 고장은 제 책임이 아닙니다"라고 반박한다.

만약 계약서에 "시설권리금 5천만 원 (냉장고 2대, 진열대 10개 등)"이라고 명시되어 있었다면 어떨까? K 약사는 "시설권리금으로 5천만 원을 지급했고, 그 안에 냉장고가 포함되어 있으니, 냉장고 하자는 양도인 책임"이라고 주장하기 쉽다. 물론 J 약사가 "인수 당시 정상이었다"고 반박할 수는 있지만, 최소한 "시설권리금이 얼마였는지"는 명확해질 수 있는 것이다.

K 약사가 약국을 인수했는데, J 약사가 계약 당시 인수를 설득하면서 주장한 "월 매출 5천만 원"이 실제로는 3천만 원밖에 안 되고 있는 상황이다. K 약사는 J 약사에게 "허위 정보 제공이니 권리금을 돌려달라"고 주장할 수 있을까?

만일 이러한 사안을 법원에 가져가면, "권리금 5억 중 영업권리금이 얼마였는지"가 중요하다. 실제 판결례에서도 권리금의 구성 요소별 가액을 기준으로 손해배상액을 산정하는 경우가 많다. 예를 들어, 양도인이 약속한 독점적 영업권이 침해된 사안에서, 법원은 권리금 총액 중 시설물의 가치가 미미하다는 점을 들어 권리금 대부분이 독점 영업권 보장을 전제로 한 영업권리금이라고 판단하고, 이를 기초로 손해배상액을 산정한 사례가 있다(서울고등법원 2018.6.28. 선고 2017나2057005 판결).

만약 계약서에 영업권리금 가액이 특정되어 있었다면, 이를 근거로 보다 명확하게 손해배상을 주장할 수 있다. 반면, 총액만 기재된 경우 법원은 감정을 통해 각 항목의 가치를 다시 산정해야 하므로 불필요한 시간과 비용이 소요될 수 있다(서울중앙지방법원 2024. 1. 19. 선고 2022가단5249766, 2022가단5353139 판결).

권리금 항목을 나누면 좋은 세 번째 이유는, 객관적 검증에 보다 용이하기 때문이다. 즉, 권리금을 나누면, 각 항목이 합리적인지 검증하는 것이 쉬워진다.

예를 들어 J 약사가 이렇게 제안했다고 하자.

- 바닥권리금: 4억 원
- 영업권리금: 5천만 원
- 시설권리금: 5천만 원
- 합계: 5억 원

K 약사는 이걸 보고 "바닥권리금 4억이 너무 비싼 거 아닌가?"라고 의문을 가질 수 있다. 이 경우, K 약사는 주변 약국의 바닥권리금 시세를 조사해볼 수 있다. 조사 결과 비슷한 입지의 약국들이 바닥권리금 2~3억 정도 받는다는 것을 확인했다고 치자. 그리하면, K 약사는 자신의 조사 데이터를 바탕으로 "바닥권리금을 3억으로 낮춰달라"고 협상할 수 있다.

그렇다면 권리금 항목별 금액은 어떻게 정하고, 양수인은 이를 어떻게 검증해야 할까? 답은 법적, 재무적 실사에 있다. 실사는 양수인이 약국을 인수하기 전, 양도인이 제시한 정보의 진실성을 확인하고 잠재적 리스크를 파악하는 방어 절차다. 실사를 통해 확보된 자료는 권리금 산정의 객관적 근거가 되며, 분쟁 발생 시 핵심 증거로 활용된다.

실사 항목 1: 매출 및 수익성 분석 (영업권리금 검증)

영업권리금은 약국의 미래 수익 창출 능력에 대한 대가다. 따라서 과거의 영업 실적을 객관적인 자료로 검증하는 것이 무엇보다 중요하다. 양도인이 제시한 매출 정보의 진실성을 검증하는 것은 향후 사기 또는 착오를 이유로 한 계약 취소나 손해배상 청구의 핵심 근거가 된다(서울중앙지방법원 2024. 5. 21. 선고 2023고단3624 판결). 따라서 권리금 협상 과정에서, 양도인으로부터 아래와 같은 자료들을 요청해서 검증을 하는 것이 좋다.

- 최근 2~3년간의 부가가치세 과세표준증명원 또는 신고서: 전체 매출 규모를 파악하는 가장 기본적인 공식 자료
- 최근 2~3년간의 신용카드 및 현금영수증 매출 내역: POS 데이터, 여신금융협회 자료 등을 통해 매출 구성을 확인 가능

- 최근 2~3년간의 약품 사입 관련 세금계산서: 매출원가를 추정하고 매출 이익률을 분석하는 데 사용될 수 있음
- 종합소득세 신고서: 양도인의 협조가 필요하며, 약국 사업소득 부분을 특정하여 실제 순이익을 가늠해볼 수 있음

만일 양도인이 정당한 이유 없이 이러한 자료 제공을 거부하거나 불성실하게 제공하는 경우, 이는 중요한 정보의 은폐로 간주될 수 있다. 만약 확인된 실제 매출이 양도인의 설명과 현저한 차이를 보인다면, 이는 계약의 중요 부분에 대한 착오 또는 기망에 해당하여 계약 해제 및 권리금 반환 청구의 사유가 될 수 있다.

실사 항목 2: 시설 및 집기 상태 점검 (시설권리금 검증)

시설권리금의 대상이 되는 유형자산의 실재 여부, 상태, 경제적 가치를 평가한다. 이는 세무상 감가상각 자산을 특정하고, 인수 후 하자 발생 시 책임 소재를 명확히 하는 기준이 될 수 있다.

따라서 시설 및 집기 상태 점검 과정에서, 다음과 같은 사항들을 유의할 필요가 있다.

- 현장 실사 및 목록화: 양도인이 제공한 시설 목록과 실제 자산을 대조하고, 정상 작동 여부 및 노후 상태를 직접 확인해야 한다. 사진, 동영상 등 증거를 확보하는 것이 좋다.
- 가치 평가: 취득가액, 경과 연수, 상태를 고려하여 감가상각을

반영한 현재 가치를 산정한다. 고가의 장비는 전문 감정평가사의 감정을 받는 것도 고려해야 한다. 법원은 권리금 분쟁 시 감정평가 결과를 중요한 판단 기준으로 삼는다(서울중앙지방법원 2024. 1. 19. 선고 2022가단5249766, 2022가단5353139 판결).
- 계약서 명시: 실사 결과를 바탕으로 합의된 시설 목록과 각 품목의 가액을 계약서 별지로 상세히 첨부해야 한다. 이는 향후 하자 발생 시 손해배상 범위를 특정하는 명확한 근거가 된다.

실사 항목 3: 입지 및 상권 분석 (바닥권리금 검증)

바닥권리금의 근거가 되는 입지적 이점의 객관성과 지속 가능성을 확인해야 한다. 특히 다음과 같은 사항들을 검토하는 데 집중하자.
- 주요 처방 발생원인 병원의 운영 상태, 임대차 기간, 이전 계획 등
- 인근 경쟁 약국의 현황 및 신규 개설 가능성
- 주변 지역의 재개발, 도로 계획 등 장기적인 상권 변화 요인

만일 양도인이 독점적 영업권을 보장하는 것처럼 설명했으나 실제로는 그렇지 않은 경우, 이는 권리금 감액 또는 손해배상 사유가 될 수 있다(서울고등법원 2018. 6. 28. 선고 2017나2057005 판결). 예를 들어, "건물 내 유일한 약국"이라는 조건이 계약의 중요한 내용이었다면, 이 사실이 허위일 경우 계약의 중요 부분에 대한 착오나 기망이 성립할 수 있다.

   Part 1 : 개국 준비, 반드시 알아야 할 필수 지식

양수인이 승계하지 않을 채무(약품대금, 임대료, 관리비, 직원 급여 등)나 행정처분 이력(과징금, 영업정지 등)이 있는지 반드시 확인하자. 양도인으로부터 아래와 같은 자료들을 요청해서 확인하는 절차가 필요하다.

- 국세 및 지방세 납세증명서
- 4대보험 완납증명서
- 주요 거래처(도매상 등)에 대한 채무부존재확인서
- 관할 보건소 등을 통한 행정처분 이력 확인

아울러 계약서에 "양도인은 양수일 이전에 발생한 모든 채무, 조세공과금, 행정처분에 대해 책임을 지며, 이를 양수인에게 이전시키지 않는다"는 '진술 및 보증(Representations and Warranties)' 조항과 '위반 시 손해배상' 조항을 포함하는 것이 좋다.

실사 항목 5: 재고 의약품 실사

권리금과 별도로 거래되는 재고 의약품의 수량, 유효기간, 가치를 평가하여 정확한 인수 대금을 산정할 필요가 있다. 아래와 같은 사항을 체크하자.

- 전수 조사: 양수인이 직접 또는 전문가와 함께 전수 조사를 실시하는 것이 원칙이다.

- 유효기간 확인: 유효기간이 임박하거나 경과한 의약품은 가치에서 제외하거나 감액해야 한다.

- 대금 정산: 계약서에 "인수일 기준 재고 실사 후, 그 결과에 따라 재고 대금을 최종 확정하여 잔금 지급 시 정산한다"는 조항을 명시하는 것이 안전하다. 법원도 재고 의약품은 시설권리금과 별도로 평가되는 경향이 있다(서울고등법원 2018.6.28. 선고 2017나2057005 판결).

[분쟁 사례] 권리금 항목 구분이 불분명하여 발생한 손해배상 분쟁
- (서울고등법원 2018.6.28. 선고 2017나2057005 판결

사실관계

양수인(원고 약사): 새로운 약국 자리를 찾던 중, 특정 병원 건물의 유일한 약국 자리를 소개받았다.

양도인(피고 임대인): 해당 점포를 임대하면서 양수인에게 권리금 4억 5천만 원을 요구했다.

계약 내용: 권리금 계약서에 '권리금 4억 5천만 원'이라고만 기재하고, 바닥/영업/시설권리금을 구분하지 않았다. 양수인은 이 금액이 병원 처방전을 독점적으로 받을 수 있는 '독점적 영업권'에 대한 대가라고 믿고 계약했다.

분쟁 발생: 약국 개업 직후, 양도인의 관계인이 바로 인근에 새로운

    Part 1 : 개국 준비, 반드시 알아야 할 필수 지식

약국을 개설하여 기존 약국의 매출이 급감했다.

소송 제기: 양수인은 "독점적 영업권을 보장해주지 않았으므로 이는 채무불이행"이라며 권리금 상당의 손해배상을 청구했다.

주요 쟁점

권리금 4억 5천만 원의 성격은 무엇인가? 시설, 비품에 대한 대가인가, 아니면 독점적 영업권 보장에 대한 대가인가?

계약서에 명시되지 않은 '독점영업권 보장' 약속을 인정할 수 있는가?

독점영업권 보장 의무를 위반한 경우, 손해배상액은 어떻게 산정해야 하는가?

법원의 판단

권리금의 성격: 법원은 여러 정황을 종합하여 권리금 4억 5천만 원의 대부분이 '독점영업권을 염두에 둔 영업권리금'이라고 판단했다. 재고 의약품 대금은 별도로 지급되었고, 집기나 비품의 가치는 크지 않았다는 점을 근거로 삼았다. 즉, 시설권리금은 거의 포함되지 않았다고 보았다.

묵시적 합의 인정: 계약서에 명시되지는 않았더라도, 계약 체결 경위, 목적, 당사자의 진정한 의사 등을 고려할 때 양측 사이에 최소 5년간의 '독점영업권 보장'에 대한 묵시적 합의가 있었다고 인정했다.

손해배상책임 인정: 양도인이 독점영업권 보장 의무를 위반하여 양수인에게 손해를 입혔으므로 배상 책임이 있다고 판단했다.

손해배상액 산정: 다만, 권리금 전액을 배상하는 대신 여러 사정을 고려하여 배상액을 제한했다. 권리금에는 순수한 영업권리금(독점권과 무관한)도 포함되어 있고, 양수인도 계약 전 확인 의무를 소홀히 한 과실이 있다는 점 등을 감안하여, 법원은 손해배상 책임을 일부(판결에서는 30%)로 제한했다.

실무적 시사점

'통 권리금'의 위험성: 이 사례는 권리금 항목을 구분하지 않고 '일괄 ○억'으로 계약했을 때 발생하는 전형적인 분쟁을 보여준다. 만약 계약서에 "독점영업권 보장에 대한 대가(영업권리금) ○억 원"이라고 명시했다면, 양수인은 자신의 권리를 주장하기 훨씬 수월했을 것이다.

계약서의 명시가 핵심: 눈에 보이지 않는 권리(독점적 영업권, 단골 고객 승계 등)일수록 계약서에 구체적으로 명시해야 한다. "병원 이전 시 권리금 반환" 또는 "반경 ○○m 내 동종업종 입점 시 손해배상"과 같은 특약을 추가하는 것이 분쟁 예방의 핵심이다.

구두 약속의 한계: '독점을 보장해주겠다'는 구두 약속은 법적 분쟁 시 입증이 매우 어렵다. 중요한 합의 사항은 반드시 서면으로 남겨야 한다. 이 사건에서는 여러 간접 증거를 통해 묵시적 합의가 인정되었지만, 이는 매우 이례적인 경우에 속한다.

Core Summary

권리금은 바닥권리금, 영업권리금, 시설권리금으로 명확히 구분해서 계약서에 적어야 한다. "권리금 일괄 ○억"은 세무 리스크와 분쟁 소지를 키울 뿐이다. 각 항목별 금액은 실사를 통해 객관적으로 검증할 필요가 있다. 또한 매출 자료, 재고 목록, 시설 감정, 단골 환자 확인 등 철저한 실사가 불합리한 권리금을 걸러낸다. 실사 결과를 반영해서 계약서를 작성하면, 나중에 분쟁이 생겨도 책임 소재가 명확하고 세무 처리도 쉽다. 거액이 오가는 만큼, 시간을 들여서라도 제대로 검증하고 제대로 계약서를 쓰는 것이 여러분의 소중한 재산을 지키는 길이다.

"권리금을 주고 계약했는데, 건물주가 거절하면 어떻게 되나요?"

L 약사가 필자에게 불안한 표정으로 물었다. L 약사는 기존 약국을 양도인 K 약사로부터 인수하기로 했다. 권리금 3억 원에 합의했고, 계약금 3천만 원을 이미 지급했다.

그런데 문제는 건물주였다. K 약사가 "건물주한테 신규 임차인 소개하면 계약해줄 겁니다"라고 했지만, 아직 건물주의 명확한 동의를 받지 못했다. L 약사는 "건물주가 나를 거절하면 어떻게 되지?" 하는 불안감에 잠을 못 잤다.

"만약 건물주가 저랑 계약을 안 하겠다고 하면, 권리금 3억 원은 어떻게 되나요? 계약금 3천만 원은 돌려받을 수 있나요?"

필자는 L 약사에게 권리금 계약서를 보여달라고 했다. 계약서를 보니 이렇게만 적혀 있었다.

을(L 약사)은 갑(K 약사)에게 권리금 3억 원을 지급한다.
- 계약금: 3천만 원 (지급 완료)
- 중도금: 1억 2천만 원 (○월 ○일 지급 예정)
- 잔금: 1억 5천만 원 (○월 ○일, 인수와 동시 지급)

필자는 L 약사에게 말했다.

"이 계약서에는 '건물주가 거절하면 어떻게 되는지' 조항이 없네요."

L 약사는 놀랐다. "그럼 어떻게 되는 건가요? 계약금을 날리는 건가요?"

권리금 계약의 숨겨진 위험: 임대차계약이 전제 조건이다

권리금을 주고 약국을 인수한다는 건, "그 장소에서 약국을 운영할 권리"를 산다는 뜻이다. 만약 그 장소에서 약국을 운영할 수 없다면? 권리금은 의미가 없다. 공허한 계약이 된다.

L 약사가 K 약사에게 권리금 3억을 주는 이유는 무엇인가? "K 약사가 운영하던 그 자리에서 내가 약국을 운영하겠다"는 것이다. 그 자리의 입지(바닥권리금), 영업 기반(영업권리금), 시설(시설권리금)을 산다는 것이다.

그런데 건물주가 L 약사와 임대차계약을 거절하면 어떻게 될까? L 약사는 그 자리에서 약국을 운영할 수 없다. 권리금 3억을 주더라도, 아무것도 얻을 수 없다.

따라서 권리금 계약은 신규 임대차계약 체결을 전제 조건으로 한다. 법원은 이러한 권리금 계약을 '신규 임대차계약의 체결을 해제조건으로 하는 계약'으로 해석하는 경향이 있다(대구지방법원 2020. 5. 20. 선고 2019나301799 판결, 부산지방법원 2022. 1. 26. 선고 2021나52761 판결 등).

해제조건(解除條件)부 계약이란 무엇일까?

이는 조건이 성취되면(여기서는 '임대차계약의 불성립') 계약의 효력이 소멸하는 계약을 의미한다. 즉, 임대차계약이 체결되지 않으면 권리금 계약은 처음부터 없었던 것과 같이 무효가 되고, 양도인은 이미 지급받은 권리금을 양수인에게 부당이득으로 반환해야 한다.

L 약사의 계약서에는 이런 조건이 명시되어 있지 않았다. 그러나 법리상 "묵시적 조건"으로 인정될 수 있다. 즉, 건물주가 거절하면 계약 목적을 달성할 수 없으니, L 약사는 계약을 해제하고 계약금 3천만 원을 돌려받을 수도 있게 된다.

하지만 문제는 이게 명확하지 않다는 것이다. K 약사가 "계약서에 그런 조건 없잖아요. 건물주가 거절한 건 제 책임이 아니에요. 계약금은 못 돌려줍니다."라고 버티면 어떻게 될까? 어쩔 수 없이 소송으로 가야 할 수밖에 없다. 소송은 시간과 비용이다.

결국 이런 불확실성을 없애려면, 계약서에 '건물주가 임대차계약을 거절하면, 양도인이 받은 권리금을 반환'하는 취지의 조항을 넣어 두어야 한다.

L 약사의 상황을 구체적으로 보자. L 약사는 K 약사와 권리금 계

약을 체결했다. 계약금 3천만 원을 지급했다. 이제 건물주를 만나서 임대차계약을 체결해야 한다.

K 약사가 건물주를 소개했다. L 약사와 건물주가 만났다. 건물주가 이렇게 말했다.

"L 약사님, 반갑습니다. 그런데 죄송하지만 제가 이 건물을 다른 용도로 사용할 계획이 있어서 L 약사님과는 계약하기 어렵겠습니다."

[분쟁 사례] 임대차계약 불발 시 권리금 반환 분쟁 - 부산지방법원 2022.1.26. 선고 2021나52761 판결

사실관계

새로운 임차인 C는 기존 임차인인 피고로부터 상가를 인수하기로 하고 권리금 3,000만 원을 지급했다. 이후 C는 건물주와 임대차계약 체결을 교섭했으나, 건물주의 거부로 최종적으로 계약이 성사되지 못했다. C는 임대차계약이 불발되었으므로 권리금 계약은 무효라고 주장하며, 피고에게 지급했던 권리금 3,000만 원의 반환을 청구하는 소송을 제기했다.

쟁점

권리금 계약서에 '임대차계약이 체결되지 않으면 권리금을 반환한다'는 명시적인 조항이 없는 경우, 새로운 임차인은 기존 임차인에게 권리금 반환을 청구할 수 있는지 여부

법원의 판단

법원은 권리금 계약은 새로운 임차인과 건물주 사이의 임대차계약 체결을 전제로 하는 것이므로, 양 당사자 간에 임대차계약의 불성립을 해제조건으로 하는 '해제조건부 계약'으로 보아야 한다고 판단했다(부산지방법원 2022. 1. 26. 선고 2021나52761 판결). 즉, 임대차계약이 성사되지 않으면 권리금 계약의 효력도 사라진다고 본 것이다.

따라서 임대차계약이 불성립한 이상, 기존 임차인은 새로운 임차인에게 받은 권리금 전액을 부당이득으로 반환할 의무가 있다고 판결했다.

시사점

이 판례는 권리금 계약서에 명시적인 반환 조항이 없더라도, 법원이 거래 관행과 계약의 목적을 고려하여 임대차계약 불발 시 권리금을 반환해야 한다고 판단할 수 있음을 보여준다.

하지만 이는 소송을 통해 다투어야 하는 불확실성을 안고 있다. L 약사의 사례처럼 양도인이 반환을 거부하며 분쟁이 발생할 수 있기 때문이다.

따라서 이러한 분쟁을 사전에 방지하기 위해서는, 권리금 계약서에 '임대차계약이 체결되지 않을 경우, 지급된 권리금은 전액 즉시 반환한다.'는 조항을 명확하게 기재하는 것이 가장 안전하고 확실한 방법이다.

L 약사의 사례로 돌아가보자. 건물주가 신규 임차인과의 계약을 거절할 경우, 법적으로 누가 책임이 있을까?

첫 번째로 생각할 수 있는 건 건물주다. 건물주가 정당한 사유 없이 신규 임차인과의 계약을 거절했다면, 이는 「상가건물 임대차보호법」 제10조의4(권리금 회수 기회 보호)를 위반하는 행위가 될 수 있다.

법 제10조의4를 다시 보자. "임대인은 임대차기간이 끝나기 6개월 전부터 임대차 종료 시까지… 정당한 사유 없이 임대인이 임차인이 주선한 신규임차인이 되려는 자와 임대차계약의 체결을 거절하는 행위"를 해서는 안 된다.

만약 건물주의 거절이 '정당한 사유' 없이 이루어졌다면, K 약사는 건물주를 상대로 손해배상을 청구할 수 있다.

그러나 이는 기존 임차인(K 약사)이 임대인에게 행사할 수 있는 권리일 뿐, 신규 임차인(L 약사)이 지급한 계약금 반환 문제와는 법적으로 분리해서 보아야 한다. L 약사의 권리금 계약금 반환 문제는 기존 임차인(K 약사)과의 계약 관계에 따라 결정된다.

앞서 보았다시피, 법원은 통상 권리금 계약을 신규 임대차계약의 체결을 해제조건으로 하는 '해제조건부 계약'으로 본다(대구지방법원 2020.5.20. 선고 2019나301799 판결). 즉, 임대인의 거절 등으로 신규 임대차계약이 체결되지 않으면 조건이 성취되어 권리금 계약의 효력은 소멸하고, 기존 임차인은 원상회복 의무에 따라 이미 지급받은 계약금을 신규 임차인에게 반환해야 한다. 다만, 계약서에 명시적 조항이 없으면 이러한 법리가 묵시적으로 인정되는지를 두고 분쟁이 발생할 수 있으므로, 명확한 특약 설정이 중요하다. 가령 아래와 같은 조항이 필요하다.

제○조 (임대차계약 불성사 시 권리금 반환)

1. 본 권리금 계약은 을(양수인)이 임대인과 임대차계약을 체결하는 것을 조건으로 한다.
2. 다음 각 호의 사유로 을과 임대인 사이의 임대차계약이 체결되지 않은 경우, 본 권리금 계약은 해제되며, 갑(양도인)은 을이 지급한 금액(계약금, 중도금 등)을 즉시 반환한다.
　가. 임대인이 정당한 사유 없이 을과의 임대차계약 체결을 거절한 경우
　나. 임대인이 을에게 상당하지 아니한 조건(과도한 임대료 인상 등)을 요구하여 을이 계약 체결을 거부한 경우
　다. 기타 갑 또는 임대인의 귀책사유로 임대차계약이 체결되지 않은 경우
3. 제2항의 경우, 갑은 을에게 지급받은 금액을 반환함과 동시에 그 금액에 대한 이자(연 ○%)를 가산하여 지급한다.
4. 을의 귀책사유(예: 을이 임대차계약을 일방적으로 거부)로 임대차계약이 체결되지 않은 경우, 갑은 계약금을 몰수할 수 있다.

이와 같은 조항이 있으면, L 약사는 보호받을 수 있다.

K 약사는 어떻게 되나? K 약사는 L 약사에게 3천만 원을 돌려주고 나서, 건물주를 상대로 손해배상 청구를 할 수 있다. "건물주가 정당한 사유 없이 거절해서 권리금 3억을 못 받았다"고 청구한다. 이는 K 약사와 건물주 사이의 문제다. L 약사는 무관하다.

앞서 제시한 조항을 다시 보자. 핵심은 "임대차계약이 체결되지 않으면, 권리금 계약은 해제되고, 지급한 금액을 반환한다."는 것이다. 이 조항이 왜 중요할까?

우선 첫 번째로, 양수인을 보호해주는 조항이기 때문이다. 양수인이 양도인에게 권리금을 주는 이유는 "그 장소에서 약국을 운영하기 위해서"다. 만약 그 장소를 쓸 수 없다면, 권리금을 줄 이유가 없다. 그런데 '계약 불발 시 권리금을 전액 반환'하는 취지의 조항이 없으면, 양수인은 "임대차계약이 불발됐으니 계약 목적을 달성할 수 없다. 계약을 해제하고 싶다."고 주장해야 한다. 양도인이 "계약서에 그런 조항 없다"고 버티면 소송으로 갈 수밖에 없다. 물론 앞서 분쟁 사례에서 보듯 법원이 임대차계약의 성립을 '묵시적 조건'으로 인정할 수도 있지만, 이는 확실하지 않다.

두 번째로, 이러한 조항은 양도인에게도 유리할 수 있다. '양도인의 책임 범위'를 명확히 해주는 조항이기 때문이다.

만일 이러한 조항이 없으면, 양수인이 "건물주가 거절한 것은 양도인이 제대로 준비 안 해서다. 양도인이 모든 책임을 져야 한다."면서 양도인에게 과도한 요구를 할 수도 있다.

그러나 '계약 불발 시 권리금을 전액 반환'하는 취지의 조항이 있으면, '제○조에 따라 계약금을 반환하면 그것으로 양도인의 책임은 끝'임이 명확하다. 따라서 양도인이 추가로 손해배상을 부담할 필요가 없다(물론 양도인의 고의나 중과실이 있으면 별개지만, 일반적인 경우를 가정한 것이다).

[분쟁 사례] 임대차계약 불발 시 권리금 반환 특약의 효력 - 제주지방법원 2022.3.23. 선고 2021나13097 판결

사실관계

양수인 A는 양도인 B와 권리금 계약을 체결하며, 특약으로 "임대차계약이 어떤 이유에서든 체결되지 않을 시 본 계약은 무효로 하며, 계약금은 원금 그대로 반환한다"고 명시했다. 이후 양수인은 임대인과 임대차계약을 체결했으나, 임대 목적물에 신축 계획이 있다는 사실을 뒤늦게 알고 임대차계약을 합의 해제했다. 양수인은 특약을 근거로 계약금 반환을 청구했다.

쟁점

임대차계약이 일단 '체결'되었다가 '합의 해제'된 경우에도, "체결되지 않을 시"라는 특약이 적용되는지 여부

▌건물주 동의를 미리 받는 방법

권리금 계약서에 아무리 정교한 조항을 두더라도, 임대인이 신규 임대차계약 체결을 거절하면 계약은 불발될 수밖에 없다. 이 경우 양수인은 계약금을 돌려받을 수 있겠지만, 원하는 점포를 인수하지 못하는 손해를 입게 된다. 따라서 분쟁 예방의 가장 확실한 방법은 권리금 계약 체결 전후로 임대인의 동의를 명확히 확보하는 것이다.

가장 이상적인 방법은 권리금 계약 체결에 앞서 임대인의 동의를 받는 것이다. 양도인과 양수인이 권리금 등 주요 조건에 잠정 합의한 후, 양수인이 임대인을 직접 만나 임대차 조건(보증금, 월 차임, 기간 등)을 협의하고 신규 계약 체결에 대한 동의를 구하는 것이다.

이 경우, 권리금 계약 체결 시점에 이미 임대차계약의 성사가 보장되므로, 계약 불발의 위험이 원천적으로 차단될 수 있다. 그러나 양도인이 "계약금도 받지 않은 상태에서 임대인을 소개해 줄 수 없다."고 하거나, 임대인이 "권리금 계약도 확정되지 않은 양수인을 만날 이유가 없다."며 비협조적으로 나올 여지는 언제든지 있다.

이러한 교착 상태를 해결하기 위해, 정식 권리금 계약 전에 '가계약'을 체결하는 방안을 활용할 수 있다. 즉, "임대인의 동의를 조건으로 본계약을 체결하며, 만약 임대인이 특정 기한 내에 부당하게 동의를 거절할 경우 가계약금은 즉시 반환한다."는 내용을 가계약서에 명시하여 양측의 위험을 줄일 수 있다.

2) 권리금 계약 체결 시 임대인 참여 및 확인

가장 확실한 방법은 권리금 계약 체결 시 임대인을 '확인자' 또는 '참고인' 자격으로 참여시키는 것이다. 그리고 권리금 계약서 말미에 임대인의 확인 및 동의 조항을 별도로 마련하고, 임대인의 서명을 받는 방법이다.

제○조 (임대인의 확인 및 동의)

임대인 ○○○(이하 '병')은 갑(양도인)과 을(양수인) 간의 본 권리금 계약 체결에 있어 다음 사항을 확인하고 이에 동의한다.

1. 병은 본 권리금 계약의 내용을 충분히 인지하였으며, 갑과 을 사이의 권리금 수수 사실을 확인한다.

2. 병은 갑이 「상가건물 임대차보호법」 제10조의4에 따라 을을 신규 임차인으로 주선하였음을 인정하며, 정당한 사유 없이 을과의 임대차계약 체결을 거절하지 않을 것을 확약한다.

3. 병은 을과 아래의 주요 조건으로 임대차계약을 체결할 의사가 있음을 확인한다.
  - 임대차 기간: ○년
  - 임대차보증금: 금 ○○○원
  - 월 차임: 금 ○○○원 (부가가치세 별도)
  - 기타 조건: 현 임대차계약과 동일한 조건 승계

[날짜]

확인자(임대인): ○○○ (서명 또는 날인)
(주소: , 주민등록번호:)

임대인은 권리금 계약의 직접 당사자는 아니다. 다만 위와 같이 확인자로 서명·날인하는 경우, 이는 단순한 사실 확인을 넘어 '확약' 또는 '약속'으로서의 법적 의미를 가지게 될 수 있다. 만약 임대인이 이 확약에 반하여 정당한 이유 없이 계약 체결을 거절한다면, 이는 신의성실의 원칙에 위배되는 행위로 평가될 수 있다. 이 경우 양도인은 임대인을 상대로 채무불이행 또는 불법행위에 기한 손해배상을 청구할 강력한 근거를 확보하게 된다.

물론 임대인이 "나는 계약 당사자가 아닌데 왜 서명해야 하는가"라며 거부감을 보일 수도 있다. 이때는 "계약의 '당사자'가 아닌, 양도인과 양수인의 원활하고 안전한 거래를 위한 '확인자'로서 협조해 주시는 것"임을 강조하며 설득해 볼 필요가 있다. 기존 임차인과의 관계가 원만했다면, 임대인의 협조를 받는 것도 가능할 것이다.

추가 보호 장치: 중도금 지급 조건

권리금 계약의 안정성을 높이기 위해, 중도금 지급 시점을 임대차계약 체결과 연동시키는 것은 매우 중요한 보호 장치이다. 이는 법률적으로 중도금 지급 의무의 발생에 '임대차계약의 유효한 성립'이라는 정지조건(停止條件)을 추가하는 의미를 가진다.

중도금 지급 조건부 조항의 법적 의미와 실무 예시

권리금 계약에서 중도금은 통상 계약금보다 훨씬 큰 금액이다.

때문에 임대차계약 성사라는 가장 중요한 관문이 통과되기 전에 권리금부터 먼저 지급하는 것은 양수인에게 상당한 위험을 초래할 수 있다. 만약 임대차계약이 불발될 경우, 이미 지급한 중도금을 반환받는 과정에서 양도인의 자력 부족이나 분쟁 발생 가능성이 있기 때문이다.

따라서 다음과 같이 중도금 지급 조건을 구체적으로 명시하는 방안이 있다.

제2조 (권리금의 지급)
을(양수인)은 갑(양도인)에게 권리금 총 3억 원을 다음 각 호의 방법으로 지급한다.
 1. 계약금: 3천만 원 (본 계약 체결 시 지급)
 2. 중도금: 1억 2천만 원 (을과 임대인 간의 임대차계약서가 서면으로 작성되고 상호 날인 완료된 날로부터 3영업일 이내에 지급)
 3. 잔금: 1억 5천만 원 (대상 약국의 시설, 장비 및 영업권의 인도가 완료되는 날 지급)

'임대차계약 체결 후'라는 표현은 해석상 다툼의 여지가 있으므로, 위 조항 예시처럼 '임대차계약서가 서면으로 작성되고 상호 날인 완료된 날'과 같이 그 시점을 특정할 수 있는 객관적인 기준으로 명시하는 것이 분쟁 예방에 효과적이다. 또한 '체결 후 즉시'보다는 '체결 후 ○영업일 이내'와 같이 이행을 준비할 수 있는 합리적인

　　　　Part 1 : 개국 준비, 반드시 알아야 할 필수 지식

기간을 두는 것이 좋다.

만약 양도인이 특정 날짜를 중도금 지급일로 지정하기를 고집한다면, 이는 양수인에게 불리한 조항이므로 신중하게 접근해야 한다. 이 경우, 최소한 '임대차계약 불성사 시 반환' 조항이라도 더욱 명확하고 강력하게 규정하여 위험을 최소화해야 한다.

Core Summary

권리금 계약은 임대차계약이 체결되는 것을 전제로 한다. 건물주가 거절하면 권리금 계약의 목적을 달성할 수 없으니, 계약서에 "임대차계약 불성사 시 권리금 전액 반환" 조항을 넣어두는 것이 좋다. 조항에는 반환 사유, 반환 기한, 이자, 양수인 귀책사유 시 계약금 몰수 등을 구체적으로 명시한다.

아울러 가능하면 권리금 계약 전에 건물주 동의를 미리 확보하거나, 계약서에 건물주를 참고인으로 참여시켜서 동의를 받아두는 게 안전하다. 중도금 지급 조건을 "임대차계약 체결 후"로 정해서 리스크를 최소화하는 것도 중요하다. 조항 하나로 수천만 원, 수억 원의 권리금을 지킬 수 있다.

경업금지: 양도인의 경업금지의무 설정
"권리금 받고 바로 옆 건물에 또 약국을?"

"변호사님, 양도인이 3개월 만에 근처 건물에 약국을 열었어요. 어떻게 해야 하나요?"

S 약사가 필자에게 상담을 요청하면서 분노에 찬 목소리로 말했다. S 약사는 6개월 전 P 약사로부터 약국을 인수했다. 권리금 2억 원을 주고, 영업권리금이 그중 1억이었다. P 약사가 10년간 운영하면서 쌓아온 단골 환자가 많다고 했다.

"P 약사님이 '제가 이 동네를 떠나서 지방으로 갑니다. 그러니 단골 환자들은 S 약사님께 잘 부탁드립니다'라고 했어요. 그래서 믿고 권리금을 준 것인데, 이렇게 뒤통수를 맞을 줄은 몰랐습니다."

'경업금지의무'란 특정 영업을 양도하거나 계약 관계를 종료한 후, 일정 기간 및 지역 내에서 그와 경쟁하는 성격의 영업을 하지 않을 의무를 의미한다. 이는 양수인의 영업상 이익과 고객 관계 등 유·무형의 자산을 보호하기 위한 핵심적인 장치다.

경업금지의무의 법적 근거

경업금지의무는 크게 계약상 의무와 법률상 의무로 나누어볼 수 있다.

① 계약상 의무

당사자 간의 권리금 계약서에 경업금지 조항을 명시적으로 규정하는 것이 가장 확실한 근거가 된다. 이는 계약 자유의 원칙에 따라 유효하며, 법적 분쟁 발생 시 권리자를 보호하는 강력한 수단이 된다.

② 법률상 의무

계약서에 별도 약정이 없는 경우에도, 「상법」 제41조 제1항이 적용될 수 있다. 즉, 상법에 따르면, "영업을 양도한 경우에 다른 약정이 없으면 양도인은 10년간 동일한 특별시·광역시·시·군과 인접 특별시·광역시·시·군에서 동종영업을 하지 못한다."고 되어 있다.

약국 권리금 계약과 상법 제41조 적용 문제

그런데 「상법」 제41조가 적용되려면, 권리금 계약이 '영업양도'에 해당해야 한다. '영업양도'란 "일정한 영업 목적에 의하여 조직화된 유기적 일체로서의 기능적 재산"을 이전하는 것을 의미한다. 즉, 단순히 시설이나 재고를 넘기는 것을 넘어, 고객 관계, 영업 노하우, 거래처 등 수익 창출의 원천이 되는 유기적인 조직이 그대로 이전되어 양수인이 양도인과 동일한 영업 활동을 계속할 수 있어야 한다.

약국 권리금 계약이 이러한 '영업양도'의 실질을 갖추었는지 여부는 법적 분쟁의 핵심 쟁점이 된다. 법원은 계약의 구체적인 내용, 권리금의 구성(시설권리금, 영업권리금 등), 인계된 자산의 범위 등을 종합적으로 고려하여 개별적으로 판단하고 있다. 때문에 모든 권리금 계약이 당연히 영업양도로 인정되는 것은 아니다.

이처럼 개별 사안에 따라 실제 '영업양도'인지 여부에 대한 판단이 달라질 수 있기 때문에, 계약서에 경업금지 조항이 없는 경우 「상법」 제41조의 자동 적용을 기대하는 것은 위험하다. 따라서 잠재적 분쟁을 예방하고 양수인의 권리를 확실하게 보호하기 위해서는, 계약 단계에서 변호사의 자문을 받아 구체적이고 명확한 경업금지 조항을 계약서에 포함시키는 것이 안전하다.

같은 상권 내 경쟁 약국 개설 금지 범위와 기간 설정

경업금지 조항을 쓸 때, 가장 중요한 건 '범위'와 '기간'이다.

만일 범위가 너무 넓으면 어떻게 될까? 예를 들어 "양도인은 대한민국 전역에서 약국을 열 수 없다"고 하는 조항은? 이건 과도하다. 양도인의 직업 선택의 자유를 지나치게 제한한다. 법원에서도 무효로 판단할 가능성이 높다. 반대로 "양도인은 이 건물에서만 약국을 열 수 없다"고 해두면? 이러한 경업금지 조항은 거의 의미가 없다. 옆 건물에 열면 되니까 말이다.

따라서 경업을 금지할 '합리적인 범위'를 정해야 한다. 계약서에서는 "본 약국으로부터 반경 500미터 이내"(거리 기준), "같은 동(洞) 또는 인접 동 이내"(행정구역 기준), "같은 상권 또는 유사한 상권 이내"(상권 기준) 등으로 범위를 설정하는 경우가 많다.

이제 '기간'을 따져보자. 경업금지의 기간이 너무 길면 어떨까? 가령, "양도인은 평생 약국을 열 수 없다"고 하면? 이는 과도하다. 법원에서 무효로 볼 가능성이 높을 것이다.

반면 기간이 너무 짧으면? 가령, "양도인은 3개월간 약국을 열 수 없다"고 하면 어떨까? 경업금지의 의미가 약해진다. 3개월은 양수인이 입주 후 이제 막 적응을 시작했을 때다.

실무에서는 1년에서 5년 사이의 범위에서 경업금지 기간이 정해지는 경우가 많다. 물론 상법 제41조에서는 경업금지 기간을 "10년"으로 규정하고 있지만, 실무에서는 3~5년 사이의 기간 정도면 합리적으로 인정받는다.

경업금지 조항의 핵심 포인트

첫째, 범위를 이중으로 정하는 것이 안전하다. "반경 500미터" + "같은 동 및 인접 동"과 같이 말이다. 이렇게 하면, 양도인이 "501미터 떨어진 곳이니 괜찮다"고 주장하거나, "인접 동이니 괜찮다"고 주장하면서 무리하게 경업을 시도하는 것을 예방할 수 있다.

둘째, 대상 행위를 구체적으로 나열한다. "직접 개설"뿐 아니라 "타인 명의 실질 운영", "임원 취임", "자금 투자"도 포함한다. 양도인이 "내 이름이 아니라 배우자 이름으로 약국을 냈으니 괜찮다"면서 경업을 시도하는 것을 예방할 수 있다.

셋째, 예외를 명시해야 한다. 범위 밖에서 약국을 열거나, 다른 업종을 하는 건 괜찮다고 명시한다. 양도인의 직업 선택의 자유를 지나치게 제한하지 않는다는 걸 보여주는 것이다.

넷째, 경업금지의무 위반 시 효과를 명확히 해둘 필요가 있다. "계약 해제", "권리금 전액 반환", "손해배상(권리금의 50%)", "금지 가처분", 이렇게 네 가지 정도는 명시해두는 것이 좋다. 양도인이 위반하면 얼마나 큰 불이익을 받는지 명확하니, 위반 억제 효과가 크다.

다섯째, 경업금지의 입증책임을 합리적으로 배분한다. 양수인은 "양도인이 약국을 운영하고 있다"는 사실만 입증하면 된다. "타인 명의인데 실질적으로 양도인이 운영한다"는 것을 양수인이 입증하기는 어렵다. 따라서 양도인이 "내가 실질 운영자가 아니다"를 입증하게 하는 것이다.

경업금지 조항을 넣었는데 양도인이 위반하면 어떻게 될까? 아래와 같은 조치들을 생각해볼 수 있다.

조치 1) 계약 해제

"제4항 가호에 따라 본 계약을 해제한다. 권리금 2억 원을 반환하라."

계약 해제하면, 권리금 계약이 처음부터 없었던 것으로 된다. 위 상담 사례에서, S 약사는 2억 원을 돌려받을 수 있다. 하지만 S 약사는 이미 6개월간 약국을 운영했고, 인테리어도 하고, 재고도 샀다. 이 비용은 어떻게 되는걸까?

때문에 계약 해제만으로는 부족하다. 따라서 손해배상도 청구할 필요가 있다.

조치 2) 손해배상 청구

"제4항 다호에 따라 손해배상을 청구한다. 손해액은 매출 감소액 ○○만 원이다."

우선 실제 손해를 입증할 필요가 있다. 예를 들어 S 약사가 처음 3개월간 월 평균 매출 4천만 원을 올렸다. 그런데 P 약사가 옆에 약국을 연 이후 3개월간 월 평균 매출이 2천만 원으로 떨어졌다. 매출이 월 2천만 원씩 감소했다. 3개월이면 6천만 원 손해다.

S 약사는 "매출 감소 6천만 원이 P 약사의 경업행위 때문이다. 따라서 6천만 원을 손해배상하라"고 청구한다.

그러나 P 약사가 "매출 감소가 내 탓이 아니라 S 약사의 운영 미숙 때문"이라고 반박할 수 있다. 실제 매출이 감소했다는 것이 모두 P 약사 때문인지는 알 수 없다. 즉, S 약사의 손해와 P 약사의 경업금지의무 위반 간 인과관계를 명확히 입증하는 것이 어렵다.

때문에 위 예시에 "추정 손해액" 조항이 있는 것이다. 즉, "입증이 어려운 경우 권리금의 50%를 손해액으로 본다"고 해두면, S 약사는 P 약사에게 2억 원의 50%인 1억 원을 추정 손해액으로 정해서 청구할 수 있다.

P 약사가 S 약사의 "실제 손해가 1억이 안 된다"고 주장한다면, 이는 P 약사가 입증해야 한다. 입증 못 하면 S 약사에게 1억을 배상해야 한다.

조치 3) 금지 가처분

"제4항 라호에 따라 법원에 경업행위 금지 가처분 신청을 한다."

경업행위 금지 가처분이란, "양도인이 약국 운영을 즉시 중단하라"는 법원의 명령을 받는 것이다. 본안 소송(손해배상 청구 소송)을 제기하기 전에, 긴급하게 신청하는 것이다. 병원으로 치면 응급 수술 같은 것이라 생각할 수 있다. 만일 법원이 경업금지 가처분을 인용하면, P 약사는 약국 운영을 즉시 중단해야 한다.

가처분의 장점은 빠르다는 것이다. 소송은 몇 년 걸리지만, 가처분은 몇 주~몇 달이면 결정이 난다. S 약사 입장에서는, P 약사가 약국을 빨리 닫게 하는 게 중요하다. 오래 운영할수록 단골 환자를 더 많이 뺏기니까 말이다.

하지만 일방의 영업을 아예 중단시키는 무거운 결정이니만큼, 법원도 가처분 결정에는 상당히 신중한 태도를 보인다. 가처분을 신청하는 입장에서는 법원을 설득하기 위해 면밀한 증거자료들을 준비해야 한다.

S 약사 사례의 경우, 아래와 같은 자료들이 가처분을 위해서 필요할 것이다.

- 권리금 계약서 (경업금지 조항 포함)
- P 약사가 약국을 개설했다는 증거 (사업자등록증, 간판 사진 등)
- 거리 측정 (본 약국과 P 약국 거리가 50미터)
- 매출 감소 자료

[분쟁 사례] 1년간 반경 2km 경업금지, 법원은 어떻게 판단했을까?
- 서울서부지방법원 2024.5.16.자 2024카합50036 결정

미용실을 운영하는 채권자는 자신의 미용실에서 2년간 근무한 디자이너(채무자)가 계약 종료 후 인근에 새로운 미용실을 개업하자 경업금지 가처분을 신청했다. 계약서에는 '계약 종료 후 1년간 반경 2km 내에서 동종 영업을 할 수 없다.'는 경업금지 조항이 있었다.

사실관계

채무자는 채권자의 미용실에서 2년간 근무하며 많은 고객을 확보했다. 계약 종료 후, 채무자는 채권자의 미용실에서 멀지 않은 곳에 자신의 미용실을 개업했고, 기존 채권자 미용실의 고객들이 채무자의 새 미용실을 이용하기 시작했다. 이로 인해 채권자 미용실의 매출은 급감했다.

쟁점

① 미용실 운영자가 인적·물적 투자를 통해 얻은 고객관계 등이 보호할 가치가 있는 이익에 해당하는지, ② '1년간 반경 2km'라는 경업금지 약정이 디자이너의 직업선택의 자유를 과도하게 침해하여 무효인지 여부

법원의 판단

법원은 채권자의 신청을 받아들여 경업금지 가처분 결정을 인가했다.

첫째, 법원은 미용실 운영자가 투자를 통해 얻은 고객관계 등은 보호할 가치가 있는 이익에 해당한다고 보았다. 특정 미용사와의 신뢰관계가 형성되면 고객은 해당 미용사를 따라 미용실을 옮길 유인이 크므로, 운영자 입장에서는 경업금지약정을 통해 자신의 이익을 보호할 필요가 있다고 인정한 것이다.

둘째, '1년간 반경 2km'라는 제한은 과도하지 않다고 판단했다. 법원은 미용실 고객관계가 형성·유지되는 과정을 고려할 때 위 기간과 장소의 제한은 합리적인 범위 내에 있다고 보았다. 또한, 채무자는 제한된 기간이 지나거나 해당 지역을 벗어나면 자유롭게 미용업에 종사할 수 있으므로 직업선택의 자유를 과도하게 침해한다고 보기 어렵다고 판단했다.

시사점

이 사례는 약국 권리금 계약에도 중요한 시사점을 준다. 약국 역시 단골 환자와의 신뢰관계가 매출에 큰 영향을 미치므로, 양도인이 인근에 약국을 다시 개설할 경우 양수인은 큰 타격을 입을 수 있다. 계약서에 구체적이고 합리적인 경업금지 조항을 명시하는 것이 얼마나 중요한지를 보여준다.

경업금지 약정은 양수인의 영업권을 보호하기 위해 필요하지만, 양도인의 직업선택의 자유를 제한하므로 법원은 그 유효성을 엄격하게 심사한다. 약정이 유효하기 위해서는 보호할 가치 있는 양수인의 이익, 경업 제한의 기간·지역·대상 직종, 양도인에 대한 대가 제공 여부 등 제반 사정을 종합적으로 고려하여 합리적인 범위 내에 있어야 한다(의정부지방법원 고양지원 2024. 4. 26. 선고 2023가합51680 판결 등). 이를 위반하여 과도한 제한을 가하는 조항은 민법 제103조에 따라 선량한 풍속 기타 사회질서에 반하는 법률행위로서 무효가 될 수 있다. 따라서 조항 작성 시 다음 사항에 유의해야 한다.

주의 1) 합리적인 범위와 기간 설정

법원은 경업금지 조항이 과도하다고 판단하면 조항 전체를 무효로 보거나, 합리적인 범위로 축소하여 효력을 인정하기도 한다(서울고등법원 2025. 6. 5. 선고 2024나2060481 판결 등). 분쟁을 피하려면 처음부터 합리적으로 설정하는 것이 중요하다.

①**기간**: 상법 제41조는 약정이 없을 시 10년을 규정하지만, 이는 최장기간에 가깝다. 판례는 구체적인 사안에 따라 2~5년의 기간을 합리적으로 보는 경향이 있다. 양수인이 새로운 단골을 확보하고 영업 기반을 다지는 데 필요한 최소한의 기간으로 설정하는 것이 바람직하다.

② **지역적 범위:** 양도된 약국의 기존 영업권이 미치는 범위로 한정해야 한다. '반경 ○km 이내', '동일한 행정구역(예: ○○동, ○○구)' 등 객관적인 기준으로 특정하는 것이 명확하다. '같은 상권'과 같은 모호한 표현은 해석상 다툼의 소지가 크다(서울고등법원 2025. 6. 5. 선고 2024나2060481 판결 등). 최근 법원은 미용실의 경우 반경 2km를 유효하다고 보기도 했다(서울서부지방법원 2024. 5. 16. 자 2024카합50036 결정).

③ **대가의 명시:** 경업금지의무는 양도인의 중대한 권리 제한이므로, 이에 대한 대가가 지급되었는지가 유효성 판단의 중요한 요소가 된다(의정부지방법원 고양지원 2024. 4. 26. 선고 2023가합51680 판결). 권리금에 경업금지에 대한 대가가 포함되어 있음을 계약서에 명시하는 것이 분쟁 예방에 유리하다.

주의 2) 금지 행위의 구체화

'경업을 하지 않는다'는 추상적인 표현 대신 금지되는 행위를 구체적으로 명시해야 한다. 이는 양도인이 제3자 명의를 이용하거나 다른 형태로 관여하는 등 의무를 회피하려는 시도를 막기 위함이다.

금지 행위의 예시는 아래와 같다.

① 본인 또는 제3자 명의로 동종 영업을 개설·운영하는 행위

② 동종 영업을 하는 법인의 임원·주주가 되는 행위

③ 동종 영업에 자금을 투자하거나 기술을 제공하는 행위 등

또한 모호한 표현은 지양해야 한다. 즉, '유사 업종'과 같은 불명확한 표현은 법원에 의해 무효로 판단될 위험이 있다(서울고등법원 2025. 6. 5. 선고 2024나2060481 판결). '약국 개설 및 운영'과 같이 명확하게 특정하는 것이 안전하다.

주의 3) 위반 시 실효성 확보

조항의 실효성을 담보하기 위해 위반 시 발생하는 법적 효과를 구체적이고 강력하게 규정해야 한다.

위반에 따른 제재 예시는 아래와 같다.

"위반 시 양수인은 ① 계약을 즉시 해제하고 권리금 전액 반환을 청구할 수 있으며, ② 위약벌로 금 ○○○원을 청구하고, 이와 별도로 ③ 실제 발생한 손해(매출 감소액 등)의 배상을 청구할 수 있으며, ④ 법원에 경업금지 가처분을 신청할 수 있다."

한편, 손해배상액의 입증이 어려운 점을 고려하여 위약금 조항을 두는 것이 효과적이다. 이 때 '손해배상액의 예정'으로 할지, '위약벌'로 할지 명확히 해야 한다. 판례는 손해배상액의 예정이 부당히 과다하면 감액할 수 있고(대전지방법원 천안지원 2024. 11. 12. 선고 2024가합100063 판결), 위약벌은 원칙적으로 감액 대상이 아니나 공서양속에 반할 정도로 과도하면 일부 또는 전부가 무효가 될 수 있다고 본다(대구지방법원 2025. 5. 22. 선고 2025가합200586 판결).

주의 4) 양도인의 동의와 협상

경업금지 조항은 양도인에게 일방적으로 불리한 조항으로 오인될 수 있으므로, 계약 체결 과정에서 그 내용과 필요성을 충분히 설명하고 동의를 얻어야 한다. 이러한 협의 과정은 계약의 공정성을 뒷받침하는 근거가 된다.

① **협상**: 양도인이 거부할 경우, 기간이나 범위를 합리적으로 조정하거나 권리금 액수를 협상하는 등 타협점을 찾는 것이 현실적이다.

② **최종 결정**: 만약 양도인이 합리적인 수준의 경업금지 조항조차 거부한다면, 영업권의 가치가 큰 계약일수록 체결을 재고하는 신중함이 필요하다.

 **Core Summary**

권리금 계약서에는 양도인의 경업금지의무를 반드시 명시해야 한다. 범위는 "반경 500미터 이내" 또는 "같은 동 및 인접 동", 기간은 "3년"이 실무상 합리적이다. 위반 시 효과로 "계약 해제 + 권리금 전액 반환 + 손해배상(권리금의 50%) + 금지 가처분"을 명시하면 억제 효과가 크다. 계약서에 조항이 없으면 상법 제41조나 신의칙으로 다투게 되는데, 승소 가능성이 불확실하고 받는 금액도 적다. 경업금지 조항 하나가 수억 원의 권리금을 지킬 수 있음을 명심하자.

Part 2
개국 직전,
실수 없이 개국하기

5장 개국의 첫 관문, 사업자등록
빠르면 빠를수록 좋다!

6장 개국자금조달 A to Z
개국 자금, 어떻게 마련하는 것이 가장 안전할까?

7장 포괄양수도계약
약국 인수의 핵심

원칙적인 약국 사업자등록의 실무상 문제점

　약국 개국 과정에서 사업자등록은 개국 일정 전체를 좌우하는 핵심적인 출발점이다. 사업자등록이 완료되어야 실질적인 개국 준비가 가능해지며, 이 시점이 늦어질수록 개국 전반의 흐름에 차질이 생길 수 있다. 그러므로 개국을 준비하는 단계에서부터 사업자등록 시점을 면밀히 계획하고, 가능한 한 조기에 이를 마무리하는 것이 개국의 첫 단추를 안정적으로 꿰는 출발점이 된다. 사업자등록은 단순한 행정 절차로 인식되기 쉽지만 현실에서는 대출 실행, 인테리어 공사, 약품 매입, 약국 프로그램 설치, 카드단말기 신청 등 거의 모든 개국 준비 절차에 앞서 가장 먼저 해결해야 할 핵심 과제에 해당한다. 이러한 개국 준비 단계 대부분에서 사업자등록증이 필수 서류로 요구되기 때문이다.

　그러나 아쉽게도 약국의 사업자등록은 원칙대로 절차를 따를 경우 실무상 심각한 문제에 부딪혀 정상적인 개국을 지연시킬 수 있다. 그러므로 현실에서는 예외적인 방법을 통해 사업자등록을 선행하여 발급받고, 이후의 개국 절차를 차질 없이 진행하는 방식이 불가피하다.

약국은 누구나 개설할 수 있는 일반 사업이 아니라, 약사 자격을 갖춘 사람만이 개설할 수 있는 사업이다. 따라서 약국을 운영하기 위해서는 먼저 관할 보건소로부터 약국개설등록을 받아야 하며, 이 등록은 약사로서 약국에서 의약품을 판매할 수 있는 법적 허가의 성격을 가진다. 반면, 사업자등록은 세법상 사업 개시 사실을 국세청에 신고하는 절차이다.

그러므로 의약품 판매에 대한 허가를 받고서 사업을 시작해야 하기 때문에 원칙적으로는 약국개설등록이라는 허가를 먼저 받은 후에 사업자등록을 하는 것이 맞고, 약국개설등록증을 세무서에 제출해야 약국의 사업자등록이 가능하다.

문제는 약국개설등록 자체가 실제 영업이 가능한 상태에 가까운 수준의 준비를 갖춘 뒤에야 가능하다는 점이다. 보건소의 현장실사를 통과하기 위해서는 인테리어 공사가 상당 부분 완료되어 있어야 하고, 조제실·기타 설비 등 필수 요건이 모두 갖춰져 있어야 하며, 그 외의 영업을 위한 준비들도 마무리되어 있어야 한다.

그런데 이러한 영업 개시 준비를 위해서는 필연적으로 자금 조달을 위한 대출 실행과 각종 실무 절차가 선행되어야 하는데 약국 개설 자금 대출은 물론, 약품 매입, 약국 전산 프로그램 설치, 카드 단말기 신청 등 대부분의 과정에서 사업자등록증이 기본적으로 요구된다.

결국 실무에서는 사업자등록을 하기 위해서는 약국개설등록이 필요하고, 약국개설등록을 하기 위해서는 사업자등록이 필요한 구조적인 모순에 직면하게 된다. 이로 인해 원칙적인 절차를 그대로 적용할 경우, 개국 준비 자체가 사실상 멈춰버리는 상황이 발생할 수 있다.

개설등록증 없이
사업자등록 빠르게 받기:
선 사업자등록, 후 약국개설등록

앞서 살펴본 바와 같은 실무상 문제로 개국이 지연되는 것을 막기 위해 현실의 개국 과정에서는 원칙과는 달리, 약국개설등록증이 발급되기 전에 사업자등록을 먼저 완료하여 대출과 각종 준비 절차를 진행하고, 이후 약국개설등록을 마무리해야만 한다.

다만 약국개설등록증 없이 사업자등록을 신청하는 것은 세무서의 통상적인 업무 흐름에 해당하지 않는 예외적인 절차이므로, 접근 방식 또한 원칙적인 경우와는 달라야 한다. 세무서가 약국 사업자등록 과정에서 약국개설등록증을 요구하는 이유는 단순한 형식적 요건이 아니라, 해당 약국이 실제로 개국될 것인지에 대한 사전 확인 절차이다. 즉, 사업자등록을 신청한 약국의 개국이 확정된 상태이며 향후 약국으로서 영업을 수행할 수 있는 형식적·실질적 요건을 갖추고 있는지를 확인하려는 취지이다.

따라서 개국 확정을 객관적으로 증명하는 서류인 약국개설등록증이 없는 상태에서 사업자등록을 신청하는 경우에는, 이를 대체할 수 있는 자료나 설명을 세무서에 보완적으로 제공해야 한다. 이 과정에서 활용될 수 있는 것은 개국 일정과 자금 조달 계획, 인테리어 진행 상황 등을 포함한 사업계획서일 수도 있고, 사업자등록 담당 조사관에게 개국 진행 상황을 구체적으로 설명하는 방식일 수도 있다.

다만 이러한 사업자등록증 선발급에 대한 대응은 약국의 상황, 개국준비 수준, 그리고 담당 조사관의 판단에 따라 달라질 수 있으며, 단순한 행정 절차를 넘어 세법과 실무에 대한 이해가 요구되는 영역이므로 약사 본인이 직접 진행하기보다는, 개국의 전체적인 상황 및 흐름과 세무적인 부분을 함께 고려할 수 있는 세무대리인을 통해 진행하는 것이 보다 안정적이다.

Core Summary

약국 사업자등록 과정에서는 실무와 절차가 충돌하는 어려움이 존재하지만, 이는 성공적인 개국을 위해 반드시 넘어야 할 과정이다. 약국 사업자등록의 구조와 절차를 정확히 이해하고, 세무대리인의 도움을 받아 상황에 맞게 준비한다면, 사업자등록을 조기에 마무리하여 개국 절차를 보다 안정적이고 원활하게 시작할 수 있을 것이다.

약국 사업자등록의 기본 사항

약국 사업자등록 진행 시, 가장 먼저 선택해야 하는 부분이 바로 업종과 업태이다.

업종코드

약국의 경우 사업자등록 시 업태는 '도매 및 소매업', 종목은 '의약품 및 의료용품 소매업'으로 설정하며, 이에 해당하는 기본 업종코드는 523111이다. 이는 일반적인 약국 운영에 반드시 필요한 필수 업종코드로, 약국 개설 시 기본적으로 선택해야 한다.

한편, 당뇨소모성재료를 취급할 계획이 있는 경우에는 당뇨소모성재료에 대한 요양급여 또는 지원금 청구를 위해서 '의료용 기구 소매업'에 해당하는 업종코드 523120이 추가로 등록되어 있어야 한다.

해당 업종코드는 개국 이후에도 추가할 수 있으나, 이 경우 사업자등록 정정 절차를 다시 진행해야 하므로 행정적으로 번거로울 수 있다. 따라서 개국 단계에서 523111과 523120 두 가지 업종코드를 함께 등록해 두는 것이 실무적으로 훨씬 효율적이다.

▌ 필요서류 및 기본정보

약국 사업자등록을 위해서는 다음과 같은 서류와 정보가 필요하다. 모든 서류는 사본으로 제출 가능하며, 스캔 파일이나 고해상도의 사진 파일로도 접수가 가능하다.

- 임대차계약서
- 약사 본인 신분증
- 약사면허증
- 상호
- 개국일 (개업연월일)
- 약국개설등록증 (실무상 없이 신청)
- 동업계약서 (공동개국의 경우)

상호의 경우 관할 보건소 기준으로 동일 상호가 이미 존재하는지 사전에 중복 여부를 확인해야 한다.

사업자등록 신청 방법

사업자등록중 신청은 홈택스를 통한 온라인 방식, 세무서 방문을 통한 오프라인 방식 두 가지가 가능하다.

(1) 홈택스 신청

① 홈택스에 로그인 → ② [증명·등록·신청] 메뉴 → ③ [사업자등록 신청·정정·휴폐업] 메뉴 → ④ [개인 사업자등록 신청] 메뉴 → ⑤ 내용 입력 및 필요서류 첨부

(2) 세무서 방문 신청

필요 서류를 준비하여 관할 세무서 민원봉사실을 방문한 뒤, 사업자등록 신청서를 작성하여 제출하는 방식이다. 작성 과정에서 담당 조사관의 도움을 받을 수 있다.

사업자등록증 발급 기한

세무서는 사업자등록 신청일부터 영업일 기준 2일 이내에 사업자등록증을 신청자에게 발급하여야 한다. 다만, 사업장시설이나

사업현황의 확인이 필요한 경우에는 기한을 5일 이내에서 연장할 수 있다.

실무상 약국개설등록증 없이 사업자등록을 신청하더라도, 개국이 확정된 사실과 준비 상황이 충분히 소명된다면 대부분은 원칙적인 기한인 2일 내에 사업자등록증이 발급된다.

다만 개국 상황이나 담당 조사관의 판단에 따라 추가 자료 제출이나 사실관계 확인이 요구되는 경우도 있어, 간혹 발급이 지연되는 사례가 발생할 수 있다는 점은 염두에 두어야 한다.

Part 2
개국 직전,
실수 없이 개국하기

5장 개국의 첫 관문, 사업자등록
빠르면 빠를수록 좋다!

6장 개국자금조달 A to Z
개국 자금, 어떻게 마련하는 것이 가장 안전할까?

7장 포괄양수도계약
약국 인수의 핵심

은행 대출 받기 vs 가족에게 자금 빌리기

약국 개국을 위해서는 고액의 자금이 필요하다. 개국을 하려고 마음먹은 약사들은 대부분 이 자금들을 어떻게 조달할지에 대하여 고민하게 되는데, 본인이 거액의 자금을 스스로 조달할 수 있는 경우가 아닌 한 선택지는 ① 은행으로부터의 대출(소위 '팜론(Pharm Loan)'), ② 부모님을 비롯한 가족의 지원, ③ 타인으로부터의 차입 정도라고 볼 수 있다. 이하에서는 개국에 필요한 자금을 어떻게 조달하느냐에 따른 내용을 살펴보고자 한다.

은행으로부터의 대출

약국 개국을 위해서는 초기에 큰 자금이 필요하다는 것은 금융권에서도 잘 알고 있는 사실이다. 은행에게 있어서도 약사는 '향후 안정적인 수입을 통하여 원리금 상환을 잘 할 것 같은' 고객이고, 이러한 우량고객인 개국 약사를 유치하기 위하여 개국 자금을 대출해주는 소위 '팜론(Pharm Loan)' 상품을 앞다투어 내놓고 있다.

은행에서 대출을 받는 경우에는 약정에 따른 이자를 부담해야 한다는 점을 제외하면 세무적으로는 장점이 많다. 우선 은행대출을 통하여 매달 지급해야 하는 이자는 약국 운영을 위한 필요경비로서 경비처리가 가능하다. 즉, 비용처리를 통한 절세 효과를 볼 수 있다. 또한 금융권으로부터의 차입은 차입의 시기, 금액, 상환 일정 등이 매우 명확하므로 추후 조달자금의 원천에 대하여 국세청으로부터 조사나 소명의 요구가 있더라도 쉽게 자금의 출처를 밝힐 수 있다.

▌ 부모님을 비롯한 가족의 지원

약국 개국을 위한 자금을 부모님이나 다른 가족들에게서 조달하는 경우는 다시 ① 공짜로 받은 것인가(증여) ② 추후에 갚을 목적으로 빌린 것인가(차용)에 따라서 구분해야 한다.

① 증여받는 경우

나중에 갚을 필요 없이 자금을 증여받는 경우에는 해당 자금에 대하여 증여세를 신고해야 한다. 현행 상속세 및 증여세법상 '증여

공제'라는 제도가 있기 때문에 일정범위의 증여금액에 대해서는
세금을 내지 않을 수 있다. 그 범위는 다음과 같다.

증여자	공제한도액 (10년간 공제가능금액)
배우자	6억 원
직계존속	5,000만 원 (미성년자는 2,000만 원)
직계비속	5,000만 원
기타친족 (4촌이내 혈족, 3촌이내 인척)	1,000만 원

즉, 증여받는 경우에는 일정 범위를 초과하는 금액에 대해서는
증여세를 부담하게 되며, 이는 전체 지원 금액의 일정부분을 세금
으로 납부해야하는 단점이 발생하게 된다. 증여세의 세율은 다음
과 같다.

과세표준	1억 이하	5억 이하	10억 이하	30억 이하	50억 이하
세율	10%	20%	30%	40%	50%

② 차용하는 경우

부모님이나 다른 가족으로부터 추후에 갚을 목적으로 자금을 빌
리는 경우에는 반드시 차용증(금전소비대차계약서)을 작성하고
이자의 약정을 하여야 하며, 계약서의 내용에 따라 정해진 기일에
원금 또는 이자를 지급하여야 한다. 즉, 가족이 아닌 사람으로부터

금전을 차용할 때와 동일한 실질을 갖추어 놓아야 한다. 왜냐하면 세법에서는 원칙적으로 가족 간의 금전거래를 증여로 보기 때문이다. 즉, 국세청으로부터 조사나 소명을 요구받게 되는 경우에는 적극적으로 해당 금원이 (증여가 아닌) 차용이라는 점을 입증해야 하며, 입증하지 못하는 경우에는 증여로 과세된다.

여기서 가장 주의해야 할 점은 아무리 소액이라도 이자의 약정이 있어야 한다는 점이다. 국세청에서 가족 간 자금이체를 확인한 경우에는 두 단계의 판단을 거치게 되는데 ① 첫 번째 단계에서는 해당 자금이체의 성격을 '증여인가', '금전소비대차인가' 확정하고 증여일 경우에는 증여세를 과세하며, 금전소비대차일 경우에는 두 번째 단계로 넘어가게 된다. ② 두 번째 단계에서는 차용원금에 법에 정해진 이자율(현행 기준 4.6%)을 곱한 연간이자가 실제 지급된 이자와 1천만 원 이상 차이 나는지를 판단한다. 즉 가족 간의 무이자부·저리대출 또한 증여로 본다는 의미이다. 이 부분에서 '당연히 첫 번째 단계에서 금전소비대차를 인정받고' 두 번째 단계로 넘어갈 것으로 착각하여 '원금 2.17억에 4.6% 이자를 적용하면 연간 이자가 1천만 원 이하일 경우에 해당하니까 2.17억까지는 가족 간 무이자 차용도 가능하겠지' 라고 생각하는 경우가 있다. 현실에서의 세무조사는 그렇지 않다. 첫 번째 단계를 넘어갈 수 없고, 증여로 과세된다. 누가 보더라도 부모가 자식에게 2억을 이체해주고 '무이자로 빌려준 거니까 증여 아니에요'라고 하는 것은 납득할 수 없다. 즉, 아무리 작은 금액을 차용하더라도 가족 간의 차용을 세무상 인정받기 위해서는 이자의 지급 사실을 남겨놓아야 한다.

▋ 타인으로부터의 차입

가족이 아닌 타인으로부터의 차입의 경우 대부분은 이자를 지급하여야 한다. 물론 이자를 매달, 혹은 매 분기, 혹은 변제기에 원금과 함께 한 번에 지급하는 방식 등 자유롭게 정할 수 있으나, 실무상 이러한 개인 간 차용에 대한 이자는 세무상 경비로 인정받기 어렵다. 왜냐하면 차용자금이 전적으로 약국 운영을 위해서 사용되었다는 점(약국 사업과의 '사업관련성')을 인정받아야 하는데, 애초에 개국을 조건으로 자금을 대출해주는 '팜론(Pharm Loan)'과 달리 개인 간의 차용은 그 목적을 명확히 하기가 어렵기 때문이다. 또한 조사나 소명과정에서 이자비용을 인정받더라도 이자를 받아간 지인(돈을 빌려준 사람, 대주)은 지급받은 이자에 대하여 이자소득세를 납부하여야 한다. 즉, 현실적으로는 이러한 각종의 번거로운 세무 소명 및 선의로 돈을 대여해준 지인에게 이자소득세를 부담하게 하는 등의 문제점으로 인하여 현실적으로 개인 간 차입에 대해서는 대부분 경비처리를 하지 않고 있다.

다만 이와 관련하여 실무상 종종 발생하는 문제점 중 하나가 '개국에 투자'한다는 명목으로 자금을 지원하는 경우이다. 법인 사업체가 될 수 없는 약국의 특성상 개인 간에는 세무상 '투자'라는 개념은 존재할 수 없다. 즉, 이는 일종의 '조건부 차용'계약이며 추후에 투자자에게 상환하는 금액 중 원금을 초과하는 부분은 이자소득세가 과세되는 '이자'부분이다.

Core Summary

일시적으로 고액의 자금이 필요한 개국과정에서 자금을 조달하는 방식에는 각각의 장점 및 단점이 존재한다. 물론 목표 개국 자금을 마련하기 위해서는 상기한 방법 중 한 가지 방법만 사용하는 것이 아닌 여러 방법을 혼용해야 하는 상황도 발생한다. 특히 부모님이나 가족으로부터 자금을 조달할 경우에는 증여 받을 것인가, 차용할 것인가를 명확히 판단하여 각 방법에 따른 신고 또는 서류구비를 해놓아야 한다.

개국 자금에 대한 자금출처 세무조사 대비하기

약국 개국은 임대보증금을 비롯하여 인테리어 비용, 의약품 결제 대금 등 상당한 초기 자금이 들어가는 과정이다. 또한 약국 개국의 가장 많은 경우를 차지하고 있는 '인수 개국' 방식의 경우, 고액의 권리금 지출이 이루어지게 되므로 그 조달의 원천이 명확하지 않은 경우 국세청으로부터 자금출처 세무조사를 받게 될 위험이 있다.

'자금출처 세무조사'란 개인이 자산을 취득하거나 부채를 상환했을 때, 그 사람의 나이, 직업, 소득 등을 분석하여 적법하게 세무상 신고된 자금으로 조달된 것으로 보기 어려운 경우 실시하게 되는 세무조사의 유형이다. 국세청은 조달된 자금의 원천을 일일이 분석하여 미신고된 소득이나 상속, 증여가 발견될 경우 이에 따라 소득세, 상속세, 증여세 등을 추징하게 된다.

▌개국 자금과 관련하여
▌자금출처 세무조사를 받게 되는 경우

① 개국 전까지 근무약사로서 신고한 소득이 많지 않은 경우 ② 신고되지 않은 부모님으로부터 받은 고액의 자금을 개국에 사용하는 경우 ③ 은행으로부터 대출받은 금액이 많지 않은 경우 등 다양한 요인이 세무조사 대상자 선정 여부에 영향을 미치게 된다. 물론 세무조사의 특성상 절대적으로 '나온다' 또는 '나오지 않는다'를 예측할 수 있는 방법은 없다. 다만, 간략하게 개국시 자금출처 세무조사가 나온 사례를 들자면 다음과 같다.

사례 1) '신용대출(팜론)'과 '현금 증여'의 혼합

A 약사는 개국 자금 8억 원 중 6억 원은 약사 전용 신용대출(팜론)로 조달하고, 나머지 2억 원은 본인이 그동안 모은 돈이라고 주장하며 개국하였다. 대출은 명확한 자금 출처이므로 안전하다고 생각했으나, 개국 후 1년 만에 대출금 6억 원 중 3억 원을 조기 상환했는데, 약국의 신고 소득 대비 상환액이 고액이라 국세청은 이러한 상환자금의 출처에 대해서 세무조사를 실시하였다. 조사 결과 상환 자금이 부모님의 현금 자산에서 유입된 것이 확인되어 상환 시점에 대한 증여세 및 신고 누락에 따른 가산세가 부과되었다.

B 약사는 약국을 인수 개국하며 양도하는 약사에게 실제로는 약국인수권리금 8억 원(본인자금 1억 원과 은행대출 3억 원, 부모님에게 증여신고하지 않고 받은 4억 원을 합하여 조달)을 주었으나, 양도 약사 쪽에서 주장한 양수도 조건에 따라 계약서상에는 2억 원으로 기재하였다. 양도 약사 측에서는 "나는 세금을 적게 낼 수 있고, 당신은 자금출처 세무조사를 안 받을 수 있다."라는 말에 문제가 없을 것으로 생각하였으나 양도 약사(권리금을 받은 약사)에 대한 세무조사에서 꼬리가 잡혔다. 세무조사 결과 상대방 약사의 통장에 찍힌 8억 원의 출처를 조사하던 중 B 약사가 보낸 비공식 자금 6억 원이 드러났고, B 약사는 이 6억 원 중 부모님에게 증여신고하지 않고 받은 4억 원에 대한 자금 출처를 소명하지 못하여 증여세 및 신고 누락에 따른 가산세가 부과되었다.

개국 자금과 관련하여 자금출처 조사에 대비하기 위해서는 국세청에 포착되는 자금의 원천이 개국을 하기에 충분할 만큼 확인되어야 한다. 즉, ① 금융권으로부터 약사 본인 명의로 받는 대출금, ② 부모님으로부터 지원받는 금액 중 나중에 상환하지 않을 금액에 대한 증여세 신고, ③ 부모님으로부터 지원받는 금액 중 나중에 상환할 금액에 대해서는 차용증의 작성 및 계약 내용에 따른 이자의 지급 등을 준비해야 세무조사에서 소명이 가능하다.

공동개국 시 출자금 vs 차입금

    일반적으로 동업은 초기 창업자금 조달을 용이하게 하고 사업으로 인한 위험을 분산시키며, 동업자 간의 시너지 효과를 발생시키는 장점이 있다. 물론, 이익배분의 문제 및 여러 가지 감정적 갈등이 발생할 수도 있다. 문전약국 등 대형약국을 개국하는 경우에는 여러 명의 약사가 모여서 공동개국을 하는 경우가 많다. 다만 이 부분에서 동업자 간 공동개국의 자금을 어떻게 구성하느냐에 따라 유의해야 할 점이 있다. 이를 위해서는 우선 '출자금'과 '운영자금'의 분류를 이해해야 한다.

출자금과 운영자금

    사업을 개시하여 운영하는 데 있어서 들어가는 자금은 크게 출자금과 운영자금으로 분류해 볼 수 있다. 출자금은 말 그대로 사업을 시작함에 있어서 근간이 되는 초기자금을 의미하고, 운영자금은 영업활동을 진행해가는 과정에서 해당 사업과 관련하여 들어가는 자금을 말한다. 법인의 경우에는 상업등기부를 통하여 등기로 관리되기 때문에, 초기에 법인을 설립하면서 출자한 금액을 법인등기부등본에 '자본금'으로 등기하게 되므로 법적으로 출자금과 운영자금을 구분하는데 문제가 없으나, 개인사업자의 형태를 갖는 약국의 경우에는 출자금과 운영자금의 구분이 좀 더 까다롭다.

█ 출자차입금과 운영차입금

고액의 자금을 조달하여 진행해야 하는 약국 개국의 특성상 은행으로부터 차입하게 되는 차입금에 대하여 매달 발생하는 이자가 경비인정이 되느냐 여부는 향후 약국 운영에 따른 소득세 산정에 큰 영향을 미치게 된다. 절세의 관점에서 보았을 경우 이러한 이자비용이 경비인정을 받을 수 있어야 하는데 세법상 경비가 인정되는 이자비용은 '운영자금을 차입한 것', 즉 운영차입금에 대한 이자비용이다.

서면인터넷방문상담1팀-1737 (2006.12.26.)

공동사업자가 공동사업과 관련되어 차입한 차입금에 대한 이자비용은 필요경비 산입이 가능하나, **공동사업자가 공동사업에 출**

차입금 이자를 경비로 인정받기 위해

약국을 개국하고 운영하는데 들어가는 자금을 차입한 경우 이를 '출자차입금'으로 볼 것인가, '운영차입금'으로 볼 것인가 여부는 동업계약의 내용과 출자금의 사용내역 등 사실관계에 따라 달라질 수 있는 부분이다. 절세목적으로 이러한 차입금에 대한 이자를 경비처리하기 위해서는 다음과 같은 사항을 유의해야 한다.

첫째, 공동사업자등록을 할 때 세무서에 제출해야 하는 '동업계약서'상에 각 동업자별 출자금을 명확하게 표시해야 한다. 실질적인 개국과정에서 공동사업자 간에 출자자금이 얼마가 들어갔는지에 대하여 정확하게 따질 수는 없으나, 적어도 세무당국에 제출되는 서류로서 '동업계약서'는 이후의 판단과정에서 중요한 의미를 갖는다. 즉, 동업계약서상에 출자금을 명확히 표시함으로써 차입금 중 어느 금액까지가 출자금의 성격을 갖는지 주장할 수 있다.

둘째, 공동사업으로 약국을 개국하는데 들어가는 '출자금'을 최소화하는 것이 좋다. 즉, 약국 개국에 필수적으로 필요한 임차보증금 등을 출자금으로 하고, 나머지는 운영자금 명목으로 차입함으로써 '운영차입금'에 대한 이자비용을 경비처리 받을 수 있다.

셋째, 출자차입금과 운영차입금을 각 별개의 계좌로 관리함으로써 추후 세무당국의 소명과정에서 운영차입금과 그에 따른 이자비용의 지급을 특정할 수 있도록 관리하는 것이 필요하다.

출자차입금과 운영차입금을 관리해야만 운영차입금에 대한 이자를 경비처리하고 절세효과를 볼 수 있으며, 추후 있을지 모를 세무당국의 소명과정에도 대응할 수 있음을 유의해야 한다.

Core Summary

동업자 간에 각자 자금을 조달하여 진행하는 공동개국의 경우에는 개국 자금이 출자목적으로 조달한 '출자차입금'인지, 운영목적으로 조달한 '운영차입금'인지에 따라서 이후 해당 차입금에 대한 이자비용을 세무 상 경비처리 할 수 있는가의 여부가 달라진다. 원칙적으로 '운영차입금'에 대한 이자비용만이 경비처리가 가능하므로 이 점을 유의하여 동업자 간의 동업계약서 작성 및 각 차입금에 대한 관리가 필요하다.

Part 2
개국 직전,
실수 없이 개국하기

5장 개국의 첫 관문, 사업자등록
빠르면 빠를수록 좋다!

6장 개국자금조달 A to Z
개국 자금, 어떻게 마련하는 것이 가장 안전할까?

7장 포괄양수도계약
약국 인수의 핵심

인수방식:
개별자산 인수 vs 포괄양수도

약국은 입지에 따라 수익이 결정된다고 해도 과언이 아닐 만큼 위치에 따른 수익 차이가 극명한 업종이다. 이러한 장소적 이점을 확보하고 신규 개설의 불확실성을 줄이기 위해, 기존 약국을 인수하여 개국하는 경우가 빈번하게 발생한다.

하지만 단순히 '위치'를 넘겨받는 것에만 집중하다 보면, 세무적·법적인 부분을 놓치기 쉽다. 이번 챕터에서는 성공적인 약국 인수를 위해 반드시 알아야 인수 방식과 리스크를 최소화하는 계약서 체크사항에 대해 자세히 다루고자 한다.

약국을 새로 시작할 때 기존에 운영하던 약국을 인수하여 운영하는 경우가 있다. 기존 약국을 인수하면 이미 갖추어진 시설, 재고, 거래처 등을 그대로 승계받아 약국 개설을 하자마자 영업을 시작할 수 있다는 이점이 있다. 이는 신규 개설에 필요한 준비 기간을 크게 단축하며, 이미 운영을 통해 검증된 입지에서 시작하므로 고객 확보에 대한 위험이 상대적으로 적다는 장점이 있다. 이러한 기존 약국을 인수하는 방식은 크게 개별자산 인수와 포괄양수도의 두 가지 형태로 나뉜다. 이 두 방식은 약국의 이전 범위와 부가가치세 처리 면에서 큰 차이를 보인다.

▌ 개별자산 인수

개별자산 인수는 말 그대로 약국을 구성하는 각각의 자산을 개별적으로 사고파는 계약 방식이다. 약국 전체를 하나의 사업체로 보아 통째로 이전하는 것이 아니라, 의약품 재고, 의약품 장비, 인테리어 시설물 등 약국의 사업용 자산과 부채 등을 항목별로 이전하는 것이다. 개별자산 인수를 진행할 경우, 기존 약사(양도 약사)는 양도하는 각 자산에 대해 새로운 약사(양수 약사)에게 세금계산서를 반드시 발행해야 한다. 그리고 새로운 약사(양수 약사)는 기존 약사에게 매입 부가가치세를 지급해야 한다. 기존 약사는 세금계산서 발행이라는 번거로움이 있으며, 새로운 약사는 일시적으로 부가가치세에 대한 금전적 부담이 생긴다.

포괄양수도

　포괄양수도는 약국 사업을 영위하는 사업장 전체를 양도하는 방식이다. 단순히 자산만 넘기는 것이 아니라 기존 약사는 약국 운영에 필요한 물적 시설(자산, 재고 등), 인적 시설 그리고 사업에 관한 모든 권리와 의무를 포괄적으로 새로운 약사에게 이전하는 계약이다. 이는 사업의 동일성이 유지되는 것이 핵심이다. 즉, 약사만 변경될 뿐 기존 약국이 그대로 이어지는 것으로 간주된다. 포괄양수도는 부가가치세법상 재화의 공급으로 보지 않는 '사업의 양도'에 해당한다. 따라서 기존 약사(양도 약사)는 새로운 약사(양수 약사)에게 세금계산서를 발행할 필요가 없으며, 양수 약사 역시 부가가치세를 부담하지 않아도 된다. 양도 약사는 세금계산서 발행 의무가 없으므로 절차가 간소하며, 양수 약사는 부가가치세 부담이 없어 계약 시점에 자금 부담을 줄일 수 있다.

Core Summary

기존 약국을 인수하는 방식은 크게 개별자산 인수와 포괄양수도로 나뉘며, 이는 자산의 이전 범위와 부가가치세 처리 방식에서 차이를 보인다. 개별자산 인수는 재고와 시설 등 각 항목을 개별적으로 사고파는 방식이다. 양도인이 세금계산서를 발행해야 하며 양수인은 부가가치세를 별도로 부담하는 번거로움이 있다. 반면, 포괄양수도는 사업의 모든 권리와 의무를 통째로 넘기는 방식이다. 부가가치세법상 재화의 공급으로 보지 않아 세금계산서 발행과 부가가치세 부담이 없다.

포괄양수도 성립 요건

포괄양수도는 부가가치세법상 재화의 공급으로 보지 않는 '사업의 양도'에 해당하여 부가가치세 부담 없이 사업을 승계할 수 있는 중요한 방식이다. 따라서 약국 인수 시 포괄양수도 성립 요건을 충족하여 인수하는 것이 중요하다. 만약 아래의 요건 중 하나라도 충족되지 않는다면 포괄양수도가 아닌 개별자산 인수로 간주된다. 그러면 양도인은 양수인에게 세금계산서를 발급해야 하며 양수인은 부가가치세를 부담해야 한다.

포괄양수도가 성립하기 위한 핵심 요건은 다음과 같다.

사업장별로 사업양도가 이루어져야 한다

포괄양수도는 사업장 단위로 이루어지는 것이 원칙이다. 이는 하나의 사업장에서 운영되는 사업 전체를 양도하는 것을 의미한다. 사업자등록번호가 다수인 복수의 사업장을 운영하는 약사가 그중 일부 사업장만 양도하면서 그 사업장별로 권리와 의무가 포괄적으로 승계되면 요건을 충족하는 것으로 본다.

사업에 관한 모든 권리와 의무를 포괄적으로 승계해야 한다

포괄양수도에 해당하기 위해서는 약국 사업과 관련된 모든 권리와 의무를 새로운 약사(양수 약사)가 승계해야 한다. 여기에는 의약품 재고, 장비, 시설 등의 물적 자산뿐만 아니라, 기존 약국의 거래처 관계, 계약 관계 등 사업상의 권리와 의무가 포함된다.

다만 법에서는 포괄적 승계의 범위를 합리적으로 해석하고 있다. 즉, 다음의 항목들은 포괄적으로 승계되지 않더라도 포괄양수도 성립에 영향을 미치지 않는다고 규정하고 있다. 그 항목은 사업에 관한 권리와 의무 중 미수금, 미지급금, 해당 사업과 직접 관련이 없는 토지, 건물 등에 관한 것이다. 이러한 항목들을 제외하고 핵심적인 사업용 자산과 영업활동에 필요한 권리 및 의무가 이전된다면, 이는 사업 전체를 포괄적으로 승계시킨 것으로 인정된다.

승계한 사업의 동일성이 유지되어야 한다

포괄양수도의 가장 중요한 핵심은 양도 후에도 사업의 본질적인 내용이 그대로 유지되는 것이다. 약국의 경우 약사(사업자)만 변경될 뿐 기존 약국이 계속해서 운영되는 상태를 말한다.

이러한 세 가지 요건을 모두 충족해야 부가가치세법상 포괄양수
도로 인정되며, 약국 인수의 세무적 안정성을 확보할 수 있다. 계
약서 작성 시 사업의 포괄적인 양수도임을 명확히 기재하고, 양도
및 양수 약사 모두 포괄양수도 요건 충족을 확인하는 것이 필수적
이다.

Core Summary

약국 인수 시 부가가치세 부담을 덜어주는 포괄양수도가 성립하려면
아래의 3가지를 기억해야 한다.
1. 사업장별로 사업양도가 이루어져야 한다.
2. 사업에 관한 모든 권리와 의무를 포괄적으로 승계해야 한다.
3. 승계한 사업의 동일성이 유지되어야 한다.

다양한 사례로 알아보는
양수도 계약서 필수 체크사항

양수도 계약서에서 반드시 체크해야 할 사항의 핵심은 기존 약국을 인수할 때 숨겨진 폭탄(부채, 행정처분)을 피하는 것이다. 약국을 인수했는데 빚도 따라온 경우, 고용 승계를 했더니 근속 연수에 따른 퇴직금을 지급해야 하는 상황이 된 경우, 재고 의약품 처리 기준 및 정산에 관한 내용 등 양수도 계약서에 반드시 명시해야 할 사항들을 여러 사례를 통해 알아보기로 한다.

자산/부채:
인수하는 자산(재고자산, 시설)과 승계하지 않는 부채의 명확화

"약국을 인수했는데 빚도 따라왔어요."

K 약사가 절망에 찬 목소리로 말했다. K 약사는 3개월 전 S 약사로부터 약국을 인수했다. 포괄양수도계약이었다. 양수도 대금은 5억 원. 재고 의약품, 시설, 집기, 거래처, 영업권 등 "약국의 모든 것"을 인수한다는 내용이었다.

K 약사가 체결했다는 계약서에는 이렇게 적혀 있었다.

"양도인 S는 양수인 K에게 ○○약국의 영업 일체를 양도하고, 양수인은 이를 양수한다."

그런데 인수 3개월째가 되던 어느 날, K 약사에게 낯선 제약업체에서 내용증명이 한 통 날아왔다. 내용증명의 요지는, 약국에서 미지급했던 물품대금 3천만 원을 일주일 내에 지급하라는 것이었다. 만일 지급하지 않는다면 즉시 민, 형사상 법적 조치에 착수하겠다는 엄포도 있었다.

K 약사는 너무 억울했다. 자신은 전혀 모르던 물품대금 채무였다. 자신에게 약국을 양도한 S 약사에게 이게 무슨 경위인지 물어보고자 연락을 시도했지만, S 약사는 연락을 받지 않았다.

포괄양수도(包括讓受渡)란, "영업 전체를 하나의 덩어리로 양도하고 양수하는 것"을 의미한다. 법률상 '영업양도'는 이보다 조금 더 복잡한 의미를 가진다. 영업양도란 '일정한 영업 목적에 의하여 조직화된 유기적 일체로서의 기능적 재산을 그 동일성을 유지하면서 일체로서 이전하는 것'을 의미한다(대법원 1991.8.9. 선고

91다15225 판결). 그러나 영업양도는 상속처럼 권리·의무가 자동으로 포괄 승계되는 것이 아니다. 법원의 판결례에 따르면 영업양도는 개별 자산과 부채를 특정하여 이전하기로 하는 '채권계약'의 성격을 가지므로(서울고등법원 2020. 2. 7. 선고 2019나2018523 판결), 계약서에 명시되지 않은 채무는 원칙적으로 승계되지 않는다. 때문에 K 약사의 사례처럼 '영업 일체'라는 모호한 표현은 양수인이 예상치 못한 채무까지 떠안게 되는 분쟁의 원인이 될 수 있다.

특히 양도인의 채무를 양수인이 인수하여 양도인이 책임을 면하기 위해서는(면책적 채무인수), 원칙적으로 해당 채무에 대한 채권자의 동의가 필요하다. 만약 채권자 동의 없이 양 당사자만 합의했다면, 양수인은 양도인과 함께 채무를 변제할 책임을 지는 '병존적 채무인수'가 될 수 있다.

포괄양수도의 경우, 구체적으로 무엇이 넘어갈까? 아래 내용을 참고하자.

자산: 재고 의약품, 시설 및 집기(진열대, 냉장고, 컴퓨터 등), 간판 및 상호, 영업권(단골 환자, 거래처 관계 등)

부채: 거래처에 대한 미지급금(제약회사, 의료용품 업체 등), 미지급 임금(직원이 있는 경우), 미납 세금(부가가치세, 소득세 등)

채권: 외상매출금(환자나 거래처가 아직 안 낸 돈), 임대차보증금 반환청구권(건물주에게 받을 보증금)

계약관계: 거래처와의 계약(제약회사, 도매상 등), 직원 고용 계약, 임대차 계약

이러한 것들이 바로 "영업 일체"에 포함된다. 따라서 계약서에 "영업 일체를 양수한다"고만 쓰면, 자산뿐 아니라 부채, 채권, 계약관계도 모두 넘어오게 되는 것이다. K 약사는 이러한 개념을 정확하게 인지하지 못한 채 양수도 계약을 체결했던 것이다. "영업 일체"는 '좋은 것' 뿐 아니라, '나쁜 것'도 함께 넘어오는 것이다.

양수도 대상 재산 목록 작성의 중요성

포괄양수도계약서에 '영업 일체'라고만 기재할 경우, 승계되는 권리와 의무의 범위가 불분명해져 분쟁의 원인이 된다. 실제로 법원은 계약의 내용, 당사자의 의사 등을 종합적으로 해석하여 계약서에 명시되지 않은 채무의 승계 여부를 판단한다(광주고등법원 2015. 11. 11. 선고 2014나12989 판결, 대구지방법원 2024. 12. 17. 선고 2023가단129122 판결 등). 때문에 양수인의 예측 불가능한 책임을 막기 위해서는 양수도 대상을 명확히 특정하는 것이 무엇보다 중요하다.

외상매출금도 같이 넘어온다?: 채권·채무 승계 여부 명시

K 약사의 또 다른 고민이 있었다. 바로 '외상매출금'이다. 즉 약

국을 인수하고 보니, S 약사가 일부 환자들에게 외상으로 약을 주었던 것이다. 이렇게 해서 발생한 외상매출금이 총 1,500만 원이었다. S 약사는 "그 돈은 양수인이 받으세요. 어차피 양수도에 포함되니까요"라고 설명했었다.

이에 K 약사는 외상매출금을 받으려고 환자들에게 연락했다. 하지만 환자들은 "그건 S 약사한테 줬던 외상인데, 왜 K 약사님이 받으려고 하세요? 저는 안 내겠어요"라면서 연락을 차단했다.

K 약사의 위 사례는 '포괄양수도' 계약에서 채권과 채무의 승계 범위를 명확히 할 필요가 있음을 보여준다.

외상매출금은 법적으로 "채권"이다. 포괄양수도계약을 체결한 후에는 양수인이 이러한 외상을 받을 권리를 가진다. 하지만 채무자(환자)가 "나는 S 약사를 믿고 외상으로 샀는데, K 약사는 모르는 사람이다"라며 지급을 거부하는 경우가 있다. 당연히 법적으로는 K 약사에게 해당 채권을 회수할 권리가 있지만, 실무에서는 받기 어렵다. 채무자가 마냥 거부하면 결국 소송을 할 수밖에 없는데, 여간 번거로운 일이 아니다. 따라서 포괄 양수도 계약서에 채권·채무 승계 여부를 명시해두는 것이 중요하다.

임대차보증금 승계와 임대인 동의 절차

한편, 약국을 양수도할 때 기존 양도인이 임대인에게 납부한 임대차보증금은 어떻게 되는 것일까?

우선 양수인이 그대로 보증금을 승계하는 경우가 있다. 양수인이 임대차계약을 승계하면서, 보증금 반환채권 역시 양수인이 가지는 것이다. 즉 양수인이 나중에 건물에서 퇴거할 때, 임대인에게서 보증금을 돌려받을 수 있다. 대신 양수인은 양도인에게 보증금 상당액을 지급해주어야 할 것이다. 양수도 대금에 포함해서 지급하는 경우도 있고, 임대차보증금 명목으로 별도 지급하는 경우도 있다.

두 번째는 임대차보증금을 양도인이 반환받는 경우다. 즉, 양도인이 임대인과 임대차 계약을 해지하고 임대인으로부터 보증금을 돌려받은 후, 양수인이 임대인과 새로운 임대차 계약을 체결하고 보증금을 새로 임대인에게 지급하는 것이다.

이 경우, 양도인은 임대인으로부터 보증금을 돌려받고, 양수인은 임대인에게 보증금을 새로 지급한다. 양수인은 양도인에게 보증금 명목의 돈을 따로 줄 필요가 없다.

실무에서는 경우 1(승계)이 더 흔하다. 간편하기 때문이다. 임대인 입장에서도, 기존 임차인이 나가고 새 임차인이 들어오는 게 자연스럽다. 보증금을 돌려주고 다시 받을 필요 없이, 그냥 임차인 명의만 바꾸면 되기 때문에 간편하다.

그러나 임차권의 양도는 반드시 임대인의 동의를 받아야 하는 법적 제약이 있다. 「민법」 제629조 제1항은 "임차인은 임대인의 동의 없이 그 권리를 양도하거나 임차물을 전대하지 못한다."라고 규정하고 있다. 임대인의 동의 없는 임차권 양도는 임대인에게 대항할 수 없으며, 임대인은 이를 이유로 임대차 계약을 해지할 수 있다(민법 제629조 제2항). 따라서 안정적인 영업권 확보를 위해 임대인의 사전 동의를 확보하는 것이 안전하다.

양도인의 개인 채무는 승계하지 않는다는 특약

앞서 사례에서 K 약사가 가장 억울했던 부분은, S 약사가 밝히지도 않았던 개인 채무를 K 약사가 대신 짊어져야 하는지였다. 물론 법적으로 포괄양수도는 '영업에 관한' 채무 만을 승계하는 것이다. 하지만 영업에 관한 것과 개인적인 것을 구분한다는 것 자체가 어려운 과제다. 가령 승계 가능한 채무와 승계 불가능한 채무를 구분해보면 아래와 같다.

영업 관련 채무(승계 가능)
- 제약회사에 대한 물품대금 미지급금
- 직원에 대한 미지급 급여
- 임대료 미납

개인 채무(승계 불가)
- 양도인의 개인 대출(은행, 사채 등)
- 양도인의 개인 신용카드 빚
- 양도인의 친구에게 빌린 돈

그러나 현실에서는 이러한 구분이 쉽지 않다. 예를 들어 양도인이 "약국 운영 자금"이라며 은행에서 대출받았다면? 이를 "영업 관련" 채무로 보아야 할까, 아니면 "개인" 채무로 보아야 할까?

법원은 대출금의 실제 사용처, 장부 기장 여부 등을 종합적으로 고려하여 판단하지만, 결과를 예측하기는 어렵다.

더욱이 계약서에 '영업 일체'와 같은 포괄적인 문구를 사용하는 경우, 법원은 영업과 관련된 부채가 승계 대상에 포함된 것으로 해석하는 경향이 있다(광주고등법원 2015. 11. 11. 선고 2014나12989 판결 등). 특히 대법원은 영업양도 시, 채무를 승계하지 않는다는 별도의 특약이 없는 한 기존 채무는 원칙적으로 양수인에게 이전된다고 판시하고 있다(대법원 2020. 12. 10. 선고 2020다245958 판결). 포괄양수도계약 시 양수인의 주의가 반드시 요구되는 부분이다.

또한, 양수인이 양도인의 상호('○○약국')를 계속 사용하는 경우(상호속용), 상법 제42조 제1항에 따라 계약 내용과 무관하게 양도인의 영업상 채무에 대해 변제 책임을 질 우려가 있다는 점도 유의해야 한다(인천지방법원 2014. 8. 22. 선고 2013가단217527 판결).

따라서 이러한 법적 불확실성과 위험을 모두 제거하기 위해서는, 계약서에 승계하지 않는 채무를 명확히 특정하는 것이 필수적이다.

[분쟁 사례] '영업 일체' 문구만으로 병원 부채까지 승계된 사례 - 대구지방법원 2024.12.17. 선고 2023가단129122 판결

사실관계

A는 B로부터 병원을 인수하며 '병원 사업에 관한 일체의 권리와 의무를 포괄적으로 양도·양수한다'는 내용의 계약을 체결했다. 이후 B에게 의료기기를 공급했던 업체가 A에게 B의 미지급 물품대금 지급을 청구했다.

쟁점

포괄양수도계약 시 양도인의 채무가 계약서에 명시되지 않은 경우에도 양수인에게 승계되는지 여부

법원의 판단

법원은 양수인 A가 양도인 B의 채무를 변제할 책임이 있다고 판단했다. 계약서에 '사업에 관한 일체의 권리와 의무를 승계'한다고 명시한 이상, 이는 영업을 위한 자산, 부채, 인적·물적 조직 등 유기적 일체로서의 영업을 그 동일성을 유지하며 이전하는 '포괄적 영업양도'에 해당한다. 따라서 계약서에 특정 채무를 승계 대상에서 제외한다는 명시적인 약정이 없었다면, 양도인의 영업상 채무는 양수인에게 승계된 것으로 보아야 한다고 판시했다.

시사점

약국 인수 시 '영업 일체', '권리·의무 일체'와 같은 포괄적인 문구는 숨겨진 부채를 승계하는 독소 조항이 될 수 있다. 따라서 계약서에 승계되는 자산과 부채, 그리고 명확하게 승계에서 제외되는 채무를 특정하여 목록으로 작성하는 것이 분쟁 예방의 핵심이다.

실전 체크리스트: 양수도 계약서 검토 항목

약국 포괄양수도계약은 잠재적 분쟁 요소를 사전에 차단하는 것이 핵심이다. 아래 체크리스트는 양수인의 권리를 보호하고, 예상치 못한 채무 승계 위험을 최소화하기 위한 필수 검토 항목이다.

양수도 대상의 특정

☐ 자산 목록의 구체화: '영업 일체'와 같은 포괄적 표현을 피하고, 양수하는 자산과 부채를 [별지] 목록으로 명확히 특정하였는가?

〈유형자산〉 재고 의약품(상세 목록, 유효기간, 사입가 기준 평가액), 시설, 집기, 인테리어, 전산 장비 등 목록 및 상태 확인

〈무형자산〉 영업권(권리금), 상호, 간판, 전화번호, 웹사이트, 고객 정보(개인정보보호법 준수) 등

☐ 제외 대상의 명시: 양수도 대상에서 명백히 제외되는 양도인의 자산과 부채를 구체적으로 기재하였는가? (예: 양도인의 개인 예금, 개인 채권, 약국 영업과 무관한 자산 등)

채권·채무의 처리

☐ 채권·채무 불승계 원칙 명시: 계약서에 '양도일 이전 발생한 채권 및 채무는 양도인에게 귀속되며, 양수인은 이를 승계하지 않는다.'는 취지의 원칙이 명시되어 있는가?

□ 영업 관련 채무 목록화 및 처리 방안: 양도인이 양도일 전까지 변제해야 할 영업 관련 채무(제약사 미지급금, 관리비 등) 목록을 [별지]로 작성하고, 미이행 시 양수도 대금에서 공제하거나 양수인이 대위변제 후 구상할 수 있는 조항을 두었는가?

□ 개인 채무 불승계 특약: 양도인 개인 명의의 대출, 신용카드 대금 등 영업과 무관한 채무는 양수도 대상에 포함되지 않음을 명확히 하고, 이로 인해 양수인에게 손해가 발생할 경우 양도인이 모든 책임을 진다는 조항을 포함하였는가?

임대차 관계

□ 임대차 계약 승계: 기존 임대차 계약의 승계 여부, 조건(보증금, 차임, 기간)을 명시하였는가?

□ 임대인의 서면 동의: 임차권 양도에 대한 임대인의 '사전 서면 동의'를 양도인의 의무로 규정하고, 양수도 잔금 지급의 선이행조건으로 명시하였는가?

□ 동의 불발 시 해제권: 임대인의 동의를 얻지 못할 경우, 양수인이 계약을 해제하고 기지급한 계약금 등을 반환받을 수 있는 조항을 포함하였는가?

양도인의 진술 및 보증

□ 숨겨진 채무에 대한 보증: 양도인이 제출한 자산·부채 목록의

정확성을 보증하고, 목록에 기재되지 않은 우발채무나 부외부채가 없음을 진술 및 보증하는 조항이 있는가?

☐ 행정처분 및 소송 부존재 보증: 양도일 현재 약국 영업과 관련하여 진행 중인 행정처분, 소송, 분쟁 등이 없음을 보증하는 조항을 포함하였는가?

☐ 위반 시 책임: 양도인의 진술 및 보증 내용이 사실과 다를 경우, 양수인이 계약을 해제하거나 손해배상을 청구할 수 있도록 규정하였는가?

계약 이행 및 기타

☐ 인허가 승계: 약국 개설등록, 마약류취급자 허가 등 각종 인허가 사항의 승계 절차 및 양도인의 협력 의무를 명시하였는가?

☐ 고용 승계: 기존 직원의 고용 승계 여부, 승계 시 근로조건, 4대보험 및 퇴직금 정산 책임 소재를 명확히 하였는가?

☐ 비밀유지 및 경업금지: 양도인이 양수도 과정에서 알게 된 양수인의 비밀 정보를 누설하지 않을 의무와, 일정 기간 동안 인근 지역에서 동종 영업을 하지 않을 의무(경업금지)를 규정하였는가?

이러한 체크리스트를 활용하여 계약서의 각 조항을 꼼꼼히 검토하면, 법적 분쟁의 소지를 최소화할 수 있을 것이다.

Core Summary

포괄양수도계약 시 양수 대상 재산과 제외 대상을 목록으로 명확히 작성해야 한다. 채권과 채무는 원칙적으로 승계하지 않는 것으로 하고, 양도인이 양도일 이전에 모든 채무를 정리하도록 의무를 부과한다. 특히 양도인의 개인 채무(대출, 신용카드 등)는 절대 승계하지 않는다는 특약을 넣고, 채무 목록 제출 및 숨겨진 채무 보증 조항을 명시할 필요가 있다.

행정처분: 업무정지 등 양도인의 행정처분 이력 승계 확인

"약국을 인수했는데 업무정지 처분을 받았어요."

P 약사가 창백한 얼굴로 내게 말했다. P 약사는 한 달 전 L 약사로부터 약국을 포괄양수도로 인수했다. 양수도 대금 4억 원을 주고, 재고, 시설, 영업권 모두 인수했다.

그런데 어느 날, 보건소에서 공문이 왔다.

"귀 약국은 「약사법」 위반으로 업무정지 2개월 처분을 받았습니다. 처분 기간: ○○년 ○○월 ○○일 ~ ○○월 ○○일"

P 약사는 당황했다. 보건소 담당자에게 전화해서 문의했다. 담당자는 설명했다. "L 약사가 작년에 의약품을 무면허 판매원에게 판매하게 해서 적발됐어요. 당시 보건소에서 청문 절차를 진행했

고, 최종적으로 업무정지 2개월 처분이 확정됐어요. 처분서를 발송하려고 했는데, L 약사가 약국을 양도했다고 하더라고요."

포괄양수도와 행정처분 승계의 원리

P 약사의 사례를 이해하려면, "포괄양수도 시 행정처분이 승계되는가?"를 알아야 한다. 결론부터 말하면, 승계될 수 있다.

핵심 법적 근거는 「약사법」 제89조의2(행정제재처분 효과의 승계)다.

제89조의2(행정제재처분 효과의 승계)

제89조에 따라 지위를 승계한 경우에 종전의 제조업자등 또는 의약품 판촉영업자와 수입자에 대한 행정처분의 효과는 그 처분이 있은 날부터 1년간 양수인 또는 합병 후 존속하는 법인이나 합병으로 설립되는 법인에 승계되며, 행정처분의 절차가 진행 중일 때에는 양수인 또는 합병 후 존속하는 법인이나 합병으로 설립되는 법인에 대하여 행정제재처분의 절차를 속행(續行)할 수 있다. 다만, 새로운 제조업자등 또는 의약품 판촉영업자(상속에 의한 지위 승계는 제외한다)와 수입자가 영업을 승계할 때에 그 처분 또는 위반사실을 알지 못한 경우에는 그러하지 아니하다.

이 조항은 약국 영업을 양수한 자(양수인)는 종전 개설자(양도인)의 위반행위로 인한 행정처분 효과를 그 처분일로부터 1년간 승계하며, 행정처분 절차가 진행 중일 때에는 양수인에 대하여 그 절차를 계속 진행할 수 있도록 하고 있다.

이러한 승계 원리는 다음과 같은 법리를 바탕으로 한다.

첫째, 약국에 대한 업무정지 등 행정처분은 '대물적(對物的) 처분'의 성격을 가진다. 이는 위반행위를 한 '사람'에 대한 제재를 넘어, 위반이 발생한 '사업장(약국)' 자체의 공공성과 법규 준수 상태를 규제하는 것이다. 따라서 약국 개설자가 변경되더라도 그 약국의 법적 책임은 존속한다고 본다(대전지방법원 2021.6.24. 선고 2021구합100211 판결).

둘째, 승계가 인정되려면 '영업의 동일성'이 유지되어야 한다. 법원은 단순히 약국이 있던 장소를 이전받는 것을 넘어, 인적·물적 조직을 그 동일성을 유지하며 일체로서 이전받는 '영업양도'에 해당하는 경우에만 처분 효과가 승계된다고 본다(대전지방법원 2021.6.24. 선고 2021구합100211 판결).

이러한 법리에 따르면, L 약사로부터 약국을 포괄적으로 양수한 P 약사는 본인이 직접 위반행위를 하지 않았더라도 L 약사의 위반행위로 인한 행정처분을 승계받게 된다.

다만, 「약사법」은 선의의 양수인을 보호하기 위한 중요한 예외 규정을 두고 있다. 양수인이 약국을 인수할 당시에 양도인의 처분 또는 위반사실을 알지 못했다면 그 효과가 승계되지 않는다(약사법 제89조의 2). P 약사가 이 규정을 통해 구제받으려면, 계약 당시 위반 사실을 '전혀 알지 못했고, 알지 못한 데에 과실이 없음'을 입증해야 하는 어려운 과제가 남는다.

P 약사 입장에서는 이러한 약사법이 공정하지 못하다고 생각할 수 있다. 그러나 행정처분이 승계되는 이유는 "약국의 공공성" 때문이다. 약국은 단순한 상업 시설이 아니라, 국민 보건을 책임지는 공공적 기능을 한다. 따라서 "그 약국"에서 위반 행위가 있었으면, 누가 운영하든 처벌받아야 한다는 논리인 것이다.

행정처분 승계의 구체적 사례

그렇다면 어떤 행정처분이 양수도 과정에서 승계되는 것일까? 아래 그 목록을 보자.

1. 업무정지

「약사법」 위반으로 약국 업무정지 처분을 받은 경우. 예: 무면허자 고용, 의약품 불법 판매, 허위·과대 광고 등

2. 과징금

업무정지 대신 과징금 처분을 받은 경우. 예: 업무정지 2개월 대신 과징금 2천만 원

3. 시정명령

시설 기준 위반, 의약품 보관 기준 위반 등으로 시정명령을 받았으나 이행하지 않은 경우

4. 영업정지 예정

위반 행위가 적발되어 청문 절차 진행 중이고, 아직 처분이 확정되지 않았으나 처분 가능성이 높은 경우

반면, 아래와 같이 승계되지 않는 처분도 있다.

1. 약사 면허 정지
약사 개인의 면허에 대한 처분

2. 형사처벌
약사 개인에 대한 벌금형, 징역형 등

3. 확정되어 집행 완료된 처분
예를 들어 L 약사가 작년에 업무정지 1개월 처분을 받아서 이미
집행 완료했다면, 이 처분은 승계되지 않음

보건소 확인 필수! 과거 행정처분 이력 조회 방법

P 약사의 비극은 예방할 수 있었다. 방법은 간단하다. 약국 인수 전에 보건소에 확인하면 된다.

가장 확실한 방법은 양도인의 협조를 얻어 관할 보건소에서 '행정처분 이력 확인서'를 발급받는 것이다. 양수인이 직접 조회를 시도할 경우 「개인정보보호법」에 따라 정보 제공이 거부될 수 있다. 따라서 양도인이 직접 발급하여 전달하거나 양수인이 대리 발급할 수 있도록 위임장을 제공하는 방식이 필수적이다.

보건소에 가서 "○○약국(약국개설등록번호 ○○○)의 최근 5년 간 행정처분 이력을 확인하고 싶습니다."라고 한다. 보건소는 행

정처분 이력을 조회해서 확인서를 발급해준다.

포괄양수도 시 행정처분 승계 가능성과 예방 조치

위 P 약사의 사례처럼 '인수 후 처분을 받는' 상황을 어떻게 예방할까?

우선 앞서 설명한 바와 같이, 양도인의 협조를 얻어서 해당 약국의 행정처분 이력을 직접 확인하는 것이 필요하다.

분쟁 사례: 양도인의 행정처분, 양수인에게 승계가 부정된 경우 - 대전지방법원 2021.6.24. 선고 2021구합100211 판결

사실관계

A의료법인은 D의사가 운영하던 E병원이 폐업한 건물을 인수하여 새로운 인력과 시설로 '엠아이병원'을 개설했다. 그런데 행정청은 폐업한 E병원의 업무정지 처분이 A의료법인에게 승계된다고 통보했다.

핵심 쟁점

단순히 폐업한 병원 건물에서 새로운 병원을 개설한 경우, 구 병원에 대한 행정처분의 효과가 신규 병원에 승계되는지 여부

법원의 판단

행정처분 효력은 신규 법원에 승계되지 않는다. 즉 법원은 A의료법인이 '의료급여기관을 양수한 자'에 해당하지 않는다고 판단했다. 그 이유는 다음과 같다.

- 동일성의 상실: 병원명, 직원, 의료진, 진료과목, 물적 시설 등 주요 부분이 모두 변경되어 종전 병원과의 동일성이 상실되었다 (기존 직원 30명 중 10명만 고용, 진료과목 확대, 2.5억 원 상당 신규 의료기기 도입 등).
- 인적 구성의 단절: 종전 개설자가 봉직의로 근무하기는 하나, 여러 의료진 중 한 명에 불과하여 실질적인 영향력이 없으므로 인적 구성의 동일성이 유지된다고 보기 어렵다.

시사점

행정처분 승계의 핵심은 '영업의 동일성' 유지 여부다. 만약 양수 후 약국 상호, 직원, 운영 방식 등을 완전히 새롭게 구성하여 종전 약국과의 동일성이 인정되지 않을 정도라면, 처분 승계를 다툴 여지가 있다. 하지만 이는 소송까지 가야 하는 복잡한 문제이므로, 가장 좋은 방법은 계약 전 처분 이력을 완벽하게 확인하는 것이다.

분쟁 사례: 인접 병원 폐업 위험을 알리지 않은 양도인의 책임 - 전주지방법원 2025.9.12. 선고 2023가단22592 판결

사실관계

원고 약사는 피고 약사로부터 약국을 권리금 1억 2,000만 원에 인수했다. 해당 약국은 인접한 I의원의 처방전에 절대적으로 의존하는 약국이었다. 그런데 피고는 계약 당시 I의원 원장이 의료법 위반으로 수사를 받고 있다는 사실을 알고 있었음에도 이를 원고에게 알리지 않았다. 결국 I의원은 폐업했고, 원고는 권리금 반환 소송을 제기했다.

핵심 쟁점

약국의 가치에 중대한 영향을 미치는 인접 병원의 폐업 가능성을
알고도 고지하지 않은 것이 계약 취소 사유가 되는지 여부

법원의 판단

법원은 계약 취소 및 권리금 일부 반환을 인정했다. 즉 법원은 피
고의 행위가 '신의칙상 고지의무를 위반한 부작위에 의한 기망'에
해당한다고 보았다.
 - 고지의무 인정: 인접 병원의 존속 가능성은 약국 권리금의 가
치를 결정하는 매우 중요한 사항으로, 매도인은 매수인이 그 사
실을 알았더라면 계약하지 않았을 것이 명백한 경우 이를 사전에
고지할 신의칙상 의무가 있다.
 - 기망행위 해당: 피고가 인접 병원 원장의 수사 사실을 인지하고
도 이를 숨긴 것은 계약 취소 사유에 해당한다.
 - 반환 범위: 다만, 원고가 약 3년간 영업한 기간에 해당하는 부
분을 공제하고, 남은 기간에 해당하는 권리금 8,400만 원을 반환
하라고 판결했다.

시사점

이 판례는 양도인의 '고지의무'가 얼마나 중요한지를 보여준다.
행정처분 이력뿐만 아니라, 약국 매출에 결정적 영향을 줄 수 있
는 외부 요인(예: 인접 병원 이전/폐업 계획, 재건축 계획 등)에
대해서도 양도인은 양수인에게 알려야 할 의무가 있다. 계약서에
'표명 및 보증' 조항을 통해 이러한 위험 요인이 없음을 명시적으
로 보증받는 것이 매우 중요하다.

약국을 인수할 때, 다음 절차를 반드시 확인하자.

□ **1단계: 계약서 내 안전장치 마련**

- '표명 및 보증' 조항 삽입: 양도인이 계약 체결일 현재 진행 중이거나 미집행된 행정처분이 없음을 보증하도록 명시한다.

- '손해배상' 조항 구체화: 표명보증 위반으로 양수인이 손해를 입을 경우, 업무정지로 인한 매출 손실, 과징금 등 구체적인 손해배상 범위와 산정 방식을 명시한다.

□ **2단계: 행정처분 이력 실사**

- 양도인을 통해 '행정처분 이력 확인서(최근 5년)'를 발급받아 원본을 확인한다.

- 양도인이 비협조적이거나 위임이 가능한 경우, 양수인이 직접 보건소에 방문하여 확인한다.

□ **3단계: 확인서 정밀 검토**

- 확정되었으나 미집행된 처분(업무정지, 과징금 등)의 존재 여부를 확인한다.

- 현재 조사 또는 청문 절차가 진행 중인 사안이 있는지 확인한다.

□ **4단계: 실사 결과에 따른 계약 이행 결정**

- 문제 미발견 시: 계약 절차를 계속 진행한다.

- 중대 문제 발견 시(업무정지 등): 계약을 해제하거나, 처분 집

행이 완료된 후 잔금을 지급하고 약국을 인수하는 조건으로 변경을 협의한다.

□ 5단계: 인수 후 관리

- 약국 개설자 변경 신고 시, 담당 공무원에게 이전 약국과 관련된 처분 절차 진행 여부를 구두로 재확인한다.
- 인수 후 1년간은 양도인의 위반 행위로 인한 처분 효과가 승계될 수 있으므로, 관련 통지 수령 시 즉시 법률 전문가와 상담하고 양도인에게 통지한다.

Core Summary

약국 영업 양수도 시, 양도인의 법규 위반에 따른 행정제재처분의 효과는 「약사법」 및 관련 판례에 따라 양수인에게 승계될 수 있다. 이는 양수인이 직접적인 위반 행위를 하지 않았더라도 업무정지, 과징금 등의 불이익을 받을 수 있음을 의미한다.

이러한 법적 위험을 예방하기 위한 핵심 조치는 두 가지다. 첫째, 계약서에 양도인의 행정처분 부존재에 대한 '표명 및 보증' 조항과 위반 시 구체적인 '손해배상' 조항을 명시하는 것이다. 둘째, 계약 이행에 앞서 관할 보건소를 통해 '행정처분 이력'을 반드시 확인하여 잠재적 위험을 사전에 파악하는 것이다.

고용 승계:
기존 직원의 퇴직금 및 연차수당 정산 시점 명시

"직원 퇴직금 3천만 원을 제가 내야 한다고요?"

M 약사가 황당한 표정으로 물어봤다. M 약사는 두 달 전 N 약사로부터 약국을 포괄양수도로 인수했다. 양수도 대금 3억 원. 약국에는 직원 2명이 있었다. N 약사가 "직원들이 일을 잘하니까 그대로 고용하시면 좋을 것 같아요."라고 했다. M 약사도 '새로 직원을 구하기 어려우니 좋다'고 생각했다. 포괄양수도계약서에는 "직원 고용 승계"라고 적혀 있었다.

M 약사가 약국을 인수한 후 1년 여가 지났다. 어느 날 직원이 M 약사에게 말했다. "약사님, 저 이번 달 말로 퇴사하려고 합니다"라고 했다. M 약사는 아쉬웠지만, "알겠습니다. 수고하셨어요"라고 했다. 직원은 M 약사에게 퇴직금 지급을 요청했다.

M 약사는 직원에게 자신과 근무한 기간인 1년 2개월 치의 퇴직금을 지급하려 했다. 그랬더니 직원이 문제를 제기하는 것 아닌가.

약사님, "1년 2개월이 아니라 5년 2개월치 퇴직금을 주셔야 해요."

M 약사는 당황했다. 이 직원의 평균임금은 월 250만 원이다. 5년 2개월(62개월) 근무했으면, 퇴직금은 약 2,700만 원이다. M 약사는 자신이 이 직원을 직접 고용한 기간 만큼만 퇴직금을 주면 되는 줄 알았던 것이다.

M 약사의 사례는 약국과 같은 사업체를 포괄양수도(영업양도) 할 때 발생하는 전형적인 법률 문제다. 이 문제의 핵심은 '영업양도 시 기존 근로자의 근로관계가 양수인에게 승계되는지' 여부다.

결론부터 말하면, 근로관계는 원칙적으로 양수인에게 승계된다.

영업양도와 근로관계의 포괄적 승계

대법원 판례는 일관되게 '영업양도'가 이루어진 경우, 해당 사업 부문에 속한 근로자들의 근로관계는 그 동일성을 유지한 채 양수인에게 포괄적으로 승계된다는 입장을 취하고 있다(대법원 1994. 11. 18. 선고 93다18938 판결). M 약사의 경우처럼 약국의 시설, 재고, 영업권, 임차권 등을 넘겨받아 동일한 장소에서 약국 영업을 계속하는 것은 전형적인 영업양도에 해당한다.

이러한 영업양도가 이루어지면, 양도인과 근로자 간의 근로계약 관계 역시 양수인에게 그대로 이전되는 것이다. 이는 근로자의 의사에 반하여 근로관계가 불리하게 변경되거나 종료되는 것을 방지하고, 근로자의 지위를 보호하기 위해 법원이 일관되게 선언하고 있는 원칙이다.

근로관계 승계 배제 특약의 효력

실무상 양도인과 양수인 사이에 '기존 직원의 고용은 승계하지 않는다'는 특약을 두는 경우가 많다. 그러나 이러한 당사자 간의 특약은 원칙적으로 해당 근로자에게 효력을 미치지 못한다.

법원은 양도인과 양수인이 근로관계의 승계를 배제하기로 특약을 맺었더라도, 근로자가 이에 동의하지 않는 한 근로관계는 양수인에게 승계된다고 일관되게 판시하고 있다(서울중앙지방법원 2024. 11. 7. 선고 2024가소114276 판결, 서울중앙지방법원 2025. 6. 26. 선고 2024나75866 판결 등). 즉, 양수인이 특정 직원을 승계 대상에서 제외하고 싶다면, 해당 근로자로부터 '근로관계 승계를 원하지 않는다'는 명시적이고 자발적인 동의를 얻어야 한다.

근로관계 승계의 효과: 근속기간 통산

근로관계가 포괄적으로 승계되면, 근로자의 근속기간 역시 양도인에게 고용되었던 기간과 양수인에게 고용된 기간을 합산하여 (통산하여) 계산한다. 이는 퇴직금, 연차유급휴가 등을 산정하는 기초가 된다.

따라서 M 약사의 사례에서 이 직원은 총 5년 2개월을 계속근로기간으로 인정받게 된다. M 약사는 이 전체 기간에 대한 퇴직금 지급 의무를 부담하게 되는 것이다. 이는 M 약사가 이 직원을 신규 채용한 것이 아니라, 기존 약국의 사용자 지위를 그대로 이어받았기 때문이다.

직원을 그대로 고용한다면? 근속연수와 퇴직금 책임

M 약사가 이 직원을 그대로 고용했다면, 퇴직금 및 연차수당 산정의 기초가 되는 '계속근로기간'은 양도인 밑에서 일한 기간과 양수인(M 약사) 밑에서 일한 기간을 모두 합산하여 계산하는 것이 원칙이다.

「근로자퇴직급여 보장법」 제8조 제1항에서는 "계속근로기간 1년에 대하여 30일분 이상의 평균임금"을 퇴직금으로 지급하도록 규정하고 있다. 판례는 영업양도의 경우 근로관계의 계속성이 유지되므로, 양수인은 양도 이전의 근로기간까지 포함한 전체 기간에 대한 퇴직금 지급 의무를 부담한다고 본다(대법원 2005. 2. 25. 선고 2004다34790 판결). 따라서 M 약사는 이 직원의 근속기간 5년 2개월을 기준으로 퇴직금을 계산하여 지급해야 한다.

퇴직금 계산 방법은 아래와 같다.

퇴직금 = 1일 평균임금 × 30일 × (재직일수 ÷ 365일)

〈M 약사 밑에서 일하던 직원의 경우〉

- **평균임금**: 월 250만 원 = 1일 약 8만 3천 원 (250만 원 ÷ 30일)
- **재직일수**: 5년 2개월 = 약 1,886일 (5×365일 + 62)
- **퇴직금**: 8.3만 원 × 30일 × (1,886 ÷ 365일) = 약 1,289만 원

(실무에서는 상여금, 수당 등도 포함해서 계산하므로 금액이 더 클 수 있다. 여기서는 월 급여만을 기준으로 간단히 계산했다)

연차수당 역시 승계된다. 「근로기준법」 제60조(연차 유급휴가)에 따르면, 1년 이상 근무한 근로자는 연차휴가를 받는다. M 약사의 사례에서 해당 직원은 5년 근무했으니, 연차가 15일 이상 쌓여 있을 수 있다(1년차 15일 + 2년마다 1일 추가).

만약 이 직원이 연차를 다 쓰지 못했다면 '미사용 연차수당'을 받을 권리가 있다. 예를 들어 연차 10일이 남아 있다면, 약 83만 원(10일 × 1일 평균임금 8.3만 원)을 추가로 받는다.

양수 전 퇴직금 정산 vs 양수 후 승계: 어느 것이 유리한가?

M 약사의 상황은 예방할 수 있었다. 계약서에 "직원 퇴직금은 양도인이 정산한다"고 명시하는 방법을 통해 말이다.

구체적으로는, 영업양도 전에 직원의 퇴직금을 미리 정산하는 방법이다. 양도인이 양도 직전에 이제까지의 퇴직금을 계산하여 직원에게 지급하고, 직원은 퇴사 후 양수인에게 신규 채용되는 방식을 이용할 수 있다. 이렇게 되면 직원의 근속 연수는 M 약사가 영업을 시작된 후부터 '리셋'된다.

4대보험 전환 절차와 실업급여 이슈

그런데 만일 영업양도 전에 직원이 형식상 '퇴사 후 재입사' 방식을 취한다면, 4대보험 처리 과정이 약간 복잡해질 수 있다. 우선 직원이 퇴사 처리되면, 기존 양도인 약사가 직원의 4대보험 상실을 신고해야 한다. 이후 직원에게 퇴직금을 지급한 다음, 양수인이 새로 그 직원을 다시 채용한 후 4대보험 가입과 취득을 신고해야 한다.

그런데 여기서 실업급여 이슈가 생길 수 있다. 직원은 기존 양도인 약사 밑에 있을 때 '퇴사'한 것이므로, 「고용보험법」에 따라 실업급여를 신청하여 받을 수 있다. 즉 이 법 제40조(구직급여의 수급요건)를 보면, "이직일 이전 18개월간 피보험 단위기간이 통산하여 180일 이상"이면 실업급여를 받을 수 있다.

직원이 실업급여를 신청하면, 노동청은 퇴사 사유가 무엇인지 확인하게 된다. 만일 이때 직원이 영업 양도로 인하여 해고되었다고 설명하면, 이 직원은 실업급여 대상자가 된다.

다만 양수인이 직원을 바로 재고용했다는 것을 노동청에서 확인하면, 이는 형식상 퇴사로 간주되어 실업급여 지급이 거절되거나, 실업급여를 이미 근로자에게 지급했으면 이를 환수할 수 있다.

따라서 양수도계약 시에는 실업급여 부정수급 리스크를 명확히 관리하는 조항을 두어야 한다. 직원의 실업급여 신청 권리 자체를 박탈하는 약정은 무효이므로, 법적 사실관계를 명확히 고지하고 상호 확인하는 방향으로 작성하는 것이 바람직하다.

직원 승계 거부 시 부당해고 분쟁 리스크

만일 약국을 양수한 M 약사가 "나는 기존 직원을 계속 고용하고 싶지 않다. 새로운 직원을 구하겠다"고 하면 어떻게 될까?

원칙적으로는 양수인이 직원 승계를 거부할 수 있다. 즉 양수인은 "누구를 고용할지" 선택할 자유가 있다.

하지만 문제가 있다. 기존 직원 입장에서는 멀쩡하게 열심히 일하고 있다가, 갑자기 사장이 바뀌면서 일을 못하게 된 것이다. 이는 '부당해고'가 될 수 있다.

「근로기준법」 제23조는 "사용자는 정당한 이유 없이 근로자를 해고하지 못한다"고 규정하고 있다. 만일 양수인이 '그냥 새 직원을 쓰고 싶어서' 기존 근로자를 해고한다면, 이는 위 근로기준법 제23조에서 정하는 '정당한 이유'에 해당되지 않을 가능성이 높다. 즉 부당해고가 될 수 있는 것이다.

부당해고 관련 주요 판결례

법원은 영업양도 시 근로관계 승계 원칙을 명확히 하며, 양수인의 일방적인 승계 거부를 엄격히 제한하고 있다.

대법원 판결(대법원 2002. 5. 28. 선고 2001두10295 판결)

영업양도 계약 당사자 사이에서 일부 근로자를 승계 대상에서 제외하기로 하는 특약을 맺었더라도, 해당 근로자에 대한 해고는 「근로기준법」 제23조 제1항의 '정당한 이유'가 있어야 유효하다고 판시하였다. 이는 양수인이 자의적으로 근로자를 선별하여 승계를 거부하는 것이 부당해고에 해당할 수 있음을 명확히 한 것이다.

결국 양수인이 직원 고용 승계를 하지 않으려면, 기존 직원과 원만하게 합의할 필요가 있다. 가령 기존 직원에게 퇴직금과 위로금 등을 넉넉히 지급하면서 퇴사에 합의해달라고 요구하는 것이 가장 안전한 방법이다.

[분쟁 사례] 영업양도 시 퇴직금 지급 책임- 대법원 2005.2.25. 선고 2004 다34790 판결

사실관계

방송사가 방송송신·중계소 운영 인력 및 시설을 통신공사에 포괄적으로 이관하였고, 이후 다시 방송사가 통신공사로부터 해당 인력과 시설을 재이관받았다. 이 과정에서 한 직원은 방송사에 사직서를 제출하고 퇴직금을 받은 후 통신공사에 재입사하는 형식을 거쳤다.

쟁점

직원이 회사의 경영방침에 따라 퇴직과 재입사 형식을 거친 경우, 근로관계가 단절되는지 여부 및 최종 양수기업의 퇴직금 지급 범위

법원의 판단

법원은 이를 영업양도에 해당한다고 보아 근로관계가 포괄적으로 승계되었다고 판단했다. 직원의 사직서 제출 및 퇴직금 수령이 자의가 아닌 회사의 일방적 경영방침에 따른 형식적 절차에 불과하므로 근로관계는 단절되지 않았다고 보았다. 따라서 최종 양수기업은 전체 근속기간에 해당하는 퇴직금에서 이미 지급된 퇴직금을 공제한 나머지를 지급할 의무가 있다고 판결했다.

시사점

영업양수도 과정에서 근로자가 형식상 퇴사 후 재입사하고 중간퇴직금을 수령했더라도, 이것이 근로자의 자발적 의사가 아닌 회사의 방침에 따른 것이라면 계속근로관계는 유지된다. 이 경우 양수인은 양도 회사에서의 근속기간까지 모두 포함하여 퇴직금을 정산할 책임을 부담하게 된다.

[1단계: 사전 실사 및 기본 방침 결정]

직원 현황 파악

□ 직원 명단, 직책, 담당 업무 확인

□ 각 직원의 입사일, 근속기간, 나이 확인

□ 근로계약서, 급여대장 (최근 3개월분 이상) 확보

□ 4대보험 가입 현황 및 미납 여부 확인

법적 리스크 분석

□ 예상 퇴직금 총액 산정 (퇴직금 중간정산 여부 포함)

□ 미사용 연차휴가 현황 및 연차수당 추계액 산정

□ 기타 체불 임금 (시간외수당 등) 존재 가능성 검토

승계 방침 결정

□ 전원 승계, 선별 승계, 전원 불승계 중 기본 방침 선택

□ 승계 시 퇴직금 처리 방안 결정 (양도인 정산 후 신규채용 vs 양수인 승계 후 대금 공제)

[2단계: 계약 협상 및 조항 명문화]

퇴직금 및 연차수당 처리 합의

□ 양도인-양수인 간 퇴직금 등 정산 주체 및 방법 명확화

□ 양수도 대금에서 퇴직금 추계액 공제 여부 및 금액 협상

계약서 조항 작성

☐ (고용 승계 시) 근로관계 포괄 승계, 근속기간 통산, 퇴직금 및
연차수당 부담 주체 명시

☐ (퇴직금 정산 시) 양도인의 퇴직금 정산 의무, 정산 기한, 증
빙 제출 의무, 불이행 시 손해배상 조항 포함

☐ (고용 불승계 시) 양도인의 책임 하에 근로관계 종료 (합의퇴
직 등) 의무, 관련 분쟁 발생 시 양도인의 면책 조항 포함

☐ (공통) 양도인의 직원 관련 정보 제공 의무 및 정보의 진실성
보증 조항

[3단계: 계약 이행 및 사후 관리]

직원 대상 절차 이행

☐ (고용 승계 시) 직원에게 영업양도 사실 및 고용승계 사실 통지

☐ (신규 채용 시) 양도인의 퇴직금 정산 확인 후, 양수인이 신규
근로계약서 작성 및 교부

☐ (공통) 직원 동의서 또는 확인서 징구 (필요 시)

행정 절차 처리

☐ (고용 승계 시) 4대보험 사업장 명의(사용자) 변경 신고

☐ (신규 채용 시) 양도인의 4대보험 상실 신고 확인 후, 양수인
의 취득 신고

분쟁 예방

☐ 실업급여 부정수급 방지를 위한 사전 고지 및 확인서 징구 (신규 채용 시)

☐ 승계 거부 시 부당해고 분쟁 가능성을 고려하여, 양도인이 직원과 원만히 합의하도록 관리

Core Summary

포괄양수도 시 근로관계가 승계되며, 근속 연수도 통산된다. 직원을 그대로 고용하면 양수인이 퇴직금과 연차수당 책임을 지는 것이 원칙이다. 만일 양수 전에 양도인이 퇴직금을 정산하고 양수인이 신규 채용하는 방법을 선택하려 할 경우, 이를 양수도 계약서에 명시해야 한다. 아울러 4대보험 전환과 실업급여 이슈를 고려해야 한다.

직원 승계를 거부하는 경우 부당해고 분쟁 리스크가 있다는 점을 염두에 두고, 기존 직원과 원만한 합의를 도모할 필요가 있다.

재고 의약품:
유효기간 임박 의약품, 개봉된 의약품 처리 및 정산 기준

P 약사는 일주일 전 S 약사로부터 약국을 포괄양수도로 인수했다. 양수도 대금은 4억 원이었고, 그 중 재고 의약품 대금으로 책정

된 금액은 8천만 원이었다. 인수 후 재고를 정확히 확인해본 결과, 재고가 생각보다 적었다. 인수 전 현장을 살펴봤을 때에는 진열대가 꽉 차 있다고 생각했는데, 막상 인수 후 자세히 들여다보니 뒷줄이 비어 있었던 것이다.

문제는 이뿐만이 아니었다. 유효기간이 임박한 의약품이 많았다. 유효기간이 약 1~2개월 밖에 안 남은 의약품들이 수두룩했다.

P 약사가 정확히 계산해보니, 실제 판매 가능한 재고는 약 4천만 원어치밖에 안 됐다. 8천만 원을 주고 샀는데, 실제 가치는 절반이었던 것이다. P 약사가 S 약사에게 연락해서 이런 상황을 따지자, S 약사는 이미 P 약사도 직접 현장을 둘러본 후 재고에 대해 합의한 금액이 8천만 원이었던 것이라고 주장했다. P 약사는 이러한 상황에서, 소송을 통해 재고 대가로 지급한 돈을 반환받을 수 있을까?

핵심은 '입증 책임'의 문제다. 계약 내용과 실제 재고가 다르다는 점, 그리고 그 차이에 대한 책임이 양도인에게 있다는 점을 양수인인 P 약사가 법정에서 증명해야 한다. 이와 유사한 분쟁에서 법원이 양수인의 손을 들어준 사례가 있다(273쪽 분쟁 사례 참조).

재고 의약품의 특수성과 위험성

약국 재고는 금액으로 따지면 적잖은 규모다. 적게는 3천만 원에서, 규모에 따라 많게는 수억 원에 이를 수 있다. 그런데 재고 의약품의 종류도 수백, 수천 종류에 달하다 보니, 아무리 의약 전문

[분쟁 사례] 부존재 재고 대금 반환 청구 인용 판결 – 서울중앙지방법원 2025.8.20. 선고 2024가단5393438 판결

사실관계

약국 양수도 계약 체결 후, 양수인은 양도인이 제시한 재고자산 목록에 포함된 '약포장 롤지' 3,048개(약 6천만 원 상당)가 실제로는 약국에 존재하지 않는다는 사실을 발견했다. 양수인은 이미 해당 대금을 포함한 정산금을 모두 지급한 상태였다.

주요 쟁점

① 실제 존재하지 않는 재고에 대해 지급한 대금을 양수인이 반환받을 수 있는지, ② 양도인의 기망행위가 인정되는지 여부

법원의 판단

법원은 양도인이 존재하지 않는 롤지가 있는 것처럼 양수인을 속여(기망) 대금을 편취했다고 판단했다. 법원은 ① 약국 규모상 3,000개가 넘는 롤지를 보관할 공간이 부족하고 ② 양수인이 인수 전 촬영한 사진에도 해당 재고가 없었던 점 등을 근거로 삼았다. 이에 따라 재고 정산 계약 중 롤지 부분은 사기를 이유로 취소되어야 하며, 양도인은 양수인에게 부당이득으로 롤지 대금 60,340,400원 전액을 반환하라고 판결했다.

시사점

이 판결은 약국 양수도 시 재고 실사가 현실적으로 어렵다는 점을 감안하더라도, 계약서상 재고와 실제 재고 간에 중대한 차이가 있고 그것이 양도인의 기망에 의한 것임이 입증될 경우, 양수인이 보호받을 수 있음을 명확히 보여준다. 특히, 양수인이 계약 전후 약국 내부 사진 등 객관적인 자료를 확보하는 것이 분쟁 발생 시 얼마나 중요한 증거가 되는지를 시사한다.

가라고 하더라도 의약품의 현황을 파악하는 것이 쉽지 않다. 특히 계약 체결 당일이나 임박한 상황에서 재고를 일일이 확인하는 것은 불가능에 가깝다.

뿐만 아니라 가치 평가의 기준이 복잡한 부분도 있다. 같은 의약품이라도 유효기간이 얼마나 남았는지, 이미 개봉된 의약품인지, 개봉되었더라도 반품이 가능한 약품인지 등에 따라 가치 평가가 천차만별로 달라질 수 있다.

때문에 영업양수 전 기존 약국의 재고를 실사하는 것은 필수적인 작업이다. 이러한 재고 실사는 계약 체결 전에 하는 것이 이상적이다. 당연하게도, 재고 현황을 제대로 확인해야 양수도 대금을 보다 합리적으로 산정할 수 있기 때문이다. 다만 현실적으로 계약 체결 전에 모든 재고를 전부 확인하는 작업이 어려울 가능성도 있다. 이 경우, 우선 계약 체결 시점에서는 '재고 의약품'에 대한 양수도 대금을 별도로 분리해서 '가결정'만 한 후, 계약 체결 후 일주일 이내에 재고를 전부 실사하여 양수도 대금을 확정짓는 형태로 나름의 타협적 접근법을 고려해볼 수도 있을 것이다.

인수 후 재고 차이 발생 시 책임 소재 (감액 청구 가능 조건)

막상 인수를 했는데 인수 전 파악했던 재고와 차이가 많다면 어떻게 조치할 수 있을까? 안타깝게도, 재고는 '실사 시점'의 상태로 평가하는 것이 맞다. 즉 실사 후 이를 기반으로 계약을 체결했다면, 이미 체결된 계약을 임의로 바꾸거나 취소하는 것은 불가능할 가능성이 높다. 위 P 약사의 경우에도 실사를 제대로 안 하는 바람에 문제가 커졌다. 계약 당일이나 임박해서 약국의 현황을 간단히 둘러본 후 파악한 것은 실사라고 보기 어렵다. 하나하나 세고, 유효기간 확인하고, 엑셀에 기록하고, 양 당사자가 서명한 합의서 내지 실사 목록 등이 작성되는 것이 정석적인 프로세스다. 아래 재고 의약품 관련 체크리스트를 참고하기를 바란다.

실전 가이드: 재고 의약품 체크리스트

- **☐ 1단계: 계약서에 재고 조항 넣기**

  - "재고 의약품은 실사 후 확정한다"

  - "유효기간 3개월 미만은 제외"

  - "개봉 의약품은 제외"   - "평가 기준: 도매가의 ○%"

- **☐ 2단계: 실사 일정 잡기**

  - 계약 체결 후 7일 이내   - 잔금 지급 전

- **☐ 3단계: 재고 실사 실행**

  - 양도인, 양수인 함께 참석

  - 진열대, 창고, 냉장고 모두 확인

  - 엑셀에 기록 (의약품명, 수량, 유효기간, 도매가, 소계)

  - 유효기간 3개월 미만 제외

  - 개봉 의약품 제외   - 사진 촬영 (특히 문제 있는 것)

□ **4단계: 실사 보고서 작성**

- 재고 총액 명시   - 제외 항목 명시

- 양도인, 양수인 쌍방 서명

□ **5단계: 양수도 대금 조정**

- 실사 결과에 따라 대금 조정

- 계약서 수정 (또는 부속합의서 작성)

□ **6단계: 잔금 지급**

- 조정된 금액 기준으로 지급

□ **7단계: 인수 후 30일 이내 재확인**

- 혹시 실사 때 못 본 문제가 있는지 확인

- 문제 발견 시 즉시 양도인에게 통지

- 계약서에 "30일 이내 이의 제기 가능" 조항 있으면 활용

□ **8단계: 분쟁 시 증거 확보**

- 실사 보고서   - 사진

- 이메일, 문자 기록   - 증인 (중개사 등)

Core Summary

재고 의약품 실사는 우선 대략의 양수금액을 설정한 후, 최종 잔금 지급 전에 양도인과 양수인이 공동으로 실시하는 것을 원칙으로 삼고 이를 계약서에 반영해두는 것이 좋다. 특히 실사 목록을 작성하고 양 당사자가 서명하는 것이 안전하다.

Part 3

개국 초기,
약국 운영의 기초 다지기

8장 기초 약국세무 지식
약국 운영을 위한 필수 세무 시스템 구축

9장 약국 인사·노무 입문
직원 처음 채용하는데 뭐부터 해야 하지?

사업용 계좌 개설과 신고

개국 초기에는 약국 운영 전반에 대한 적응이 필요한 동시에, 세무적으로도 반드시 짚고 넘어가야 할 기본 사항들이 집중되는 단계이다. 세무 업무는 대부분 매년 반복되는 구조를 가지고 있기 때문에, 처음에는 다소 복잡하게 느껴질 수 있으나 기본 틀을 한 번 제대로 익혀 두면 점차 안정적으로 관리할 수 있다. 따라서 장기적으로 약국 운영의 효율성을 높이고, 세무 리스크를 낮추기 위해서 개국 초기 단계에서 세무 기초를 탄탄히 해두는 것이 중요하다. 특히 사업용계좌의 관리와 비용처리를 위한 적격증빙의 수취·보관은 이후 약국 세무의 흐름에 중요한 역할을 하는 사항들이다.

사업용 계좌란 말 그대로 사업과 관련된 금전 거래를 위해 사용하는 계좌를 의미한다. 약국을 운영하는 과정에서 발생하는 매출의 입금과 각종 비용의 지출을 하나의 흐름으로 관리하기 위해, 국

     Part 3 : 개국 초기, 약국 운영의 기초 다지기

세청에 신고하여 사업용으로 등록한 계좌를 말한다. 단순히 '사업에 쓰는 통장'이라는 의미를 넘어, 약국 운영에서 발생하는 수입과 지출이 개인 자금과 명확히 구분되어 관리되고 있음을 외부적으로 입증하는 수단이 된다. 즉, 약국의 실제 거래 내역을 투명하게 드러내기 위한 공식적인 관리 계좌라고 볼 수 있다.

사업용 계좌를 통해 모든 거래가 정리되면, 약국의 입장에서는 자금 흐름을 한눈에 파악할 수 있고, 세무 신고 과정에서도 수입·지출 내역을 보다 명확하게 설명할 수 있게 된다. 이러한 이유로 세법에서는 일정 요건에 해당하는 사업자에게 사업용 계좌의 개설과 신고를 요구하고 있다.

"은행에서 '사업자 통장'을 만들었는데, '사업용 계좌'랑 다른 건가요?"

자주 받는 질문 중 하나이다. 결론부터 말하면 두 개념은 서로 다르다. 사업용 계좌는 국세청이 "이 계좌는 약국 운영과 관련된 거래에만 사용되는 계좌"라고 세법상 공식적으로 관리하는 계좌를 의미한다. 반면, 사업자 통장은 은행이 사업자를 대상으로 혜택을 제공하기 위해 만든 금융상품의 한 종류일 뿐이다.

따라서 국세청에 사업용 계좌로 신고할 때에는 반드시 사업자 통장일 필요는 없다. 본인 명의의 계좌라면 개인 통장이든 사업자 통장이든 관계없이 사업용 계좌로 등록할 수 있다.

중요한 것은 통장의 형태가 아니라, ① 국세청에 신고되어 있는지, ② 실제로 약국 운영과 관련된 거래만 사용하는지 이다. 개인 통장이든 사업자 통장이든, 국세청에 신고·등록된 계좌만이 세법 상 '사업용 계좌'로 인정된다는 점이 핵심이다.

"약국은 왜 사업용 계좌를 꼭 신고해야 하나요?"

모든 개인사업자가 사업용 계좌를 의무적으로 신고해야 하는 것은 아니다. 다만 세법에서는 일정한 요건에 해당하는 개인사업자에게 사업용 계좌의 개설과 신고를 의무로 부과하고 있다. 그 기준이 되는 것이 바로 복식부기 의무자 여부이다.

복식부기는 거래를 단순한 수입·지출이 아니라, 재산과 운영에 어떤 변화가 생겼는지를 함께 기록하는 방식이다. 이로 인해 시간이 지나도 각 거래의 성격과 의미를 구조적으로 파악할 수 있다. 반면 간편장부는 일정 기간의 수입과 지출을 정리하는 것에만 목적이 있는 최소한의 기록 방식이다. 그래서 통상적으로 일정 수준 이상의 매출을 가진 사업자는 복식부기로 장부를 작성하여 세무 신고를 하여야 하는데, 전문직 사업자의 경우 매출과는 무관하게 복식부기로 장부를 작성하여야 한다. 즉, 세무적으로 수입과 지출을 보다 투명하게 관리할 필요가 있는 사업자는 복식부기 의무자로 분류되는 것이다.

약국은 세법상 전문직 사업자에 해당하며, 이로 인해 매출 규모와 관계없이 자동으로 복식부기 의무자가 된다. 다시 말해, 약국은 수입 금액이 크지 않더라도 예외 없이 사업용 계좌를 신고해야 하는 사업자인 것이다.

세법상 사업용 계좌 신고 및 등록이 의무사항이기 때문에, 신고하지 않거나 신고 후 사업용 계좌를 사용하지 않으면 다음과 같은 가산세와 함께 불이익을 보게 된다.

① 미신고

- 가산세: 신고하지 않은 기간의 수입 금액의 0.2% 또는 사업용 계좌 미사용 금액의 0.2% 중 큰 금액

- 중소기업특별세액감면 등 세액감면 배제

② 미사용

- 가산세: 사업용 계좌를 사용하지 않은 금액의 0.2%

'사업용 계좌' 사용 대상 거래 : 사용 대상 거래에 있는 항목들은 반드시! 사업용 계좌를 통해서 거래해야 한다.

'사업용 계좌' 사용 대상이 아닌 거래 : 이 항목들은 사업용 계좌를 사용해도 되고 안 해도 된다는 뜻이다. 즉, 사용 대상이 아닌 거래에 대해서는 사업용 계좌의 사용이 의무나 필수는 아니다.

	수입	지출
대상	공단청구 입금액 카드매출 대금 입금액 조제약 본인부담금 입금액 일반약 판매대금 입금액	인건비 / 4대보험료 임대료, 관리비, 통신요금, 각종공과금 기타 판매관리비 사업용 카드 매입대금 결제분 약품 매입대금 결제분
비대상	조제약 본인부담금 현금 수취분 일반약 판매대금 현금 수취분	개인생활비 등 사적용도 지출분

사업용 계좌 신고기한

① 신규 신고: 약국을 개국한 연도의 다음 해 6월 30일까지 국세청에 사업용 계좌 신고 (ex. 2025년 개국 → 2026년 6월 30일까지)

② 변경 및 추가 신고: 사업연도 중 사업용 계좌를 변경 또는 추가하는 것은 언제든지 가능하며, 해당 사업연도의 종합소득세 확정신고 기한까지 신고

Core Summary

사업용 계좌는 약국의 수입과 지출을 관리하는 유일한 수단이다. 개국 초기에 사업용 계좌에 대한 신고 및 사용에 대한 개념을 명확히 정립하지 않으면, 이후 세무신고 과정에서 불필요한 리스크가 발생할 수 있다. 특히 약국은 매출 규모와 관계없이 사업용 계좌 신고가 의무인 업종이므로, 처음부터 사업용 계좌를 중심으로 자금 흐름 관리 체계를 잡는 것이 중요하다.

절세의 첫 걸음, 적격증빙 챙기기

적격증빙이란, 사업과 관련된 지출이 실제로 발생했음을 객관적으로 확인할 수 있는 세법상 공식적인 증명 수단을 말한다. 다시 말해, 단순히 지출 사실을 적어둔 자료나 영수증이 있다고 해서 모두 비용으로 인정되는 것은 아니며, 세법이 정한 요건을 충족한 증빙을 갖춘 경우에만 비용으로 인정된다. 실무에서 자주 혼동되는 부분이 바로 이 지점이다. '증빙이 있다'는 사실과 '적격증빙에 해당한다'는 것은 전혀 다른 개념이며, 세법은 이 둘을 명확하게 구분하고 있다. 결국 비용 인정 여부는 지출 자체가 아니라, 어떤 형태의 증빙을 갖추었는지에 따라 결정된다.

세법에서 인정하는 적격증빙에는 '세금계산서, 계산서, 현금영수증, 신용카드매출전표, 직불카드 전표'가 있다.

따라서 동일한 비용 지출이라 하더라도, 적격증빙을 갖춘 경우에는 비용으로 인정받을 수 있는 반면, 그렇지 못한 경우에는 실제 지출했더라도 세법상 비용으로 인정되지 않을 수 있다. 적격증빙 여부는 비용 인정의 출발점이자 기준선이 된다는 점을 정확히 이해하여야 한다.

적격증빙이 없는 거래는 무조건 비용으로 인정받지 못하는가?

"사업과 관련된 지출이 분명한데, 불가피하게 적격증빙을 받지 못했다면 비용 처리는 전혀 불가능한 걸까?"

원칙부터 정리하면, 지출을 세법상 비용으로 인정받기 위한 기본 요건은 적격증빙의 수취이다. 다만 모든 상황에서 이 원칙이 기계적으로 적용되는 것은 아니며, 정상적인 사업상 지출이 제도적·현실적 한계로 인해 전혀 비용 처리되지 못하는 상황을 막기 위해 세법은 현실적인 거래 상황을 고려해 일부 예외를 인정하고 있다.

첫 번째 예외는 거래 금액이 소액인 경우이다. 거래 건당 금액이 3만 원 이하인 지출이나, 경조사비로서 20만 원 이하를 지출한 경우에는 적격증빙을 수취하지 못했더라도 비용으로 인정받을 수 있다. 이는 소액 거래까지 동일한 수준의 증빙을 요구하는 것이 현실적으로 어렵다는 점을 고려한 예외이다.

두 번째 예외는 거래 상대방의 사정상 적격증빙 발급이 불가능한 경우이다. 예를 들어 거래 상대방이 농어민이거나, 프리랜서, 개인 간 거래 상대방, 또는 국외에 있는 경우처럼 제도적으로 적격증빙 발급 자체가 어려운 상황에서는, 적격증빙을 받지 못했다는 이유만으로 해당 지출을 곧바로 비용에서 배제하지는 않는다.

다만 적격증빙 예외는, 증빙이 없어도 무조건 비용으로 인정해 주겠다는 의미는 아니다. 예외가 적용되더라도 실제 거래가 있었고 사업과 관련된 지출임을 객관적으로 확인할 수 있어야 한다. 이를 위해 계좌 이체 내역이나 거래 경위에 대한 설명 자료 등, 적격증빙을 보완할 최소한의 근거는 필요하다.

약국에서 적격증빙이 특히 중요한 이유

개국 초기 비용이 집중되기 때문

약국은 다른 업종에 비해 개국 초기에 집중적인 비용 지출이 발생한다. 인테리어 공사, 집기·비품 구입, 전산 프로그램 설치, 초기 약품 매입 등 비교적 짧은 기간 안에 큰 금액의 지출이 연속적으로 이루어진다.

문제는 이 시기의 지출이 사업자등록 이전에 발생하는 경우도 많고, 아직 적격증빙에 대한 인식이 충분히 자리 잡지 않은 상태이기 때문에 증빙 관리가 느슨해지기 쉽다는 점이다. 그러나 개국 초기에 발생한 비용들은 이후 수년간 약국의 세금에 영향을 미치게 되므로, 정신없고 번거롭더라도 개국 초기 지출에 대한 적격증빙을 반드시 챙기는 것이 중요하다.

전문직 사업자로서의 관리

약국은 세법상 전문직 사업자로 분류되어 수입 규모와 관계없이 복식부기 의무가 적용된다. 이는 약국이 일반 개인사업자보다 더 높은 수준의 장부 관리와 거래 투명성을 요구받는다는 것을 의미한다.

그러므로 복식부기 의무자인 약국 사업자에게 적격증빙은 단순한 참고 자료가 아니라, 장부의 신뢰성을 뒷받침하는 핵심 요소이다. 적격증빙이 충분한 거래는 별도의 설명 없이 정리되지만, 적격증빙이 없는 지출은 추가적인 확인과 소명의 대상이 된다. 결국 적격증빙 관리는 세무상 부담을 줄이기 위한 기초이자 세무조사 리스크를 줄이기 위한 필수적인 준비라고 할 수 있다.

Part 3
개국 초기,
약국 운영의 기초 다지기

8장 기초 약국세무 지식
약국 운영을 위한 필수 세무 시스템 구축

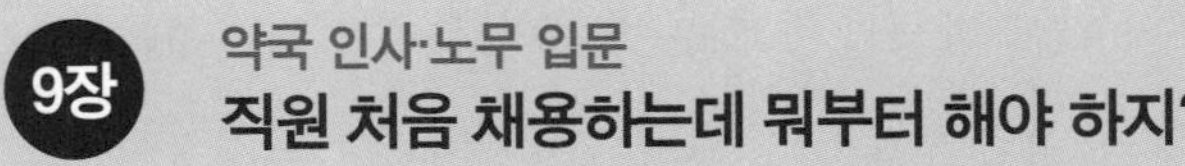

9장 약국 인사·노무 입문
직원 처음 채용하는데 뭐부터 해야 하지?

근로계약서는 언제? 어떻게? 작성하면 될까?

1인 약국이 아니라면, 약국 개국과 동시에 직원을 채용해야 한다. 채용공고를 내고, 면접을 통해 채용자를 확정했다면, 근로계약서를 잘 쓰는 것만으로도 많은 노동분쟁을 예방할 수 있게 된다. 개국하는 약사도 노동법을 필수적으로 알아야 하는 이유이다.

근로계약서는 사업주와 근로자가 약속한 내용을 기록한 문서이다. 근로기준법에서도 반드시 '서면'으로 작성하여 교부하도록 하는 이유는, '구두'로 하게 되면 서로의 말이 바뀌거나 오해가 생기고 이로 인해 법적인 분쟁이 발생하기 때문이다. 근로계약서는 바로 근로자와 사용자 간에 발생할 수 있는 오해와 분쟁을 막아주는 가장 중요하고도 기본적인 서류이며, 법에서 규정하는 근로계약서 필수 기재 사항들은 곰곰이 생각해보면 가장 분쟁이 많이 발생하는 부분이라고 볼 수 있다.

근로계약서 필수 작성 항목

1) 임금

◆ 포함되어야 할 내용: 임금의 구성항목 (기본급, 식대 등), 계산방법, 지급방법, 지급일

기본적으로 ① 산정기간(예: 초일~말일)과, ② 지급일(예: 당월 말일 또는 익월 5일)을 반영하면서, ③ 지급방법(예: 근로자 명의 계좌에 직접 입금)도 함께 적어야 한다.

'월급'으로 정한 경우 기본급 이외 다른 구성항목이 있다면, 기본급(주휴포함)/연장근로수당/식대 등 구분해서 적어야 하며, 구체적인 계산방법도 함께 적어야 한다. '시급'으로 정한 경우 주휴포함 시급인지, 아닌지 구체적으로 적는 것도 중요하며 매년 결정되는 최저임금에 위반되는 문제가 없는지 검토해야 한다.

2) 소정근로시간 및 휴게시간

◆ 포함되어야 할 내용: 업무시작과 종료시간, 휴게시간

근무일별 근로시간이 다른 경우 요일별로 업무시작과 종료시간 그리고 휴게시간을 구체적으로 적어야 한다. 법적으로 휴게시간은 근로시간 도중에 주도록 되어 있고, 실 근로시간 기준으로 4시간 이상 근무하는 경우 30분, 8시간 이상 근무하는 경우 1시간의 휴게를 보장해야 한다. 약국의 경우 보통의 점심시간(예: 12~13

시)에 휴게시간을 부여할 수 없는 경우가 많기 때문에 실질적으로 직원의 휴게를 보장할 수 있는 시간으로 조정하여 휴게시간을 부여하면 된다. 또한, 휴게시간 전체를 연속하여 보장하기 힘든 경우에는 휴게시간 보장의 취지에 어긋나지 않을 정도로 나누어 부여하는 방향도 고민해 볼 수 있다.

3) 업무장소와 업무내용

◆ 포함되어야 할 내용: 직원이 실제 수행하는 업무내용과 업무를 수행하는 장소

업무내용과 업무장소는 어느 정도 포괄적으로 작성하는 것을 추천한다. 업무내용과 관련해서는 소규모 약국의 특성상 직원이 조제업무 외 대부분의 업무를 수행하는 경우가 많기 때문에 특정 업무만 기재하기 보다는 '약국 운영과 관련된 업무 등' 또는 '복약지도, 전산/재고관리 등' 이런식으로 적는 것을 추천하며, 업무장소와 관련해서도 지점 이동 등 근무지 변경이 있을 수 있기 때문에 '사업장 및 사용자가 지정하는 곳'으로 적도록 추천한다.

4) 휴일 및 연차휴가 (소정근로시간 1주 15시간 이상)

◆ 포함되어야 할 내용: 주휴일, 공휴일과 연차휴가 (상시 5인 이상 사업장)

'주휴일'은 1주 평균 1일의 주휴일을 부여해야 한다. 보통은 '일요일'을 주휴일로 정하는 경우가 많다. '주휴일'은 근로자 수와 상

관없이 1주 근로시간 기준으로 발생하는 부분이지만, '공휴일과 연차유급휴가'는 상시 근로자 수 5인 이상 사업장의 경우에만 적용되는 부분이다. 따라서 상시 근로자 수 5인 미만의 소규모 약국이라면 '공휴일과 연차유급휴가'는 '적용하지 않는다' 또는 '근로기준법에 정하는 바에 따라 부여함'이라고 적는 게 일반적이다.

5) 계약기간 (정규직 vs 계약직)

◆ 포함되어야 할 내용: 계약시작일(입사일)과 계약종료일

'정규직'의 경우 계약의 종료일이 정해지지 않은 계약이고, '계약직'의 경우 계약의 종료일이 정해진 계약이다. '정규직'으로 채용하는 경우 입사일을 기재하고 끝나는 날은 '기한의 정함이 없음'으로 두면 되고, '계약직'으로 채용하는 경우 입사일과 끝나는 날을 모두 빠짐없이 적어야 한다.

계약직/정규직 고민 없이 무작정 정규직으로 채용하고 업무태도나 업무능력이 부족해 직원을 정리하고 싶은 경우가 있는데, 이런 경우를 대비하여 처음에는 2~3개월의 단기 계약직으로 지켜보고 정규직 여부를 나중에 결정하는 방향이 안전하다. 정규직으로 채용하고 정리하고자 하는 경우에는 부당해고 또는 해고예고수당 등이 항상 문제되기 때문에 계약직으로 채용 후 일정 기간은 지켜보는 것을 강력하게 추천한다.

추가 포인트:
근로계약서 작성 타이밍과 교부의무 타이밍

근로계약서는 직원의 첫 출근일 퇴근 전에 작성하는 방향을 추천한다. 가끔 타이밍을 놓치거나 하루 출근하고 무단결근 후 퇴사하는 경우에는 쓰려고 해도 쓸 수 없는 상황이 된다. 이때는 사용자가 처벌될 수 있기 때문에 직원이 첫 출근하면 꼭 그 당일에 챙겨서 근로계약서를 작성하도록 해야 한다.

근로계약서에 필수내용을 반영하여 작성하였다면, 작성한 근로계약서를 직원에게도 '교부'해야 한다. 잘 써둔 계약서가 있다고 하더라도 직원이 받지 못했다면 사업주가 처벌될 수 있으니 작성 후에는 꼭 한 부를 직원에게 전달해주어야 한다. '교부의 방법'은 ① 원본을 각각 작성하여 나누어 가지거나, ② 원본을 함께 작성 후 복사본을 전달해도 된다. 가끔 근로계약서를 교부했음에도 못 받았다고 하는 경우가 있기 때문에 작성된 근로계약서를 사진으로 찍어 근로자에게 문자나 카톡으로 전송해 두거나 근로계약서 내용에 '근로계약서를 교부받았음'에 대한 확인 서명을 받도록 안내하고 있다.

세전? 세후?
임금은 어떻게 시작하면 좋을까?

‘세전’ 급여는 말 그대로 각종 공제금액(세금, 4대보험 등)을 제외하기 전 총액을 의미하고, ‘세후’ 급여는 실제 근로자가 지급 받는 금액을 보장하기로 약속하는 것을 의미한다. 보통 약국과 병의원 업종에서 계산의 편의를 위해 세후(NET, 실수령액) 급여를 선택하는 경우가 있는데, 이는 여러 가지 법적 & 재정적 리스크를 초래할 수 있으므로, 원칙적인 세전(GROSS, 총액) 급여 설정으로 불필요한 리스크를 줄여 안전하게 약국을 운영해야 한다.

노동법으로 최저임금 미달 여부의 판단, 4대보험 신고를 위한 보수(과세) 기준은 ‘세전’ 임금총액이다. 따라서 세전으로 임금계약을 하는 것이 원칙이다. 특히 고용보험, 건강보험, 연금보험의 경우 근로자와 사업주가 반반 부담하여 혜택을 보기 때문에 일방적으로 사업주가 전액 부담한다는 개념 자체가 맞지 않는 상황이다.

세후 급여의 문제점

1) 최저임금법 등 노동법 위반 가능성

최저임금 미달 여부는 세전 임금을 기준으로 판단하게 된다. 만약, 세후 200만원으로 계약했다고 가정해보면 4대보험료 또는 소득세 구간의 변동에 따라 세전 임금총액이 고정되지 않고 변동되는 문제가 발생한다. 이 경우 세전 임금총액이 최저임금에 미달되는 상황이 발생할 수 있고 이는 최저임금법 위반으로 처벌까지 될 수 있다. 연장근무/휴일근무가 발생하는 경우에는 연장근무수당/휴일근무수당을 지급해야 하는데, 세전 임금총액이 결정되어 있지 않다면 근로자의 통상시급 산출이 불가능해지고 이 부분도 결국 임금체불의 문제로 연결될 수 있다.

추가로, 퇴직금의 경우 고정된 세후금액을 지급받더라도 세전 임금총액을 기준으로 산정되어야 한다. 대법원 판례에서도 퇴직금 산정을 위한 평균임금에는 매달 실수령액이 아닌, 사업주가 대납하기로 한 근로소득세 등이 다 포함되어야 한다고 하면서, 세전 금액을 기준으로 퇴직금을 산정하여야 한다고 보고 있다(대법원 2021. 6. 24. 선고 2016다200200 판결).

2) 세금 및 4대보험 사업주 부담의 증가

세후로 급여를 설정하는 경우, 직원에게 입금해야 하는 금액이 고정되어 있더라도 세금과 4대보험에 있어서는 결국 그 세후 금액을 위한 세전 금액이 산출될 수밖에 없는 구조이다. 따라서 임금의 상승, 소득세율의 변경, 4대보험료율의 인상(매년 인상되는 구조) 등으로 공제액이 증가하게 되면, 사업주가 근로자 부담 증가분까지 모두 부담할 수밖에 없다.

3) 근로자와 법적 분쟁 발생

세후 급여를 운영하는 사업장의 경우 '연말정산 환급금의 귀속 주체'에 대한 노동법적 분쟁이 끊이지 않고 있다. 세금 정산 환급금이 발생하는 경우 직원은 그 부분이 본인 것이라고 주장하게 되고, 추가 납부가 발생하는 경우 직원은 그 부분은 약국이 책임져야 한다고 주장한다.

또 한편으로 직원의 입장에서는 어차피 내 소득에 대한 연말정산 환급금이 발생하더라도 내 것이 아니라는 생각에 본인의 카드를 전혀 사용하지 않는 등 도덕적 해이 문제도 발생하게 된다.

▌세전 급여의 설정 = ★원칙!

1) 법적 안정성 확보 및 분쟁 예방

세전 임금(월급/시급)의 설정으로, 근로계약서 필수 기재사항인 임금 부분을 명확히 하고, 최저임금 위반의 리스크를 없애면서, 추가로 발생할 수 있는 연장/휴일 근로 가산 수당 산정 기준을 마련할 수 있다. 또한 직원의 장기근속으로 발생할 수 있는 퇴직금도 미리 예측해볼 수 있게 된다.

세전 임금의 명확화는 법적 안정성이 확보되기 때문에 노동부 근로감독 및 각종 지원금 사업에서도 큰 문제 없이 관련 증빙서류 부분을 챙길 수 있게 된다.

2) 투명하고 명확한 급여 관리

2021년 11월 19일부터 개인별 임금명세서 교부가 의무화되었다. 세전 급여로 작성된 임금명세서는 직원 입장에서도 본인의 급여에서 4대보험료와 세금이 정확히 얼마나 공제되는지 명확하게 확인할 수 있고, 명세서를 작성하는 사용자 입장에서도 임금명세서의 작성과 관리가 훨씬 편할 수 있다.

3) 합리적인 비용 관리

세전 급여의 경우 세금 및 4대보험 변동에 따른 근로자 부담분에 대한 사업주 부담이 추가로 발생하지 않기 때문에, 총 인건비 예측뿐만 아니라 매월 지출되는 4대보험 및 세금 관리가 합리적으로 이루어질 수 있다.

4대보험, 아무도 원하지 않는데 꼭 가입해야 될까?

'4대보험'이라고 말하는 사회보험에는 고용보험, 산재보험, 건강보험(장기요양보험 포함), 국민연금이 포함된다. 소규모 약국에서 가끔 근무약사나 파트타임 아르바이트를 고용할 때 4대보험을 꼭 가입해야 하는지 고민하는 경우가 있다. 이때 4대보험 가입은 필수일까?

결론부터 말하면 '필수'이다. 다만, 근로자별 근로조건에 따라 다르게 적용되는 부분들이 있고, 이 부분을 알고 진행하면 불필요한 4대보험의 부담을 줄일 수 있다.

4대보험은 사회보험으로 공적인 목적을 가지면서, 각 보험별로 규정된 법률에 근거하여 시행되고 있다. 여기서 포인트는, 4대보험의 가입조건과 적용범위인데 그 내용은 다음 표와 같다.

구분	가입대상	가입기준	관할공단
고용보험	모든 근로자	모든 근로자. 단, 월 60시간 미만 (1주 15시간 미만)이면 제외이나, 3개월 이상 계속하여 근로를 제공하면 가입대상	근로복지공단
산재보험		근로자인 경우 근로조건 상관없이 전부 가입대상	
건강보험		월 60시간 이상 근로자 가입대상 단, 4주 평균 1주 15시간 미만 초단시간 근로자 가입제외	건강보험공단
국민연금	만 18세 이상 60세 미만의 근로자		국민연금공단

고용/산재 그리고 건강/연금은 각각 짝꿍처럼 생각하면 쉽게 이해할 수 있다. 고용보험을 제외한 산재/건강/연금의 경우 이중가입이 가능하기 때문에, 여러 곳에서 근무하는 근로자의 경우에도 고용보험을 제외한 4대보험에 무리 없이 가입할 수 있다. '고용보험'의 경우에는 근로자가 여러 군데에서 일하는 경우 ① 보수가 높은 사업장, ② 소정근로시간이 많은 사업장, ③ 근로자의 선택 순서로 한 곳에서 가입할 수 있다.

개인사업자 약국의 대표자는 근로자가 아니기 때문에, 고용/산재는 적용되지 않는다. 다만, 직원이 있는 개인사업자의 대표자는 직장가입자로 건강/연금보험이 적용되며, 그 기준은 근로자 중 가장 높은 보수 기준으로 적용된다. 추후 종합소득세 신고를 통해 건강/연금 보험료는 정산 또는 조정되게 된다.

▌4대보험의 시작과 관리

고용/산재, 건강 그리고 연금을 담당하는 공단이 서로 다르다 보니, 각각 운영하는 지사나 홈페이지도 다르고 사용하는 용어나 서류가 다르기도 하다. 대부분의 약국은 담당 세무사 사무실에서 해당 부분 진행을 도와주실 거라 생각하고, 간략하게 안내하겠다.

1) 성립신고와 적용신고

직원을 처음 고용하게 되면 그 직원의 첫 근무일(입사일)이 '성립일'이 되고 성립한 날부터 14일 이내, 각 공단에 사업장 성립신고 및 적용신고를 진행해야 한다. 실무적으로는 고용/산재 성립신고서를 전산으로 접수하고, 해당 서류를 출력하여 사업장 소재지 관할 건강 또는 연금 공단 중 선택하여 한 곳에 제출하면 된다.

◆ 성립신고(적용신고)에 포함되는 내용
- 명칭
- 사업장 형태 (법인/개인)
- 소재지

- 우편물수령지

- 전화번호

- 업태/종목

- 사업자등록번호 (법인은 법인등록번호)

- 대표자 성명, 주민등록번호

- 보험료 자동이체 관련 (은행/계좌번호/예금주명/예금주 주민
  등록번호)

- 상시근로자 수

- 산업재해발생 여부

2) 취득신고(입사)와 상실신고(퇴사)

직원을 채용한 경우, 근로자를 고용한 날이 속하는 달의 다음달 15일까지 근로자 고용신고서를 제출해야 한다. 직원이 퇴사하는 경우도 마찬가지다. 고용/산재보험의 경우 과태료 문제가 발생할 수 있기 때문에, 구체적인 정보를 바탕으로 기한내에 신고를 해야 불필요한 과태료납부 문제를 예방할 수 있다.

◆ 취득신고서에 입력되는 내용

- 이름, 주민등록번호

- 입사일 (첫 근무일)

- 월평균보수/소득월액/보수월액 (과세 금액 기준)

- 1주 소정근로시간 (1주 동안 근무하기로 약속한 시간)

- 업무 내용

- 계약직 또는 정규직 여부 (계약직의 경우 계약종료 년/월 입력
  필수)

◆ **상실신고서에 입력되는 내용**

- 이름, 주민등록번호

- 상실일 (마지막 근무일 다음날)

- 보수총액 (해당연도 총 지급된 과세금액)

- 퇴사사유 (반드시 '구체적'으로 → 실업급여 수급 사유와 연결)

근로기준법 개정(25.10.23 시행)과 4대보험 적용 (가짜 3.3% 불가능)

2025년 10월 23일 개정 근로기준법은, 노동부에서 국세청에 사업소득 관련 정보 또는 자료를 요청할 수 있도록 규정하고 있다. 이에 따라, 노동부는 가짜 3.3% 프리랜서를 단속하겠다고 밝힌 상황이며 가짜 3.3%로 문제가 되면, 그동안 가입하지 않았던 4대보험에 대해 소급하여 가입될 수 있고, 그 4대보험료는 전부 사업주가 부담해야 할 수 있다.

이제 4대보험은 선택이 아닌, '필수'가 되었고 근로자들이 선택할 수 있는 부분이 아니다. 단지, 실수령 금액을 높이고 싶어서 4대보험 미가입을 요청하더라도 '불가능하다'고 안내해야 한다.

4대보험은 아는 만큼 보인다. 옆에 있는 전문가의 도움을 받아야 한다.

10인 미만 사업장의 경우 '두루누리'지원금 제도를 활용할 수 있고, 일당제 일용직 근무약사를 채용한 경우에는 '근로내용 확인신고' 및 '일용직 신고'를 통해 간편하게 처리할 수 있다. 또한, 월 60시간 미만(1주 15시간 미만) 파트타임 아르바이트를 고용한 경우 3.3% 프리랜서 처리보다 고용보험 0.9%를 공제하는 게 원칙이고 장기적인 약국 경영에 있어서 훨씬 안전하다.

입/퇴사 휴직신고 등 법에서 정하는 기한내에 신고를 하고, 처리가 되면 매월 보험료에 적용이 되기 때문에 과다납부를 예방할 수 있다. 단, 과다납부가 되었더라도 과다납부된 보험료는 반환 또는 다음달 보험료에 차감 반영되는 구조이기 때문에 걱정할 필요는 없다.

Core Summary

근로계약서를 작성했다면 4대보험이 적용되어야 하고 세금신고에 반영되어야 한다. 노동부뿐만 아니라 국세청과 4대보험 공단이 실시간으로 데이터를 주고받는 시대이기 때문에 다른 약국은 그렇다는데, 이런 식의 대화는 더 이상 유효하지 않다. 첫 단추부터 원칙대로 깔끔하게 시작해야 2~3년 뒤에 갑자기 개국 초기의 불완전한 상황들이 타격을 주지 않을 수 있다. 이 점은 노동관계에서도 명심해야 한다.

Part 4

개국 1년차, 이제부터가 진짜 시작

10장 약국에서 발생하는 세금들
세금은 왜 이렇게 자주! 많이! 내나요?

11장 약국 인사·노무 실전
채용 이후 유지·관리가 더 중요하다

1년 동안의 약국 세금 스케줄

　개국과 동시에 약사는 '사업자'라는 새로운 명함을 갖게 된다. 사업자로서 마주하는 세금은 그 종류와 신고 기한이 정해져 있어 그 흐름을 놓치면 가산세라는 불필요한 비용을 지급하게 된다. 매출 규모가 큰 약국 특성상 세무 리스크를 관리하지 못하면 공든 탑이 무너지는 결과로 이어질 수도 있다. 성공적인 약국 경영을 위해 약국에서 발생하는 주요 세목들을 1년 단위로 살펴보고 시기별로 무엇을 준비해야 하는지 알아보고자 한다. 다만, 직원을 고용하고 있다면 매달 급여 지급 시 신고하고 납부하는 원천세는 이 일정에 포함되어 있지 않다. 원천세는 급여를 지급한 달의 다음 달 10일까지 신고·납부한다.

　1월은 부가가치세 확정 신고·납부하는 달이다. 직전 연도 하반기(7월부터 12월까지)의 매출세액에서 매입세액을 차감한 부가가치세를 1월 25일까지 신고·납부한다.

4월은 부가가치세 예정 고지분을 납부하는 달이다. 세무서에서는 1월에 납부했던 부가가치세의 50% 금액을 4월 25일까지 납부하도록 고지서를 보낸다. 다만, 예정 고지 금액이 50만 원 미만이면 예정 고지 대상에서 제외된다.

5월은 종합소득세를 신고·납부하는 달이다. 개인이 직전 연도 1년 동안 벌어들인 모든 소득을 합산하여 5월 31일까지 신고·납부한다.

7월은 1월과 마찬가지로 부가가치세 확정 신고·납부하는 달이다. 당해 연도 상반기(1월부터 6월까지)의 매출세액에서 매입세액을 차감한 부가가치세를 7월 25일까지 신고·납부한다.

10월은 4월과 같이 부가가치세 예정 고지분을 납부하는 달이다. 7월에 납부했던 부가가치세의 50% 금액이 고지서로 송달되면 10월 25일까지 납부하면 된다. 예정 고지 금액이 50만 원 미만이면 납부 대상에서 제외되는 것은 4월과 같다.

11월은 종합소득세 중간예납의 달로 다음 해 5월에 낼 종합소득세를 미리 납부하는 것이다. 세무서에서는 5월에 신고하고 납부했던 세액의 50%를 기준으로 고지서를 발송하며, 이를 11월 30일까지 납부해야 한다. 그러나 해당 과세연도에 신규로 사업을 개시하여 직전 과세기간이 없는 사업자, 6월 30일 이전에 휴업이나 폐업한 사업자 등은 중간예납 납부 대상자에게서 제외된다. 또한, 부가가치세 예정 고지와 동일하게 납부할 금액이 50만 원 미만인 경우에도 중간예납 대상에서 제외된다. 만약 당해 연도 상반기(1월~6월) 실적으로 계산한 세액이 작년을 기준으로 부과된 중간예납세액보다 현저히 적다면, 세무서에 '중간예납 추계액 신고'를 하여 실제 소득에 맞게 더 적은 중간예납 세액을 납부할 수도 있다.

월	신고 내용
1월	부가가치세 확정신고 납부로 1월 25일까지 전년도 7~12월 부가가치세를 신고·납부
4월	부가가치세 예정고지 납부로 4월 25일까지 고지된 부가가치세를 납부
5월	종합소득세로 직전 연도 1년 동안의 소득을 신고·납부
7월	부가가치세 확정신고 납부로 7월 25일까지 1~6월 부가가치세를 신고·납부
10월	부가가치세 예정고지 납부로 10월 25일까지 고지된 부가가치세를 납부
11월	종합소득세 중간예납 납부로 11월 30일까지 고지된 중간예납 세액을 납부

부가가치세 완전정복

부가가치세는 상품을 거래하거나 서비스를 제공하는 과정에서 새롭게 생기는 부가가치에 10%의 세율로 부과하는 세금이다. 부가가치세는 최종 소비자가 부담하고 사업자는 이를 잠시 보관했다가 대신 납부해주는 구조이다.

부가가치는 사업자의 매출액에서 매입액을 차감한 금액으로 계산된다. 세법에서는 이 부가가치를 계산하는 복잡한 과정을 쉽게 처리하기 위해 '매출세액에서 매입세액을 차감하는 방식'을 사용한다. 매출세액은 사업자가 매출한 금액의 10%, 매입세액은 사업자가 매입한 금액의 10%이다.

약국이 제약회사로부터 일반의약품을 600원에 매입하여 소비자에게 1,000원에 판매하는 상황을 예로 들어보자. 이 경우 약국이 창출한 부가가치는 400원이다. 약국은 소비자에게 일반의약품을 판매할 때 판매가 1,000원의 10%인 100원을 판매가에 더해 받는다. 판매가에 더해진 100원이 매출세액이다.

그리고 약국이 제약회사로부터 일반의약품을 매입할 때 매입가 600원의 10%인 60원을 더하여 매입대금을 지급한다. 제약회사에 매입가에 더해 지급한 60원이 매입세액이다. 최종적으로 매출세액 100원에서 매입세액 60원을 차감하여 납부할 부가가치세 40원은 약국이 창출한 부가가치 400원의 10%인 40원과 일치한다. 따라서 약국은 부가가치세 신고 시 소비자로부터 받은 매출세액 100원에서 제약회사에 지급했던 매입세액 60원을 차감하여 차액인 40원을 세무서에 신고하고 납부하는 것이다.

약국 매출의 과세와 면세

약국은 부가가치세법상 세금 부과 대상인 과세매출과 세금이 면제되는 면세매출이 동시에 발생하는 사업장이다. 이처럼 두 가지 종류의 매출이 모두 발생하는 사업자를 세법에서는 '겸업 사업자'라고 한다. 대부분의 약국이 여기에 해당한다.

부가가치세에서는 기본적으로 재화나 용역의 공급에서 생기는 부가가치에 10%의 세금이 부과되는 것을 '과세'라 한다. 반면 면세는 법에서 특별히 정한 특정 재화나 용역에 대해 부가가치세를 부과하지 않는 제도이다. 면세는 주로 국민 생활에 필수적인 품목이나 공익성이 높은 분야에 대해 최종 소비자의 세금 부담을 줄여주기 위한 것이다. 이러한 면세에 약사가 제공하는 의약품 조제 용역이 포함되어 있다. 의약품 조제 용역은 의사의 처방전에 따라 약사가 전문의약품을 조제하여 제공하는 것이다. 이는 국민 보건과 관련된 필수 서비스로 부가가치세가 면제된다. 반면, 처방전 없이 판매하는 일반의약품과 건강식품 등은 일반적인 상품의 판매로 보아 10%의 부가가치세가 부과된다.

이렇게 대부분의 약국은 면세매출과 과세매출이 함께 발생한다. 겸업 사업자인 약국은 부가가치세 신고 시 과세인 일반의약품 매출의 10%를 매출세액으로 신고하게 된다. 이때, 실제보다 과세매출을 과다하게 신고하면 부가가치세 납부 금액이 증가하게 된다. 반대로 부가가치세 부담을 줄이고 싶은 마음에 과세매출을 과소하게 신고하면 추후 세무서로부터 과세매출 누락으로 부가가치세를 추징당할 수 있다. 따라서 약국은 면세매출과 과세매출을 정확하게 구분하여 부가가치세를 신고해야 한다.

▌약국 매입의 과세와 면세

약국에서 발생하는 가장 대표적인 매입은 의약품 구입이다. 사업자가 물건을 구매할 때 부담하는 부가가치세 매입세액은 원칙적으로 매출세액에서 공제받아 부가가치세 부담을 줄이는 것이 일반적이다. 하지만 약국에서는 이 매입세액을 무조건 전액 공제 받을 수 있는 것은 아니다. 바로 약국이 '겸업 사업자'라는 사업 형태를 가지고 있기 때문이다.

앞서 약국의 매출에서 구분했듯이, 약국은 두 가지 성격의 영업을 동시에 수행하고 있다. 하나는 면세매출로 의사 등의 처방전에 따라 약사가 직접 조제하여 제공하는 용역이다. 국민 건강 증진이라는 공익적 목적 때문에 부가가치세가 면제되는 영역이다. 또 다른 하나는 과세매출로 처방전 없이 약국에서 바로 구매하는 일반의약품이나 건강보조식품 등의 판매이다. 이는 일반적인 상품 판매와 같으므로 부가가치세가 과세하는 영역이다.

매출세액에서 공제되는 매입세액의 핵심은 과세매출에 사용되는 매입세액으로 실제 사용처에 따라 구분해야 한다. 따라서 약국이 매입한 의약품 역시 어디에 사용되었는지에 따라 매입세액 공제 여부가 달라지는 것이다. 면세매출에 사용되는 전문의약품은 주로 의사의 처방에 따라 조제에 사용되는 약품이다. 이 의약품 매입 시 부담한 매입세액은 부가가치세법상 공제 대상이 아니다. 과세매출에 사용되는 일반의약품은 처방전 없이 소비자가 직접 구매할 수 있는 의약품이다. 이 의약품 구입 시 부담한 매입세액은 매출세액에서 전액 공제된다. 즉, 의약품을 구입할 때 부담한 매입세액이 과세매출에 사용되는 일반의약품 매입은 공제할 수 있으며, 면세매출에 사용되는 전문의약품 매입은 공제가 불가능하다.

따라서 약국에서 의약품을 매입할 때 부담한 매입세액을 정확히 공제받기 위해서는, 해당 의약품이 면세매출에 사용되었는지 아니면 과세매출에 사용되었는지를 명확하게 분류하는 작업이 필수적이다. 이 분류 결과에 따라 매입세액 공제 여부가 최종적으로 결정되기 때문이다. 이때 의약품의 분류 기준은 세금계산서에 기재된 품목명이나 분류 코드가 아니다. 공급자가 발행한 세금계산서의 품목에 해당 의약품이 '전문의약품'으로 기재되어 있든 '일반의약품'으로 기재되어 있든, 이는 매입세액 공제 여부를 판단하는 최종 기준이 되지 못한다.

중요한 것은 약국에서 해당 의약품이 실제 어떤 용도로 사용되었는가이다. 예를 들어, 특정 의약품을 공급받을 당시 세금계산서에는 '전문의약품'으로 분류되어 있었다 하더라도, 해당 약품이 처방전 없이 일반의약품으로 소비자에게 판매되었다면 이는 명백히 과세매출에 사용된 일반의약품으로 구분해야 마땅하다.

그리고 이러한 실질적인 분류는 결국 약사만이 정확하게 수행할 수 있는 전문적인 업무이다. 간혹 세무 업무를 위임받은 세무대리인이 편의상 세금계산서에 기재된 의약품명에 따라 임의로 과세와 면세 매입을 구분하여 부가가치세 신고를 진행하는 경우가 발생한다. 이는 매우 위험한 접근 방식이다.

따라서 의약품 매입을 용도별로 정확히 구분하는 일은 약국의 일상적인 업무 중 귀찮거나 부가적인 업무가 절대 아니다. 이는 과세매출과 면세매출을 정확하게 구분하는 일만큼이나 핵심적이고 중요한 업무라고 보아야 한다. 약사 본인이 직접 약국에서 판매되는 모든 의약품의 용도를 명확히 파악하고 세무대리인에게 정확한 자료를 제공해야만 정확한 매입세액 공제를 받고 세무 리스크로부터 약국을 보호할 수 있는 것이다.

약국의 매입은 의약품 외에도 임차료, 소모품 구입, 기타 경비 등이 있다. 의약품 매입은 면세매출에 사용되었는지 과세매출에 사용되었는지 어느 정도 구분이 가능하다. 그러나 임차료 등의 경비는 면세매출과 과세매출에 공동으로 사용되어 정확한 구분이 쉽지 않다. 이렇게 과세매출과 면세매출에 함께 사용된 매입세액을 '공통매입세액'이라 한다.

조제 용역인 면세매출에 사용된 매입세액은 매출세액에서 공제되지 않는다고 이야기하였다. 그러한 점이 공동매입세액에도 동일하게 적용된다. 공통매입세액 중 면세매출에 사용된 매입세액은 매출세액에서 공제되지 않는다. 이러한 공제되지 않는 매입세액은 전체공통매입세액에서 총매출액 중 면세매출이 차지하는 비율로 나누어 계산한다.

▎ 부가가치세 신고·납부기한

부가가치세는 6개월을 1과세기간으로 나누어 1년에 두 번의 신고·납부를 한다. 과세기간은 1월부터 6월을 1기, 7월부터 12월을 2기로 나눈다. 1기 과세기간의 부가가치세는 7월 25일까지 신고·납부하며, 2기 과세기간의 부가가치세는 다음연도 1월 25일까지 신고·납부한다. 이를 '부가가치세 확정신고·납부'라고 한다. 따라서 약국을 운영하는 약사는 1월과 7월에 부가가치세를 신고하고 납부하게 된다.

4월과 10월은 부가가치세 예정 고지를 납부하는 달이다. 예정 고지는 확정 신고 기간 사이에 세금을 미리 납부하도록 하는 제도이다. 이런 예정 고지는 직전 부가가치세 확정 신고 기간에 납부한 세액의 50%가 고지되며, 납부할 세액이 50만 원 미만이면 예정고지서가 고지되지 않는다. 세무서는 4월과 10월 초에 예정고지서를 발송하며 1기 과세기간의 예정 고지는 4월 25일, 2기 과세기간의 예정 고지는 10월 25일까지 납부해야 한다. 납부한 예정 고지 세액은 1월과 7월 부가가치세 확정 신고 시 납부해야 할 세액에서 차감된다.

예를 들어 2기 과세 기간에 대해 1월 25일까지 신고하고 납부한 부가가치세가 120만 원이라면, 4월 초 세무서에서는 120만 원의 50%인 60만 원을 1기 예정 고지세액으로 고지서를 보내며, 이를 4월 25일까지 납부해야 한다. 납부한 60만 원의 예정 고지세액은 7월에 1기 부가가치세를 신고 시 납부할 세액에서 차감된다.

인건비 원천세 완전정복

약국이 정규직이나 단기 근로자를 채용하고 급여를 지급할 때마다 반드시 신고해야 하는 세금이 '원천세'이다. 원천세는 급여를 지급하는 약국 사업자가 직원을 대신하여 급여에 대한 세금을 미리 징수하여 국가에 납부하고 다음연도 2월 급여 지급 시 징수한 세금을 정산한다.

직원이 매달 받는 급여는 약국과 계약한 월급 전액이 아니라 월급에서 4대보험료와 원천세를 차감한 금액이다. 정규직 근로자의 월급에서 차감하는 원천세는 국세청이 정한 간이세액표에 따라 결정된다.

약국 사업자가 원천징수한 세금은 급여를 지급한 달의 다음 달 10일까지 세무서에 신고하고 납부해야 한다. 예를 들어 1월분 급여를 1월 31일에 지급했다면, 해당 원천세는 2월 10일까지 신고·

납부한다. 1월분 급여를 2월 5일에 지급했다면, 해당 원천세는 3월 10일까지 신고·납부한다. 직원에게 매달 급여를 지급하는 약국은 급여 지급일의 다음 달 10일까지 매달 원천세를 신고하고 납부하게 된다.

매달 신고하고 납부하는 것이 번거로운 소규모 사업자를 위해 반기별 납부 제도가 있다. 반기별 납부는 직전 연도 상시 고용 인원이 20명 이하인 사업자가 대상이다. 이런 반기별 납부는 관할 세무서장의 승인을 받아야 반기 납부를 할 수 있다. 사업을 새로 시작한 약국의 경우 신청일이 속한 반기의 상시 고용 인원이 20명 이하라면 신청할 수 있다. 반기별 납부를 승인받은 경우 상반기(1월 ~6월) 원천세는 7월 10일까지 신고·납부하고, 하반기(7월~12월) 원천세는 다음 해 1월 10일까지 신고·납부한다.

약국이 원천세를 신고하면 세무서는 약국이 직원에게 지급한 급여 총액과 징수한 세금의 총액을 파악할 수 있다. 그러나 어떤 직원에게 얼마를 지급했는지는 알 수가 없다. 따라서 세법에서는 어떤 근로자에게 얼마의 소득을 지급했는지에 대한 명세를 정확히 확인하고 관리하기 위해 지급명세서 제출을 의무화하고 있다. 지급명세서는 직원의 급여 지급에 대한 정보를 반기별로 1회씩 제출하는 간이 지급명세와 1년 전체 소득 내역을 1년에 1회 제출하는 지급명세서가 있다.

　약국은 단기간 근무하는 일용근로자(단기 아르바이트)를 채용하는 때도 있다. 일용직 근로자에게 임금을 지급할 때도 세법이 정한 일정 금액을 원천징수하여 원천세를 신고하고 납부해야 한다. 그리고 상용직 근로자와 다르게 일용근로자에 대한 지급명세서는 매달 제출해야 한다. 일용근로소득자의 인적 사항과 지급한 임금 내역을 정확하게 기재하여 신고해야 한다.

　약국 사업자는 직원의 형태(정규직, 일용직)에 따라 원천세 신고 및 지급명세서 제출 기한과 방식을 정확히 숙지하여 세금 관리에 착오가 없도록 해야 한다.

종합소득세 완전정복

우리가 1년 동안 벌어들이는 수입은 그 형태와 출처가 다양하다. 매달 회사에서 받는 월급, 자영업을 통해 얻는 사업 수입, 은행에 넣어둔 돈에서 생기는 이자, 주식 투자로 얻는 배당금 등 여러 가지 종류가 존재한다. '종합소득세'란 이렇게 개인이 한 해(1월 1일부터 12월 31일) 동안 벌어들인 여러 종류의 소득을 모두 합산하여 신고하는 세금을 말한다.

정부가 세금을 부과할 때 가장 중요하게 생각하는 원칙 중 하나는 공평한 과세이다. 즉, 소득이 많은 사람에게 더 많은 세금을 부과하여 세금 부담 능력을 반영하는 것이다. 만약 어떤 사람이 직장 월급인 근로소득은 적지만 별도로 부동산 임대업이나 주식 투자로 인한 배당소득 등으로 상당한 수익을 얻었다면 단순히 월급만으로는 그 사람의 실제 경제적 부담 능력을 제대로 파악할 수 없다. 따라서 소득세법은 개인이 벌어들인 여러 종류의 소득을 종류별로 계산한 뒤 이들을 합산하여 '종합소득'을 완성하고 이 합산된 금액에 따라 세율을 적용하여 종합소득세를 산출한다. 이것이 바로 종합과세 원칙이다. 납세자는 다음 해 5월 1일부터 5월 31일 사이에 전년도 소득에 대한 종합소득세를 신고하고 납부하게 된다.

종합소득은 크게 여섯 가지 종류의 소득을 합쳐서 계산하는 것이 원칙이다. 여섯 가지 소득의 종류는 아래와 같다.

- **이자소득**은 은행의 예금, 적금, 채권 등에서 발생하는 이자에 대한 소득이다.
- **배당소득**은 주식이나 펀드 투자 등을 통해 기업으로부터 받는 이익 배당금에 대한 소득이다.
- **사업소득**은 약국을 운영하는 약사나 자영업자 또는 프리랜서 등이 계속적이고 반복적으로 일하여 얻는 수입이다. 약국 사업자에게 종합소득세 신고의 핵심이 되는 소득이다. 부동산을 임대하고 얻는 소득 역시 사업소득에 포함된다.
- **근로소득**은 회사에 고용되어 일하고 받는 월급, 상여금, 각종 수당 등의 소득이다.
- **연금소득**은 국민연금, 공무원 연금 등의 공적 연금과 연금저축 등 사적 연금에 납입한 후 일정 요건을 충족하여 연금 형태로 받는 소득이다.

- **기타소득**은 위의 다섯 가지 소득 외에 발생하는 소득으로 강연료, 일시적인 원고료, 위약금, 복권 당첨금 등 비정기적이고 일시적인 소득이다.

▌종합소득세 계산 방법

약국 경영을 비롯하여 개인이 1년 동안 벌어들인 총소득에 대한 세금인 종합소득세는 복잡해 보이지만 소득금액 합산부터 최종 납부세액 확정까지 크게 4단계의 과정을 거쳐 계산한다.

1단계: 종합소득금액의 계산 (소득금액 = 총수입 - 필요경비)

가장 먼저 할 일은 개인이 1년 동안 벌어들인 모든 소득을 확인하고 합산한다. 이 단계에서는 소득의 종류별로 총수입에서 해당 소득을 얻기 위해 사용한 비용을 빼서 '소득금액'을 계산한다.

이때 총수입금액은 약국의 경우 1년간의 총매출액을 의미하며, 근로소득의 경우 총급여를 의미한다. 필요경비는 소득을 벌어들이는 데 직접 사용된 비용을 말한다. 사업소득에 해당하는 약국의 경우 의약품 구입비, 인건비, 임차료, 장비 구입비 등 업무 관련 비용이 필요경비에 해당한다. 근로소득의 경우에는 실제 경비를 일일이 따지지 않고 총급여액에 비례하여 세법에서 정한 금액을 '근로소득공제'라는 이름으로 필요경비처럼 공제해 준다.

이렇게 각 소득 종류별로 총수입금액에서 필요경비를 차감하여 계산한 소득금액을 모두 합산하면 종합소득세 계산의 기초가 되는 '종합소득금액'이 된다.

2단계: 과세표준의 확정 (과세표준 = 종합소득금액 - 소득공제)

종합소득금액이 계산되었다면 다음은 실제로 세금을 부과하는 기준이 될 '과세표준'을 계산하는 단계이다. 과세표준은 세금을 부과하는 기준이 되는 금액이다.

과세표준은 종합소득금액에서 각종 소득공제를 차감하여 계산한다. 소득공제는 인적공제, 연금보험료공제, 소기업 소상공인 공제부금 등이 있다. 이렇게 종합소득금액에서 소득공제를 차감한 금액이 바로 과세표준이다.

3단계: 산출세액의 계산 (산출세액 = 과세표준 × 세율)

과세표준이 확정되면 과세표준에 해당하는 세율을 적용하여 '산출세액'을 계산한다. 현재 종합소득세 세율은 다음 표와 같이 6%에서 45%까지 8단계의 세율 구간으로 나누어져 있다. 종합소득세는 소득이 높으면 높은 세율을 적용하고, 소득이 낮으면 낮은 세율이 적용되는 '누진세율' 구조이다. 누진세율은 과세표준 전체 금액에 최종 구간의 세율을 한 번에 곱하는 것이 아니라 각 과세표준 구간별로 해당 세율을 순차적으로 적용하여 합산하는 방식이다.

   Part 4 : 개국 1년차, 이제부터가 진짜 시작

예를 들어, 과세표준이 7,000만 원이면 1,400만 원까지는 6%를 1,400만 원 초과 5,000만 원까지는 15%를 그리고 5,000만 원 초과 7,000만 원까지는 24%를 각각 계산하여 더해야 한다. 하지만 실무에서는 복잡한 구간별 계산을 단순화하기 위해 누진 공제를 활용하는 것이 일반적이다. 과세표준 전체에 해당하는 최종 세율을 곱한 뒤 그 금액에서 해당 구간의 누진 공제액을 차감하면 복잡한 구간별 계산을 한 것과 같은 산출세액을 간편하게 얻을 수 있다.

과세표준	세율	누진 공제
1,400만 원 이하	6%	
1,400만 원 초과 ~ 5,000만 원 이하	15%	126만 원
5,000만 원 초과 ~ 8,800만 원 이하	24%	576만 원
8,800만 원 초과 ~ 1억 5천만 원 이하	35%	1,544만 원
1억 5천만 원 초과 ~ 3억 원 이하	38%	1,994만 원
3억 원 초과 ~ 5억 원 이하	40%	2,594만 원
5억 원 초과 ~ 10억 원 이하	42%	3,594만 원
10억 원 초과	45%	6,594만 원

4단계: 최종 납부세액 확정 (납부세액 = 산출세액 - 세액감면/공제 - 기납부세액)

3단계에서 계산된 산출세액은 최종적으로 납부해야 할 세금이 아니다. 마지막으로 세법에서 정한 각종 세액감면과 세액공제, 기납부세액을 차감하여 납부세액을 확정한다.

세액감면과 세액공제는 산출된 세액 자체를 직접 줄여주는 혜택이다. 예를 들어, 중소기업 특별세액감면, 통합고용세액공제, 성실신고 사업자에 대한 세액공제 등이 이에 해당한다. 똑같은 약국을 운영하더라도 세법에서 정한 공제, 감면요건을 충족한 경우에만 이 혜택을 적용받을 수 있다.

그리고 기납부세액은 미리 납부한 세금을 산출세액에서 차감하는 것이다. 종합소득세 중간예납액이나, 사업소득이나 근로소득에 대한 원천징수액, 이자·배당소득에 대한 원천징수액 등이 여기에 해당한다.

이러한 과정을 모두 거친 후 계산된 금액이 최종적으로 납부해야 할 종합소득세가 되는 것이다.

▌종합소득세 신고와 납부

약국을 운영하는 사업자라면 매년 한 번, 한 해 동안 벌어들인 소득에 대한 종합소득세를 신고하고 납부해야 한다. 종합소득세는 일반적인으로 소득이 발생한 다음 연도 5월 1일부터 5월 31일까지 주소지 관할 세무서에 신고하고 납부해야 한다. 다만 수입금액이 일정 금액 이상으로 높은 성실신고확인대상자라면 신고 및 납부기한이 한 달 연장되어 6월 30일까지 신고하고 납부해야 한다.

납부해야 할 소득세 금액이 너무 커서 한 번에 납부하기 부담스러울 때는 분할 납부할 수 있는 제도가 마련되어 있다. 5월달에 납부할 소득세가 1천만원을 초과한다면 소득세를 분할하여 납부할 수 있다. 분할하여 납부할 수 있는 기한은 기존의 납부기한으로부터 2개월 이내이다. 분할하여 납부할 수 있는 세액은 총납부할 금액이 1천만원 초과 2천만원 이하라면 1천만원을 초과하는 금액을 분할하여 납부할 수 있으며, 총납부할 금액이 2천만원을 초과하면 납부할 세액의 50%의 금액을 분할하여 납부할 수 있다.

예를 들면 총납부할 세액이 1,800만원이라면, 5월 31일까지는 1,000만원의 세액을 납부하고, 5월 31일로부터 2개월 이내 800만원의 세금을 납부한다. 이러한 분납을 원한다면 종합소득세 신고서상 분납할 세액에 분납할 금액을 적어주면 된다. 신고서에 기재된 분납할 세액은 분납기한까지는 미납부에 대한 가산세가 부과되지 않는다.

▌ 약국의 사업소득금액

약국을 운영하면서 발생하는 소득은 종합소득 중 사업소득에 해당한다.

사업소득 금액은 약국을 운영하면서 얻은 총수입금액(매출)에서 사업 관련된 비용을 뺀 순이익을 말한다. 즉, 약국이라는 사업에서 벌어들인 돈에서 약품 구입비, 임대료, 인건비, 관리비 등 운영에 든 모든 비용을 공제하고 남은 소득을 의미한다.

약국의 총수입금액(매출)은 1년 동안 약국의 영업활동으로 벌어들인 총금액이다. 부가가치세 챕터에서 설명했듯이 약국의 매출은 전문의약품을 조제하여 판매하는 조제매출과 일반의약품 등을 판매하는 일반매출로 나뉜다.

조제매출은 의사의 처방전으로 전문의약품을 조제하여 판매하는 매출이다. 처방전으로 구매하는 의약품은 일부 금액은 환자가 부담(본인부담금)하며, 나머지 금액은 건강보험공단에서 약국에 보조해주는 금액으로 '공단청구액'이라고 한다. 조제매출은 본인부담금과 공단청구액을 합하여 계산한다. 또한 국가에서 지원하는 금연치료 보조금 등을 받는 경우에도 조제매출에 포함된다.

일반매출은 처방전 없이 판매하는 일반의약품과 건강식품 등 그 외 상품의 판매 매출이다. 일반매출은 구매자가 부담하는 금액 전액으로 구성된다.

그 외에 약국에서 의약품 구입 대금을 카드로 결제하면서 쌓이는 카드 포인트나 마일리지를 현금처럼 사용하거나 수익으로 정산받는 경우 이는 약국의 기타수익으로 사업소득에 합산된다.

약국의 비용은 영업활동 등을 통하여 발생하는 총수입금액을 얻기 위하여 지출된 모든 경비 등을 말한다. 이런 비용이 많을수록 소득은 줄어들기 때문에 약국 운영과 관련된 모든 비용의 적격증빙을 수취하여 빠짐없이 처리하는 것이 중요하다. 약국의 주요 비용은 아래와 같다.

매출원가는 약국에서 조제매출과 일반매출 발생 시 직접 관련된 비용으로 의약품 원가를 의미한다. 조제매출에 해당하는 의약품은 건강보험공단에 청구되는 약값이 조제매출의 매출원가 된다. 일반매출의 매출원가는 1년 동안 판매된 일반의약품과 상품의 원가이다. 이는 기초 재고인 전년도에 남아 있는 의약품 재고에서 당해연도에 매입한 의약품 매입액을 합하여 당해연도에 남아 있는 의약품을 차감하여 계산한다.

급여는 직원에게 지급하는 임금, 상여, 각종 수당 등 근로의 대가로 지급하는 모든 비용을 말한다.

복리후생비는 직원의 업무 능률을 높이고 근무 환경을 개선하기 위해 지출하는 비용이다. 직원 회식비, 간식 구입비, 근무복 구입비, 경조사비 등이 여기 해당된다. 그리고 직원의 4대보험 중 건강보험, 고용보험, 산재보험 중 약국 사업주가 부담하는 금액과 약사님 본인의 건강보험료도 여기에 해당한다.

임차료는 약국 사업장의 임차비용, 약국 장비 임차비용, 복사기 임차료 등 타인의 자산을 빌려 쓰는 대가로 지급하는 금액을 말한다.

소모품비는 약국에서 사용하는 소모성 물품의 구입비용을 말한다. 휴지, 복사 용지, 종이컵, 약 봉투 등이 여기에 해당한다.

감가상각비는 약국 운영에 사용되는 고정자산인 약국 건물, 조제용 기계 등의 가치 감소분을 그 자산의 사용 기간에 걸쳐 나누어 인식하는 비용이다. 고정자산을 구입할 때 자산으로 처리하고 일정한 사용 기간 동안 비용으로 배분하는 과정을 감가상각이라고 하고, 이에 따라 배분되는 금액이 감가상각비가 된다.

지급수수료는 약국 외부에서 용역을 제공 받고 그 대가로 지급하는 비용으로 약국을 영업하면서 발급받는 각종 제증명발급수수료, 노무사 사무실 수수료, 세무사 사무실 수수료 등이 있다.

차량유지비는 차량을 약국 업무에 사용하면서 발생하는 비용으로 차량의 유류대, 자동차보험, 자동차세 등을 말한다. 세법에서는 사적인 사용을 막기 위해 업무용 승용차 관련 비용에 대한 엄격한 제한을 몇 가지 두고 있다. 첫 번째는 업무용 승용차에 대한 감가상각비는 연간 800만원 한도로 비용 인정된다. 두 번째는 차량운행일지를 사용할 경우 차량 관련 비용은 업무사용비율만큼만 경비 처리된다. 차량운행 기록을 작성하지 않는 경우 차량 감가상각비를 포함하여 연 1,500만원까지만 경비 인정이 된다. 세 번째는 약사와 같은 전문직 사업자는 두 대 이상의 업무용 승용차를 소유한 경우 두 대째 차량부터는 반드시 업무 전용 자동차보험에 가입해야 한다. 이 보험에 가입하지 않으면 두 번째 차량에 대한 모든 비용은 경비로 인정받을 수 없다.

접대비는 약국 사업자가 업무상 원활한 거래 관계를 유지하기 위해 지출하는 비용으로 거래처에 지급하는 선물, 식대, 경조사비 등이 이에 해당한다. 접대비는 한도 내의 금액만 비용으로 인정해 준다. 약국은 중소기업에 해당하기 때문에 기본한도는 연간 3,600만 원이며, 매출에 따라 추가로 한도를 인정받을 수 있다. 그러나 약국은 접대가 많은 업종이 아니어서 한도액을 다 채우기보다는 실제 발생한 비용만큼만 경비로 처리하는 것이 좋다. 이러한 접대비 중 일반접대비는 건당 3만 원 초과 시 반드시 적격증빙을 받아야 비용으로 인정된다. 그리고 경조사비는 청첩장이나 부고장 등의 증빙을 보관하는 경우에 건당 20만 원까지는 비용으로 인정받을 수 있다.

약국에서 비용을 인정받기 위해서는 해당 지출이 약국 운영과 직접적으로 관련되어야 하며 반드시 정규 증빙인 세금계산서, 현금영수증, 신용카드 매출전표 등을 갖추어 보관해야 한다.

█ 소득공제

종합소득세 신고 시 적용되는 대표적인 소득공제는 인적공제와 연금보험료공제가 있다.

인적공제는 납세자 본인과 생계를 같이하는 가족 구성원 수에 따라 공제 혜택을 주는 제도로 기본공제와 추가공제로 나뉜다.

기본공제는 다음의 어느 하나에 해당하는 사람 1명당 연 150만 원의 금액을 공제한다.

- 본인
- 배우자: 해당 과세기간의 소득금액이 없거나 해당 과세기간의 소득금액 합계액이 100만 원 이하인 사람을 말한다. 근로소득만 있는 배우자의 경우 총급여액이 500만 원 이하인 경우를 포함한다.
- 생계를 같이하는 부양가족: 본인과 생계를 같이 하는 만 20세 이하의 직계비속, 만 60세 이상의 직계존속, 만 20세 이하 또는 만 60세 이상의 형제자매에 해당하는 부양가족으로서 해당 과세기간의 소득금액의 합계액이 100만 원 이하인 사람을 말한다. 배우자와 동일하게 근로소득만 있는 경우 총급여액 500만 원 이하인 부양가족도 포함한다.

기본공제를 적용할 경우 유의할 사항은 아래와 같다.
- 배우자와 부양가족의 연간 소득금액에는 종합소득금액, 퇴직소득금액, 양도소득금액을 포함한다.
- 장애인의 경우 나이 제한을 받지 아니하나 연간 소득금액의 합계액이 100만 원을 초과하는 경우 기본공제대상에 해당하지 않는다.

- 본인 및 배우자의 형제자매는 기본공제대상에 포함될 수 있으나, 형제자매의 배우자는 기본공제대상에 포함하지 아니한다.

추가공제는 기본공제대상자가 다음의 어느 하나에 해당하면 기본공제 외에 다음에서 정한 금액을 추가로 공제한다.
- 경로우대자 추가공제: 기본공제대상자 중 만 70세 이상이면 1명당 연 100만 원을 공제한다.
- 장애인 추가공제: 기본공제대상자 중 장애인에 해당하면 1명당 연 200만 원을 공제한다,
- 부녀자 추가공제: 종합소득금액이 3천만 원 이하인 자가 배우자가 있는 여성이거나 배우자가 없는 여성으로서 기본공제대상자인 부양가족이 있는 세대주인 경우에는 연 50만 원을 공제한다.
- 한부모 추가공제: 배우자가 없는 자로서 기본공제대상자인 직계비속 있는 경우 연 100만 원을 공제한다. 다만, 부녀자 추가공제와 중복되는 경우 한부모 추가공제를 적용한다. 그리고 해당 과세기간에 배우자가 사망한 경우로서 기본공제대상자로 배우자를 신청한 경우에는 한부모 추가공제를 적용받을 수 없다.

연금보험료공제는 국민연금에 납입한 연금보험료를 종합소득금액에서 공제하는 제도이다. 납부한 국민연금보험료 전액이 공

제된다. 소득공제로 공제되기 때문에 국민연금 납부 금액을 사업 소득금액 계산할 때 필요경비로 공제하면 안 된다.

구분		공제대상	공제액
기본 공제	배우자	소득 요건을 충족한 자	1명당 연 150만 원
	생계를 같이하는 부양가족 등	나이와 소득 요건 모두 충족한 자	
추가 공제	경로우대자	기본공제대상자 중 70세 이상인 자	1명당 연 100만 원
	장애인	기본공제대상자 중 장애인	1명당 연 200만 원
	부녀자	배우자가 없는 여성근로자로서 기본공제대상 부양가족이 있는 세대주 또는 배우자가 있는 여성 근로자 (종합소득금액 3천만 원 이하자)	연 50만 원
	한부모	배우자가 없는 자로서 20세 이하 부양자녀가 있는자	연 100만 원 공제
연금보험료 공제		공적연금보험료 본인 불입분만 공제 가능	

█ 중소기업 특별세액감면

중소기업 특별세액감면은 종합소득세 신고 시 산출된 세액에서 일정 비율만큼 공제해주는 감면 제도이다. 이 감면은 약국을 운영하는 사업자에게 적용되는 대표적인 세액감면이다.

중소기업 특별세액감면은 감면대상에 해당하는 업종을 경영하는 중소기업에 대해 사업장 소재지에 따라 산출세액에서 일정 비율의 세액을 감면해주는 제도이다. 중소기업 특별세액감면은 중소기업이 대상이며, 중소기업은 중기업과 소기업으로 나뉜다. 중기업과 소기업은 업종별로 매출액 규모에 따라 구분한다.

약국은 도매 및 소매업에 해당하며 도매 및 소매업은 매출액이 60억 원 이하인 경우는 소기업이며 60억 원 초과 1,200억 이하인 경우 중기업에 해당한다. 그리고 소기업과 중기업에 해당하는 약국 사업장이 소재한 위치에 따라 감면율이 다르게 적용된다. 사업장 위치는 수도권과 수도권 밖으로 구분한다. 여기서 수도권은 서울, 인천, 경기도이다. 수도권에 소재하는 중기업은 감면이 적용되지 않으며, 수도권 밖에 소재하는 중기업은 5%의 감면율이 적용된다. 약국에 해당하는 도소매업은 수도권과 수도권 밖에 소재한 소기업은 동일하게 10%의 세율이 적용된다.

약국의 중소기업 특별세액감면율을 요약하면 아래와 같다.

구분	소기업		중기업	
	수도권	수도권 밖	수도권	수도권 밖
약국 (도소매업)	10%	10%	-	5%

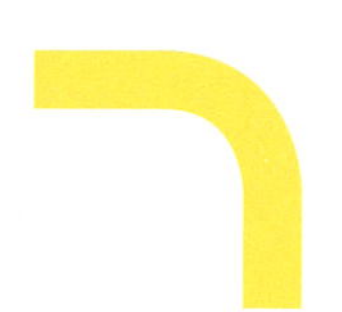

실제 개국 약사들의 Q&A Best5

Q1 개국 자금으로 받은 대출은 전부 경비가 되나요?

A1 개국을 위해 금융기관에서 받은 대출은 그 자체로 비용이 되지는 않습니다.

대출금은 '빌린 돈'이기 때문에 원금을 갚는 행위는 자산의 이동일 뿐, 손익에 영향을 주지 않습니다. 반면, 대출을 사용하는 과정에서 발생하는 이자는 사업을 유지하기 위해 추가로 부담하는 금융비용에 해당하므로, 약국 운영과의 관련성이 인정되는 범위 내에서 경비 처리가 가능합니다. 즉, 원금은 불가 / 이자는 가능이 기본 원칙입니다.

Q2 약국에서 쓰는 식비나 회식비는 어디까지 인정되나요?

A2 직원 복지를 목적으로 제공되는 식사비나 회식비는 약국 운

영을 위한 지출로 보아 복리후생비 성격의 경비로 인정됩니다. 다만, 약국장 본인의 개인 식사비는 사업과 직접적인 관련성이 없기 때문에 원칙적으로 비용 처리 대상이 아닙니다. 실무에서는 "누구를 위한 지출인가"가 판단 기준이 되며, 직원 대상인지, 개인 소비인지가 명확히 구분되어야 합니다.

Q3 명품을 샀는데 약국 비용으로 처리할 수 있나요?

A3 경비 인정의 핵심 기준은 금액이나 물건의 고급 여부가 아니라 사업과의 관련성입니다.

업종 특성상 명품이 영업 활동에 직접 활용되는 경우라면 비용 인정 여지가 있을 수 있으나, 일반적인 약국 운영에서는 명품 구매가 매출 창출이나 약국 기능 수행과 연결되었다고 보기 어렵습니다. 따라서 약국에서는 명품 구입비를 경비로 처리하기 어렵다고 보는 것이 실무상 안전합니다.

Q4 현금영수증을 받으면 무조건 비용 처리가 되나요?

A4 현금영수증은 적격증빙에 해당하므로, 약국 비용을 입증하는 수단으로 활용할 수 있습니다. 다만 중요한 점은 발급 유형입니다. 약국 비용으로 인정받기 위해서는 개인 소득공제용이 아니라, 지출증빙용 현금영수증으로 발급받아야 하며, 이때 약국의 사업자등록번호로 수취해야 합니다. 개인 번호로 발급된 현금영수증은

사업 경비 인정에 제한이 생길 수 있으므로 주의가 필요합니다.

Q5 체크카드와 신용카드 중 어떤 게 세무적으로 더 유리한가요?

A5 세무적인 관점에서 보면 체크카드와 신용카드는 차이가 없습니다. 두 수단 모두 적격증빙으로 인정되기 때문에, 비용 처리 가능 여부는 동일합니다. 다만 차이는 금융 혜택 영역에서 발생합니다. 결제 시점의 자금 운용, 포인트·캐시백·마일리지 등 부가 혜택을 고려하여, 약국 운영에 맞는 카드를 선택하는 것이 실질적인 이익으로 이어질 수 있습니다.

Part 4

개국 1년차,
이제부터가 진짜 시작

10장   약국에서 발생하는 세금들
세금은 왜 이렇게 자주! 많이! 내나요?

11장   약국 인사·노무 실전
채용 이후 유지·관리가 더 중요하다

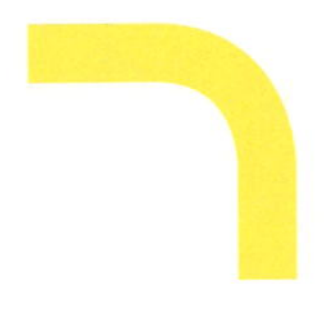

매월 급여관리 및
임금명세서 교부하기

직원을 채용하면 정해진 날짜에 월급을 지급하고 임금명세서를 교부해야 하는 등 매월 부가적으로 챙겨야 할 게 더 많아진다. 과거에 근무약사로 경험했던 부분이 지금 법률에 맞지 않거나 정확하게 적용되지 않을 때도 있다. 근로기준법 등 노동관계법은 계속 변화하고 움직이고 이에 맞춰 직원에 대한 관리도 발을 맞춰 진행해야 한다. 매월 급여명세서를 작성하고 전달하는 것, 연차휴가와 육아휴직을 사용할 수 있냐는 질문에 답변하는 것, 그리고 노동부 관련 지원금을 체크하는 것은 직원을 사용하는 약국 관리에 있어 중요한 부분이다. 직원들은 본인이 받는 월급과 공제(차감)된 금액들에 대해 확인하고 싶어 하고 궁금한 부분을 묻는 경우가 많은데, 나중에 임금명세서 미교부 문제가 없도록 미리미리 원칙에 맞게 매월 정리하여 전달해야 한다.

임금대장의 작성
(feat. 급여대장)

임금 지급 형태는 월급제, 시급제, 주급제, 일당제 등 다양하다. 보통은 '월급제'가 가장 많은데 그 이유는 편하기 때문이다. 월급제는 1년(365일 또는 366일) 전체를 평균하여 받는 금액이다 보니 매월 실제 근무일수가 변경되더라도 동일한 금액을 지급하는 구조이다.

반면, 시급제는 매월 급여산정일(예: 월초, 월말)에 실제 근무한 시간을 체크하여 지급하기 때문에 근무일의 차이로 인해 매월 급여가 변경된다.

보통 급여대장이라고 부르는데, 법에 규정된 내용은 임금대장이고 근로기준법에서 구체적으로 임금대장에 명시해야 하는 부분들을 규정하고 있다. 임금대장은 향후 고용노동부 점검 시 가장 먼저 확인하는 서류이므로 다음 사항을 반드시 포함하여 작성해야 한다.

- 성명 및 생년월일: 근로자를 식별할 수 있는 기본 정보 (사원번호 등)
- 고용 연월일: 입사 일자 (첫 근무일)
- 종사하는 업무: 약국 내 담당업무 간략히 작성
- 임금 결정의 기초가 되는 사항: 시급 또는 월급 금액
- 출근 일수 및 근로 시간 수: 연장·야간·휴일 근로가 있는 경우 해당 시간 수

- 임금의 항목별 금액: 기본급, 수당(식대 등), 인센티브 등
- 임금의 일부를 공제한 경우: 4대보험료, 원천세(소득세·지방세) 등 공제 내역

임금명세서에 필수로 반영되어야 하는 내용

임금명세서에는 단순히 지급액/공제액만 적는 것이 아니라, 근로자가 본인의 급여가 어떻게 산출되었는지 알 수 있도록 상세 내역을 기재해야 한다.

- 성명, 생년월일, 지급일: 기본 인적 사항과 지급일 (○○년 ○○월 ○○일)
- 임금 총액: 세전 총급여
- 임금의 구성항목별 금액: 기본급 및 각종 수당을 구분하여 작성
- 계산방법: 연장·야간·휴일 근로 시 '시간 수 × 시급' 등의 계산방법 기재
- 공제 항목: 건강보험, 국민연금, 고용보험, 장기요양보험, 소득세 등 공제 총액과 내역

임금명세서 교부 방법 및 시기 (미교부 과태료 발생)

2019년도 법 개정으로 매월 임금명세서 교부가 필수로 변경되었기 때문에 매월 임금을 지급하는 때에 임금명세서를 교부해야 한다. 미교부하거나 필수사항을 누락하면 과태료가 부과될 수 있다.

임금명세서 교부 방법은 서면(종이)뿐만 아니라 전자문서(이메일, 카카오톡, 문자메시지, 사내 전산망 등)로 전송하는 것도 가능하다. 명세서 전달 과정에서 다른 사람의 정보가 잘못 교부되지 않도록 주의가 필요하고, 교부했다는 증거가 필요할 수 있으므로 기록이 남는 문자/이메일/카톡 등 형태로 교부하는 방향을 추천한다.

약국에서도 연차, 출산휴가를 쓸 수 있나?

소규모 약국을 운영하며 가장 궁금해하면서도 혼란스러워하는 부분이 휴일을 모두 지켜야 하는지? 휴가는 어디서부터 어떻게 적용되는지 이다. 일단, 현재는 상시 5인 미만의 소규모 약국은 모두 적용되지 않기 때문에 법적으로 크게 고민할 필요는 없다.

근로기준법 적용의 핵심 기준, '상시 근로자 5인'

약국에서 법정 휴가 제도를 이해할 때 가장 먼저 확인해야 할 것은 상시 근로자 수가 5인 이상인지, 아니면 5인 미만인지 이다. 이에 따라 법적인 연차유급휴가 발생 등 근로기준법의 적용이 완전히 달라지기 때문이다.

'상시'라는 개념은 쉽게 생각하면 매일매일의 평균으로 보면 된다. 보통 1주 6일(월요일~토요일) 문을 여는 약국이라면, 월요일부

구분	5인 미만 사업장 적용 규정	5인 미만 사업장 적용제외 규정
근로계약	• 근로계약서 작성·교부의무 • 근로계약 불이행에 따른 위약 예정 금지 • 근로조건 위반 시 근로계약 즉시 해지	• 법령 및 취업규칙 게시
임금	• 임금지급 4대 원칙	• 휴업수당 • 근로시간 및 연장근로 제한 • 연장·야간·휴일근로 가산수당
근로시간과 휴식	• 휴게시간 • 휴일 (주휴일 적용, 공휴일 제외)	• 연차유급휴가 • 생리휴가
해고 관련	• 해고 절대 금지(산재 휴업 기간 및 산전후 휴가 + 이후 30일) • 해고예고의무	• 정당한 이유 없는 해고(징계) 제한 규정 • 정리해고 제한 규정 • 해고사유와 서면통보 • 노동위원회 부당해고 구제신청
퇴직금	• 근로자 1인 이상 적용 1년 이상 계속 근로 + 4주 평균 1주 소정근로시간 15시간 이상	
기타	• 직장 내 괴롭힘 규정 5인 미만 제외 • 노동절(5월 1일) 모든 사업장의 근로자 적용: 단, 5인 이상 사업장 해당일에 근무하는 경우 1.5배 휴일가산수당 적용	

터 토요일까지 출근하는 모든 근로자(대표자 제외)를 더한 총 근로자를 영업일(6일)로 나누어 평균을 구하는 개념으로 이해하면 쉽다. 물론 4인과 5인을 반복하는 경우, 5인 이상인 날이 절반 이상이면 5인 이상 사업장으로 본다.

'휴일'과 '휴가' 모두 쉬는 날이라 같은 의미로 착각할 수 있지만, 법률적인 구분이 명확해야 한다. 가장 쉬운 구분 방법은 '원래 일하기로 한 날이었는가?'를 떠올리면 된다.

'휴일'은 처음부터 근로제공의 의무가 없는, 즉 일하지 않아도 되는 날이다. 그렇기 때문에 법에서 규정하고 있고, 법에서 정하는 휴일은 '주휴일'과 '공휴일' 그리고 '노동절(5.1)' 이렇게 구성된다.

- **주휴일**: 1주일 동안 소정근로일을 '개근'한 근로자에게 부여하는 유급휴일이다. (보통 '일요일'이 많고, 1주 평균 1일의 주휴일을 부여하면 된다)
- **노동절**: 5월 1일은 '노동절 제정에 관한 법률'에 따라 모든 사업장의 근로자에게 적용되는 법정 유급휴일이다.
- **공휴일(관공서 공휴일)**: 5인 이상 유급 적용, 5인 미만 적용 제외

'휴가'는 원래 출근해야 할 근무일이지만, 특정한 사유로 근로 의무를 면제 받는 날이다. 휴가는 다시 '법정휴가'와 '약정휴가'로 나누어볼 수 있는데, 구체적인 내용은 아래 내용을 참고하면 된다. 여기서 포인트는 '토요일'의 성격이다. 월요일~토요일 영업하는 약국의 '토요일은' 휴일일까? 아니다! 무급휴무일이다. '휴일'은 근로제공 의무가 없는 날이고, 약국의 '토요일'은 근로제공 의무가 있는 날이기 때문에, 토요일도 근무일이 되고 '무급휴무일'로 지정하면

된다. 이에 따라 토요일이 근무일인 약국은 토요일에도 휴가(연차휴가 등)를 사용할 수 있게 되는 것이다.

법정휴가 vs 임의휴가 (약정휴가)

휴가는 크게 두 종류로 나누어 볼 수 있는데, 법에서 규정하는 법정휴가와 사업장에서 임의로 규정할 수 있는 임의휴가이다. '법정휴가'는 위에서 언급한 상시 근로자 수에 따라 적용 범위가 달라지는데, 구체적인 내용은 아래 표를 참고하면 된다.

구분	종류	5인 미만 적용
근로기준법	연차유급휴가	X
	출산전·후휴가	O
	유산·사산휴가	O
	생리휴가	X
남녀고용평등법	배우자 출산휴가	O
	가족돌봄휴가	O

'임의휴가' 또는 '약정휴가'는 법에서 정하지 않는 부분으로, 경조사휴가 또는 여름휴가가 대표적이다. 가끔, 직원이 결혼을 하거나, 신혼여행을 가는 경우 휴가를 어떻게 부여해야 하는지 문의하는 경우가 있는데, 이러한 경조사 휴가는 법에서 정하는 부분이 아니

기 때문에 경조사 기간은 '무급'으로 처리해도 법적으로 문제가 되진 않는다.

육아3법 확대와 사업주 지원제도 활용 (feat. 고용보험)

최근 출산·육아 관련 여러 가지 문제가 사회화되면서, 정부는 일·가정 양립 등 육아3법 관련된 내용을 확대·강화하고 있는 추세이다. 임신 중인 여성근로자에 대한 단축기간의 확대, 배우자 출산휴가 근무일 기준 사용일과 분할 횟수 확대, 난임치료에 대한 유급일 확대와 같은 근로자 지원 강화 및 사업주에 대한 육아휴직 대체인력 지원금 신설 등 여러 제도가 계속하여 변화하고 있다.

여성 직원의 비율이 높은 약국에서도 변화하는 출산·육아 관련 지원 내용을 잘 참고하여, 사업주와 근로자가 적절한 시기에 모두 잘 활용해야 한다.

이러한 출산휴가/육아휴직 등 근로자에게 지급되는 급여와 사업주에게 지원되는 지원금은 고용보험의 재원에서 지원되기 때문에 직원의 4대보험(고용보험 등) 가입과, 사업장의 4대보험 적용이 필수적으로 요구되는 부분임을 명심해야 한다.

약국도 청년 채용 지원금을 받을 수 있을까?

약국에서 직원을 채용할 때 지원금을 받을 수 있는지 궁금해하는 분이 많은데, 요건에 맞춰 채용하면 청년일자리도약장려금 지원 대상이 될 수 있다.

고용노동부 소관 청년일자리도약장려금은 청년의 신규 일자리 창출을 통한 청년고용 활성화를 위한 사업으로, 기업이 요건에 맞는 청년을 채용하고 장기근속을 유도하는데 중점을 둔 지원금이다.

2026년 개정된 지침내용에 따라 지원금은 수도권/비수도권으로 나누어 운영되게 된다.[1] 비수도권 사업장의 경우 재직기간에 따라 청년에게도 직접 지원금이 지급되기 때문에, 더욱 확실하게 장기근속을 유도할 수 있게 되었다.

---

[1] 22년부터 도입된 청년일자리도약장려금은 매년 지원 기준이 변경되는 추세이다. 따라서, 채용일 기준 해당 연도의 지침을 꼼꼼히 확인해서 진행해야 한다.

청년일자리도약장려금 지원대상 및 요건

지원 대상 기업 (사업주)

① **원칙**: 고용보험 피보험자 수 5인 이상을 고용하고 있는 우선지원 대상 기업의 사업주

② **예외**: 지식서비스산업 관련 업종, 문화콘텐츠산업 관련 업종, 신재생에너지산업 관련 업종, 미래유망기업, 지역주력산업, 청년창업기업, 고용위기지역 소재 기업, 특별고용지원업종 해당 기업에 해당하면 피보험자 수가 1인 이상 5인 미만이어도 참여가 가능하다 [2]. 이 중 가장 해당사항이 많은 [청년창업기업] 요건을 살펴보면 아래와 같다.

[청년창업기업 (아래 요건 모두 충족 필요)]

- 해당 기업의 창업일 기준 대표 나이가 청년(만 15~39세)
- 도약장려금사업참여신청일 현재 사업주가 청년
- 도약장려금사업참여신청일 현재 사업을 개시한 날부터 7년이 지나지 아니한 기업

---

2 구체적인 내용은 고용노동부 홈페이지 내 청년일자리도약장려금 지침에서 확인 가능하다.

▶ 수도권 (서울특별시, 인천광역시, 경기도 / 단, 인천광역시 강화군·옹진군,

  경기도 가평군·연천군은 '인구감소지역'으로 비수도권 지역으로 지원)

① 채용일 현재 만 15세 이상 34세 이하인 자

- 군필자의 경우 의무복무기간에 비례하여 연동 적용

② 채용일 현재 취업 중이 아닌 자 및 재학(휴학)중이 아닌 자

- 다른 사업장에서 고용보험에 가입 중이면 제외(이중가입 불가)

- 채용일 현재 동일 사업장에서 프리랜서로 3개월을 초과하여 근무하

  면 제외

- 세법에 따라 사업자등록을 한 경우 제외

- 고등학교 또는 대학에 재학(휴학)중이면 제외

③ 취업에 어려움을 겪고 있는 자(취업애로청년) ※수도권만 해당됨※

- 4개월 이상 실업상태

- 고졸 이하 학력인 청년(+고등학교 졸업 예정자)

- 자영업 폐업 이후, 최초로 취업한 청년

- 최종학교 졸업일 이후 채용일까지 고용보험 총 가입기간이 12개월

  미만인 청년(+졸업예정자 포함)

[참고]   사업지침에는 더 많은 요건이 나열되어 있으나, 일반적으로 많이 적용되는 요
        건만 나열하였고, 구체적인 적용/제외 관련 내용은 매년 적용되는 사업운영지
        침을 구체적으로 확인해야 한다.

▶ 비수도권 (수도권을 제외한 지역에 소재하는 기업)

① 채용일 현재 만 15세 이상 34세 이하인 자

- 군필자의 경우 의무복무기간에 비례하여 연동 적용

② 채용일 현재 취업 중이 아닌 자 및 재학(휴학)중이 아닌 자

- 다른 사업장에서 고용보험에 가입 중이면 제외(이중가입 불가)

- 채용일 현재 동일 사업장에서 프리랜서로 3개월을 초과하여 근무하
  면 제외

- 세법에 따라 사업자등록을 한 경우 제외

- 고등학교 또는 대학에 재학(휴학)중이면 제외

▶ 근로조건 (공통)

- 정규직 채용 (계약직으로 채용한 경우 3개월 이내까지는 허용)

- 고용보험에 가입

- 1주 소정근로시간 28시간 이상

- 최저임금 이상

지원금 및 지원기간
(약국 업종)

기업에 대한 지원금 (수도권/비수도권 동일)

- 지원대상 청년 1인당 지원금은 최대 720만 원(월 60만 원 × 12개월)

- 참여청년 채용 후 최소고용유지기간(6개월) 전에 퇴사하는 경우 지원금 지급 없음 (최초 6개월 고용유지 후 3개월 단위 신청 가능하며, 신청기한을 경과하면 지급되지 않을 수 있음)

청년에 대한 지원금 (비수도권 해당)[3]

- 일반 비수도권: 6·12·18·24개월 각 120만 원씩 최대 480만 원 지원
- 우대지원 지역: 6·12·18·24개월 각 150만 원씩 최대 600만 원 지원
- 특별지원 지역: 6·12·18·24개월 각 180만 원씩 최대 720만 원 지원

★ 주의할 부분 ★

- 사업주의 배우자 또는 직계 존비속은 해당 안 됨
- 사업장의 최초 채용자는 지원 불가, 최소 1명 이상의 고용보험 가입자가 있어야 가능함
- 중복지원 불가, 해당 근로자에 대한 인건비 지원을 받는 경우 차액만 지원됨
- 사업장에 고용조정(권고사직 등)이 발생하면 지원금 중단 및 3개월 후 재개 가능
- 지원 대상이 되더라도 채용 후 최소 6개월은 유지해야 1회차 지원금 수령 가능

---

3 비수도권에 해당하는 사업장에 대한 구체적인 내용은 관할 위탁기관을 통해 안내받을 수 있다.

- 매년 새롭게 사업신청이 진행되는 구조이므로, 매년 초(1월 중)에
  사전 사업신청 진행 필수

Core Summary

직원을 관리하면서, 편안하고 사이좋게 지내야겠다고 착각하는 경우들
이 있는데 직원은 직원이다. 직원은 오히려 손님이라고 생각하고 대할
때 관리가 편해질 수 있다. 정에 이끌리거나 편의를 봐주면 오히려 그게
독으로 돌아오는 경우가 많기 때문에 법에 근거하여 원칙적인 범위 안
에서 허용할 수 있는 부분을 정하는 것이 바람직하다. 줄건 주고 안 되
는 건 안 되는 방향으로 기준을 마련해서 운영해야 안정적인 약국이 될
수 있다.

Part 5

개국 2~3년차, 약국의 성장과 도약

12장 약국 매출 상승공식
개국 약사가 꼭 알아야 할 약국 경영 노하우

13장 매출 상승에 따른 새로운 세금전략

14장 약국 인사·노무 심화
처음 겪는 퇴사 관리

고객 유입을 만드는
약국매출 향상 전략

약국 경영의 출발은 복잡한 이론보다 작은 동선 하나, 말 한마디, 진열 방식의 변화처럼 사소해 보이는 선택들에서 시작된다. 이 장에서는 실제 현장에서 바로 활용할 수 있는 방법들을 하나씩 짚어보려 한다.

열려 있는 약국

필자는 개국 이후 몇 년간 약국 출입문을 닫아둔 상태로 운영해왔다. 그러던 어느 날, 평소처럼 환기를 하던 중 몇 시간 정도 문을 열어두었는데 그날 유독 일반약 매출이 눈에 띄게 늘어나는 경험을 했다. 이후 며칠간 같은 방식으로 운영해본 결과, 최종 일매가 이전보다 약 10~15% 정도 높게 형성되는 것을 확인할 수 있었다.

아주 사소한 변화처럼 보이지만, 출입문을 연다는 작은 물리적 장벽 하나만 제거해도 실제 매출에 의미 있는 차이가 발생한다는 점을 체감한 이후로는, 특별히 날씨가 지나치게 춥거나 덥지 않은 한 기본적으로 문을 열어두는 편이다.

가만히 생각해보면 명동의 화장품 매장들 역시 방문했을 때 출입문이 열려 있는 경우가 많고, 아예 폴딩도어 형태로 개방감을 극대화한 매장도 적지 않다. 이는 방문 장벽을 낮춰 유입 가능성을 높이려는 같은 맥락의 전략으로 볼 수 있다. 어떻게 보면 출입문을 열어두는 일은 세트 상품을 기획하거나 POP 디자인을 고민하는 것에 비해 훨씬 단순하고 간단한 행동이다. 그럼에도 불구하고 체감 효과는 생각보다 분명하다. 오가며 문이 열려 있는 약국은 자연스럽게 시선이 머물게 되고, 그 과정에서 무의식적으로 필요했던 약이나 상비약에 대한 생각이 떠오르며 '아, 파스 사야 했지'와 같은 구매로 이어지는 경우도 적지 않은 듯하다. 복잡한 전략보다, 이렇게 간단하면서도 효율적인 방법부터 하나씩 시도해보는 것이 현실적인 매출 향상에 도움이 될 수 있다.

▌상품 구색의 힘

약국을 운영하다 보면 한 번쯤은 이런 고민을 하게 된다. 우리 약국에는 현재 없지만, 환자들이 간간이 찾는 약을 구비해둘지 말지에 대한 고민이다. 갖춰두자니 회전이 빠르지 않고, 그렇다고 아예 두지 않자니 가끔씩은 분명히 찾는 약이라 판단이 쉽지 않다. 이른바 계륵 같은 선택지다.

필자는 이런 경우, 최근 6개월 기준으로 두세 번 정도라도 문의가 있었다면 소량이라도 구비해두는 편이다. 환자가 약국에 방문했을 때 자신이 찾는 약이 몇 차례 연속으로 없으면, 이 약국은 내가 찾는 약이 잘 없는 곳이라는 인상을 갖게 될 가능성이 높다고 보기 때문이다. 그렇게 형성된 인상은 해당 약뿐만 아니라, 약국 전반에 대한 기대치까지 함께 낮추는 방향으로 작용할 수 있다.

같은 맥락에서, 인근 약국들이 기본적으로 갖추고 있는 일반적인 품목들에 대해서는 어느 정도의 구색을 유지하는 것이 중요하다고 생각한다. 모든 약을 다 갖출 수는 없지만, '웬만한 건 있다'는 인상을 주는 것만으로도 약국에 대한 신뢰도와 재방문 가능성은 생각보다 크게 달라질 수 있다.

세트상품 기획하기 (ex. 근육통 세트, 다래끼 세트)

세트 상품을 떠올리면 가장 먼저 생각나는 품목은 피로회복제일 것이다. 필자 역시 약국을 처음 시작했을 당시 피로회복제를 10,000원·8,000원·5,000원 세 가지 가격대로 구성해 판매했었다. 처음에는 가장 저렴한 구성이 당연히 가장 많이 선택되지 않을까 예상했지만, 실제로 운영해보니 내방객들은 의외로 중간 가격대의

세트를 가장 많이 선택한다는 점을 확인하게 되었다. 이는 여러 가격대의 선택지 중 가운데에 위치한 구성이 가장 합리적인 선택으로 인식되는 타협 효과(Compromise Effect)로 설명할 수 있다.

이러한 경험을 바탕으로 이후 피로회복제 세트 구성을 15,000원·10,000원·8,000원으로 조정해보았는데, 변경 이후에는 10,000원짜리 세트가 가장 많이 판매되었다. 가장 최근에는 한 단계 더 나아가, 초고가 라인의 피로회복제 세트를 구성해보는 것도 시도해볼 만하겠다는 생각이 들었다. 일반적으로 약국에서 가장 고가의 피로회복제가 10,000원에서 15,000원 선인 경우가 많지만, 30,000원짜리 세트를 하나 추가로 구성해보았다.

그 결과 피로회복제 세트 라인업은 30,000원·15,000원·10,000원·8,000원으로 확장되었고, 변경 이후에는 예상대로 15,000원 세트가 가장 높은 선택률을 보였다. 동시에 가격에 구애받지 않고 가장 좋은 구성을 원하시는 내방객들도 일정 비율로 존재해, 30,000원 세트 역시 예상보다 안정적으로 판매되고 있다.

그 외에도 근육통 세트, 생리통 세트, 비염 세트 등을 구성해 내 방객들에게 권하고 있다. 이렇게 세트 구성이 자리를 잡다 보니, 시간이 지나 다시 약국을 찾을 때에는 특정 제품을 고르기보다 아예 세트를 지명하며 두세 세트씩 요청하는 경우도 종종 생긴다. 약국을 운영하는 입장에서 경영적인 성과 역시 중요하지만, 스스로 고민하며 구성한 세트가 좋은 효과를 보여 다시 선택될 때 느끼는 만족감은 또 다른 결의 보람으로 다가온다. 단순히 판매를 넘어, 약사로서 고민해 제안한 방향이 신뢰로 이어졌다는 점에서 느끼는 보람은 생각보다 크다.

또 다른 예로는 숙취해소제 세트가 있다. 처음에는 간단하게 한 가지 구성만 운영했지만, 이를 음주 전 세트와 음주 후 세트로 구분한 이후에는 체감상 선택 빈도가 눈에 띄게 늘어났다. 음주 전 세트는 세 개, 음주 후 세트는 두 개처럼 필요에 따라 여러 세트를 함께 요청하는 경우도 종종 있다. 필자는 음주 전·후로 구분해 구성하고 있지만, 제품 구성에 따라 1단계·2단계처럼 단계별로 구성해보는 방식도 충분히 시도해볼 만하다.

소분 판매할 수 있는 제품은 소분 판매하기

필자의 약국은 소아과 처방 위주로 구성되고 있어, 소분 판매가 가능한 액상이나 젤리 제품의 경우 1포 단위로 적극적으로 소분해 판매하고 있다. 아이들은 선호하는 맛이 아니면 잘 먹지 않는 경우가 많기 때문에, 부모님 입장에서

는 먼저 소량으로 아이의 반응을 확인해본 뒤 잘 먹으면 본 제품을 구매하고 싶어 하는 경우가 적지 않다.

1포당 가격이 대략 1,000원에서 2,500원 수준으로 형성되어 있어 부담이 크지 않고, 소분 제품은 구매에 대한 심리적 문턱도 낮은 편이다. 특히 복약지도 과정에서 자연스럽게 함께 권하면, 생각보다 긍정적인 반응으로 이어지는 경우가 많다.

계절별로 상품 진열 교체하기

계절에 따라 내방객들이 찾는 상품은 자연스럽게 달라지기 마련이다. 필자는 여름철에는 벌레 물림에 사용하는 연고나 스프레이 등을 작은 매대에 모아 가장 눈에 잘 띄는 위치에 배치하고, 겨울이 되면 갈근탕이나 쌍화탕과 같은 제품들을 전면으로 옮겨 진열한다. 환절기에는 그 자리에 비염 세트를 배치해보기도 한다.

실제로 눈에 잘 띄는 위치에 놓인 상품일수록 관심도가 높아지는 경향이 있어, 진열 위치만 바꿔도 선택으로 이어지는 경우가 적지 않다. 빠른 회전을 원한다면 한 달 단위로 진열 구성을 바꿔보는 것도 좋고, 최소한 계절이 바뀔 때마다 전면에 배치하는 상품을 조금씩 조정해주는 것만으로도 충분한 효과를 기대할 수 있다.

Core Summary

출입문을 열어 물리적 장벽을 낮추고, 기본적인 상품 구색을 갖추며, 세트 상품이나 소분 판매, 진열 방식에 변화를 주는 것만으로도 내방객의 선택은 충분히 달라질 수 있다. 각각은 사소해 보이지만, 이런 작은 변화들이 모여 자연스러운 매출 흐름을 만들어간다.

행동경제학을 활용한
약국 경영

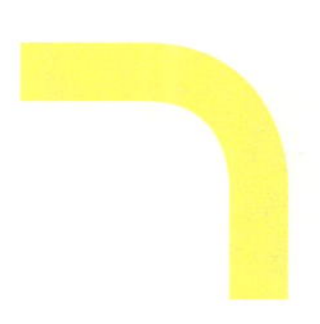

숫자의 힘을 활용한 구매 심리 전략

사람들은 추상적인 표현보다 구체적인 숫자가 제시될 때 훨씬 더 큰 관심을 보이는 경향이 있다. 약국에서도 마찬가지다. 예를 들어 여드름 증상 완화를 위해 사용되는 외용제를 권할 때 "요즘 많이 찾으세요" 혹은 "잘 나가는 제품이에요"라고 설명하는 것보다, "저희 약국에서는 하루에 열 개 이상 나가는 제품이에요"처럼 실제 수치를 함께 제시하면 신뢰도와 설득력이 눈에 띄게 높아진다. 구체적인 숫자는 제품에 대한 막연한 인상을 줄이고, 이미 검증된 선택지라는 인식을 만들어주기 때문이다.

총액이 부담스러워 보일 수 있는 영양제 역시 숫자를 어떻게 제시하느냐에 따라 체감 가격이 달라질 수 있다. 예를 들어 4개월분에 8만 원인 제품을 그대로 설명하기보다, "한 달 기준으로 보면 2만 원 정도라서 생각보다 부담이 크지는 않아요"처럼 단위를 쪼개어 설명해주면 가격에 대한 심리적 저항이 훨씬 낮아진다. 실제로 같은 금액이라도 복용기간이나 횟수 단위로 나누어 제시했을 때 수용도가 높아지는 경우가 많다.

환자들의 호감도 높이는 방법

심리학에서는 '단순 노출 효과'라는 개념이 있다. 사람은 어떤 대상을 자주 접할수록 그 대상에 대해 더 호의적이고 친숙하게 느끼는 경향이 있다는 것이다. 로컬 약국일수록 이러한 효과가 자연스럽게 작동한다. 기본적으로 시간이 지날수록 재방문하는 환자들과의 접점이 늘어나고, 그 과정에서 호감도 역시 서서히 쌓이게 된다. 여건이 된다면 점심이나 저녁 시간에 근처 식당을 직접 이용하거나, 포장 주문을 통해서라도 자연스럽게 주변 상권과 접점을 만들어보는 것을 추천한다. 약국 밖에서의 짧은 마주침 역시 반복 노출의 한 형태가 되어, 자연스럽게 긍정적인 인상을 남기는 경우가 많다.

또한 흔히 첫인상에 미소가 큰 영향을 미친다는 말처럼, 기본적인 미소만으로도 상대방이 느끼는 인상은 크게 달라질 수 있다. 그리고 환자들은 무의식적으로 자신과 비슷한 사람에게 더 친근함을 느끼는 경향이 있기 때문에, 대화할 때 상대방의 말투나 목소리 톤, 말하는 속도를 의도적으로 조금씩 비슷하게 맞춰보는 것도 도움이 될 수 있다. 이는 심리학에서 말하는 일종의 거울 효과로, 상대방의 표현을 간단히 되짚어주는 방식도 효과적이다.

예를 들어 "오늘 머리가 너무 아파서요"라는 말에 "아, 머리가 많이 아프셨군요"라고 응답하는 것만으로도, 상대는 '내 말을 잘 듣고 있다'는 인상을 받게 된다.

여기에 더해 가능하다면 환자의 이전 방문 내용을 기억하고, 그 부분을 자연스럽게 언급해주는 것도 좋다. "저번에 몸살약 사가셨던 분이시죠? 그 이후로는 좀 괜찮아지셨나요?" 혹은 "지난번에 생리통이 유난히 심하다고 하셨는데, 요즘은 조금 나아지셨을까요?"와 같은 한마디는 약사에 대한 신뢰와 친근감을 크게 높여준다. 사람은 자신을 기억해주는 상대에게 마음이 더 가기 마련이기 때문이다.

마지막으로 말하는 속도 역시 중요하다. 필자 역시 말이 빠른 편이라 의식적으로 천천히 말하려고 노력하는데 생각보다 쉽지 않다. 전달하고 싶은 내용이 많을수록 말이 빨라지기 쉽지만, 너무 빠른 설명은 환자 입장에서는 잘 남지 않거나 경우에 따라 다소 공격적으로 느껴질 여지도 있다. 차분한 속도로 말하는 것만으로도 설명의 전달력은 보다 높아지고 전반적인 인상은 훨씬 부드러워질 수 있다.

행동심리를 반영한 진열 기법: 디스오더 효과, 틸트 디스플레이

디스오더 효과(Disorder Effect)라는 개념이 있다. 말 그대로 완벽하게 정돈된 진열보다, 의도적으로 약간 어수선할 때 오히려 소비자들의 구매 반응이 더 적극적으로 나타나는 현상을 말한다.

    실제로 오른쪽 그림과 같은 진열 형태일 때, 소비자들이 제품을 더 자주 집어 들고 구매로 이어지는 경우가 많다. 또 하나 활용해볼 만한 방법은 상품을 10~15도 정도 기울여 진열하는 것이다. 강조하고 싶은 상품을 한 줄에 1~2개 정도만 살짝 기울여 놓으면, 자연스럽게 시선이 머무르고 다른 상품에 비해 더 쉽게 손이 가게 된다. 진열 방식의 작은 변화만으로도 체감되는 차이는 충분히 커진다.

Core Summary

설명할 때 구체적인 숫자를 제시하고, 기간이나 단위로 나누어 표현하는 것만으로도 내방객이 느끼는 신뢰도와 선택 가능성은 충분히 달라질 수 있다. 여기에 미소나 말투, 말하는 속도와 같은 요소들이 더해지면 약국에 대한 친밀감과 호감은 자연스럽게 형성된다. 나아가 진열 방식에 변화를 주는 등의 노력이 함께 어우러진다면, 약국 운영 전반에서 경영적으로 의미 있는 변화를 만들어낼 수 있을 것이다.

Part 5
개국 2~3년차, 약국의 성장과 도약

12장 약국 매출 상승공식
개국 약사가 꼭 알아야 할 약국 경영 노하우

13장 매출 상승에 따른 새로운 세금전략

14장 약국 인사·노무 심화
처음 겪는 퇴사 관리

노란우산공제, 연금저축공제, 통합고용세액공제

약국 경영이 안정화되고 매출 규모가 커지면, 이전과는 다른 차원의 세무 전략이 요구된다. 소득 구간이 높아질수록 세율은 가파르게 상승하며, 일정 매출액을 넘어서면 세법상 '성실신고확인대상자'가 되어 더욱 엄격하게 세금 신고를 하게 되기 때문이다. 그래서 이번 장에서는 세금을 줄일 수 있는 소득 및 세액공제와 약국의 세무조사에 대해 알아보고자 한다.

노란우산공제

노란우산공제는 소기업 및 소상공인이 폐업, 노령, 사망 등과 같은 예상치 못한 생계위협 상황에 대비하여 생활의 안정을 기하고, 필요할 때 사업을 다시 시작할 기회를 제공받을 수 있도록 지원하는 공제제도이다. 한마디로 자영업자의 최소한의 미래 보장과 퇴직금 마련을 위한 제도이다.

노란우산공제 가입 대상이 되는 소기업·소상공인은 업종에 따라 다르다. 약국의 경우 3년간 평균 매출액이 60억 원 미만인 사업자만 가입할 수 있다. 대부분의 약국은 가입 대상에 해당한다. 월 납입 금액은 최소 5만 원부터 최대 100만 원까지이다.

이런 노란우산공제는 아래와 같은 특징이 있다.

① 노란우산공제는 매년 납부한 금액 중 해당 과세연도 사업소득금액에 따라 아래의 금액을 한도로 소득공제된다. 소득금액이 낮은 사업자일수록 더 큰 공제 혜택을 받을 수 있어 절세 효과가 매우 크다.

해당 과세연도 사업소득금액	공제 한도
4천만 원 이하	600만 원
4천만 원 초과 6천만 원 이하	500만 원
6천만 원 초과 1억 원 이하	400만 원
1억 원 초과	200만 원

② 노란우산공제에 납부한 금액은 법에 따라 압류가 금지된다. 이는 사업상의 채무나 예상치 못한 경제적 위기가 닥치더라도 납부 금액만큼은 안전하게 보호하여 약국 사업자가 생활을 안정시

키고 재기할 수 있는 최소한의 자금으로 활용할 수 있도록 보장하는 것이다.

③ 납부한 금액 전액이 적립되며, 여기에 복리 이자가 적용되어 자산이 불어난다. 약국을 폐업하거나 노령 등의 사유가 발생하면 적립된 목돈을 일시금 또는 분할금 형태로 돌려받을 수 있다. 이는 사실상 자영업자를 위한 퇴직금과 같은 역할을 한다.

④ 공제 납입을 연체 없이 꾸준히 하는 사업자에게는 급하게 자금이 필요할 때 저금리로 대출을 받을 수 있는 기회가 제공된다.

⑤ 노란우산공제에 가입하면 중소기업중앙회에서 운영하는 상해보험에 가입된다. 상해로 인해 사망하거나 후유장해가 발생할 경우, 2년간 최고 월 부금액의 150배까지 보험금이 지급되어 사업자를 보호하는 안전장치 역할을 한다.

 **Core Summary**

노란우산공제는 자영업자의 폐업이나 노령에 대비한 퇴직금 마련 제도로, 약국의 경우 평균 매출 60억 원 미만이면 가입할 수 있다. 매월 5만 원에서 100만 원까지 납입 가능하며 종합소득세 신고 시 사업소득금액에 따라 200만 원에서 600만 원의 소득공제 한도의 차등을 두고 있다.

연금계좌 세액공제

　약국 사업자가 노후를 대비하여 연금계좌에 돈을 납입하면 그 금액의 일정 비율만큼을 종합소득세에서 직접 공제해주는 제도가 바로 '연금계좌 세액공제'이다.

　연금계좌는 연금저축계좌와 퇴직연금계좌가 있다. 연금저축계좌는 금융회사 등과 체결한 계약에 따라 '연금저축'이라는 이름으로 설정하는 계좌이다. 퇴직연금계좌는 확정기여형 퇴직연금제도(DC형)와 개인형 퇴직연금제도(IRP)에 따른 계좌이다. 연금계좌에 납입한 금액에 12%[종합소득금액 4천5백만 원 이하(근로소득만 있는 경우는 총급여액 5천5백만 원 이하)인 거주자는 15%]에 해당하는 금액을 종합소득산출세액에서 공제한다. 다만, 세금을 내지 않은 퇴직소득을 연금계좌에 넣거나, 한 연금계좌에서 다른 연금계좌로 단순히 계좌를 옮긴 금액은 공제 대상에서 제외된다.

　이러한 연금계좌 중 연금저축계좌에 납입한 금액은 연 600만 원을 한도하며 연금저축계좌와 퇴직연금계좌에 납입한 금액을 합하여 연간 900만 원을 한도로 한다.

　그리고 개인종합자산관리계좌(ISA)의 계약 기간이 만료되고 해당 계좌 잔액의 전부 또는 일부를 연금계좌에 납입한 경우 그 납입한 금액의 100분의 10에 해당하는 금액(300만 원 한도)도 추가적인 세액공제 혜택이 주어진다.

종합소득금액(총급여액)별 공제 한도 및 공제비율은 아래와 같다.

종합소득금액 (총급여액)	공제율	세액공제 납입한도 (퇴직연금 포함)
4,500만 원 (5,500만 원) 이하	15%	600만 원 (900만 원)
4,500만 원 (5,500만 원) 초과	12%	

통합고용세액공제

통합고용세액공제는 약국 사업자가 직전 연도에 비해 근로자를 더 많이 고용했을 경우 증가한 근로자 1명당 일정한 금액을 종합소득세에서 직접 공제해주는 제도이다. 고용증대세액공제, 사회보험료 세액공제 등 여러 항목으로 나누어져 있던 고용 관련 세액공제 제도를 2023년 1월 1일부터 통합고용세액공제로 일원화하였다.

통합고용세액공제를 적용받기 위해서는 해당 연도의 상시근로자 수가 직전 연도보다 증가해야 한다. 여기서 말하는 '상시근로자'란 근로기준법에 따라 근로계약을 체결한 내국인 근로자를 의미하며, 증가하는 상시근로자 수 1인당 다음의 금액을 공제한다. 상시근로자 중 청년, 장애인, 60세 이상, 경력단절여성 근로자를 고용하면 1인당 공제 금액을 우대하여 공제한다.

구분	수도권	수도권 외
청년, 장애인, 60세이상, 경력단절여성	1,450만 원	1,550만 원
그 외 근로자	850만 원	950만 원

청년, 장애인, 60세이상, 경력단절여성의 상시근로자는 다음 어느 하나에 해당하는 사람이다.

① 15세 이상 34세 (병역을 이행한 사람의 경우에는 6년을 한도로 병역을 이행한 기간을 현재 연령에서 빼고 계산한 연령) 이하인 사람. 이 경우 근로계약 체결 당시 34세 이하인 사람은 근로기간 중 34세를 초과하더라도 근로계약 체결일부터 중소기업은 3년간은 청년으로 본다. 다만, 기간제 근로자 및 단시간 근로자, 파견근로자, 청소년은 제외한다.

② 「장애인복지법」의 적용을 받는 장애인, 「국가유공자 등 예우 및 지원에 관한 법률」에 따른 상이자, 5·18민주화운동 부상자와 고엽제후유의증 환자로서 장애등급 판정을 받은 사람

③ 근로계약 체결일 현재 연령이 60세 이상인 사람

예를 들면, 사업장이 수도권에 소재하고 있고 작년에는 근로자가 없었는데 올해 1월부터 청년과 그 외 근로자를 1명씩 채용하였다면, 청년 근로자와 그 외 근로자가 작년 대비 1명씩 증가한 것으로

2,300만 원(1명 × 1,450만 원 + 1명 × 850만 원)이 세액공제된다.

통합고용세액공제는 세액공제를 신청한 연도보다 근로자가 감소하지 않으면 처음 공제를 신청한 연도부터 2년 동안 동일한 금액을 세액공제받을 수 있다. 앞의 사례에서 내후년까지 청년 근로자가 1명, 그 외 근로자 1명이 유지된다면 올해 공제받은 2,300만 원을 내년, 내후년에도 공제받을 수 있다. 만약 내년이나 내후년에 근로자가 감소하면 올해 공제받은 세액 일부 또는 전부를 추가로 납부해야 한다. 따라서 약국 사업자는 고용을 늘릴 때 이 제도를 활용하되, 최소 2년간은 고용을 유지해야 큰 절세 혜택을 누릴 수 있다는 점을 명심해야 한다.

2026년부터는 세법이 개정되어 공제 대상이 되는 상시근로자의 기준과 세액공제액이 변경된다. 지금과 다르게 고용을 유지하는 경우 더 높은 공제액을 적용하고, 고용 감소 시 공제받은 세액을 추가로 납부해야 하는 추징제도가 사라진다.

Core Summary

통합고용세액공제는 상시 근로하는 근로자가 증가하는 경우, 수도권 기준으로 청년 등은 1인당 1,450만 원, 청년 외는 1인당 850만 원을 공제하여주는 제도이다. 상시근로자와 청년 등의 요건을 정확하게 판단해서 계산하는 것이 통합고용세액공제의 핵심이다.

성실신고확인제도

　성실신고확인제도는 '업종별로 연간 수입금액이 일정금액 이상이 되는 개인사업자' 또는 '일정한 요건'에 해당하는 법인사업자가 종합소득세(개인) 또는 법인세(법인) 신고를 할 때, 장부기장 내용의 정확성 등을 세무사 등 전문가에게 확인받고 신고하게 함으로써 성실한 신고를 유도하는 제도이다. 취지 자체는 부족한 세무 행정력을 보완하기 위한 수단으로써 납세자가 아닌 외부 전문가로하여금 세무신고의 성실성을 검증하기 위한 것이지만, 약국 세무에 있어서는 실무적으로 일정규모 이상의 수입을 갖는 고소득사업자에 대하여 종합소득세 신고 시 각종 항목들에 대한 검증을 더욱 강화하기 위한 것이다. 따라서 추후 과세자료 소명이나 세무조사 과정에서 이러한 검증 사항들에 대하여 잘못된 사실이 적발될 경우 '성실신고확인대상 납세자'와 '성실신고확인을 한 세무대리인'에게 불이익을 부여함으로써 약국 고소득사업자에 대한 성실신고를 유도하고 있다.

성실신고확인대상 개인사업자

현행 소득세법상 성실신고확인대상 개인사업자는 업종별로 연간 수입금액 규모가 아래의 금액 이상이 되는 사업자이다.

- 농업, 임업, 어업, 도·소매업, 부동산매매업 등: 15억 원 이상
- 제조업, 숙박 및 음식점업, 건설업, 운수업 등: 7.5억 원 이상
- 부동산 임대업, 서비스업, 교육 서비스업 등: 5억 원 이상

약국은 세법상 '도·소매업'으로 분류되기 때문에 현행 기준으로는 연간 15억원 이상의 매출이 발생하였을 경우 성실신고확인대상 사업자가 된다. 여기서 수입금액은 매약수입과 조제수입을 모두 포함한 것을 말하며, 연단위로 계산하게 된다. 예컨대, 매월 2억 원의 수입이 발생하는 약국이라 하더라도 8월 초에 개국을 하며 8월~12월 5개월간의 수입이 10억 원일 경우에는 성실신고확인대상 사업자가 아니다. 만약 그 다음해에도 동일하게 매월 2억 원의 수입이 발생한다면 1월~12월 동안의 수입이 24억 원이 될 것이므로 성실신고확인대상 사업자가 될 것이다.

※약국의 성실신고 확인대상 사업자 기준이 되는 연간 15억의 '수입'을 판단함에 있어서 '매출'이 아닌 '수입'이라는 표현을 사용하는 이유는 세법상 수입과 매출의 개념에 일부 차이가 있기 때문인데, 약국과 관련하여서는 ① 근무약사 또는 보조사무원을 고용함으로 인하여 고용 관련 보조금, ② 신용카드 및 현금영수증 매출이 발생함에 따라 부가가치세법상 받게되는 '신용카드매출전표 등 발생세액공제액'이 매출은 아니지만 수입으로써 성실신고확인대상 기준금액 판단에 반영되기 때문이다.

성실신고확인대상 사업자일 경우 달라지는 점

성실신고확인대상 사업자가 되는 경우 일반적인 종합소득세 신고대상자와 달라지는 점은 다음과 같다.

① 성실신고확인대상 사업자는 일반적인 종합소득세 신고기한(5월 31일)보다 1개월 연장된 6월 30일까지 종합소득세 신고를 하게 된다.

② 성실신고확인대상 사업자는 종합소득세 신고 시 세무사(또는 공인회계사)의 성실신고확인서를 제출하여야 한다.

③ 성실신고확인을 받은 사업자는 다음과 같은 세제 혜택이 부여된다.

(1) 성실신고 확인비용 세액공제: 성실신고확인을 위해 세무사 (또는 공인회계사)에게 지급한 확인비용의 60%를 소득세에서 공제(120만 원 한도)

(2) 의료비·교육비·월세 세액공제: 일반 개인사업자와 달리 의료비, 교육비, 월세액에 대한 세액공제를 적용받을 수 있다

▌약국실무에 있어서 성실신고확인제도

약국의 매출은 크게 처방전으로 인한 조제매출과 일반의약품에 대한 매약매출로 구분할 수 있다. 이러한 매출이 실제 일어나는 과정을 보면 약국을 내방하는 소비자가 부담하는 금액은 카드나 현금영수증에 의해 결제되고, 공단이 부담하게 되는 금액은 일정기간별로 심사를 거쳐 약국계좌로 지급된다. 즉, 사실상 현재의 약국매출은 100% 노출되는 상황이므로 약국의 매출이 연간 15억 원이 넘어가는 상황을 직면했을 때 성실신고확인대상자가 되는 것을 회피하는 것은 현실적으로 어렵다. 즉, 매출누락 등 편법적인 방법을 동원하여 성실신고확인대상자가 되는 것을 피하려 하기 보다는 문제없이 성실신고확인이 이루어지도록 준비하는 것이 가장 좋은 방법이다. 그렇다면 어떤 방법으로 성실신고확인을 준비해야 할까? 약국의 입지적 특성 및 매출, 매입의 구성에 따라 약국 간 차이가 있겠지만 대표적으로 꼭 챙겨할 사항은 다음과 같다.

① 적격증빙 수취를 철저히 하는 것

약품의 사입 등 약국운영에서 지출되는 비용들에 대하여 적격 증빙(세금계산서, 신용카드 매출전표, 현금영수증)을 수취해야 한다. 물론, 홈택스에 등록된 약국 사업자카드를 사용하고, 약국도매상들로부터 사입하는 약품에 대해서 세금계산서를 받는 것은 크게 어렵지 않으나, 이따금 약국 간 약품 매매거래를 하거나, 현금으로 약국 운영에 따른 경비(ATC나 약장 등 약국설비를 매입하는 경우 등)를 지출하는 경우에는 세금계산서 (또는 현금영수증) 수취를 누락하는 경우가 있다. 꼭 적격증빙을 챙겨서 지출을 증명할 수 있도록 하자.

② 가사경비를 구분하는 것

약사 개인의 가사 관련 지출(가족 식사, 개인적 물품 구입 등)이 사업용 신용카드 결제 내역에 섞이지 않도록 분리해야 한다. 세무당국의 세무조사 등 검증과정에서는 약사 개인이 사업과 관련 없이 지출한 가사 관련 경비가 약국에 비용으로 반영되어 세무신고가 되어 있을 경우 이를 모두 부인하게 된다. 이러한 경우 세액의 추징 및 추가적인 가산세 등의 부담이 발생할 수 있으므로 명백하게 사업과 관련 없이 지출되는 비용에 대해서는 구분을 철저히 해서 약국의 비용으로 반영되지 않도록 해야 한다.

③ 인건비 신고 및 실제 근무 여부 확인

실제 근무하지 않는 가족이나 지인을 직원으로 등록하여 인건비를 허위로 계상하는 행위는 세무당국에서 세무조사나 과세자료소명 시 중점적으로 확인하는 부분이다. 특히 성실신고대상자의 경우에는 높은 세금 부담으로 인하여 이러한 가공 인건비 신고를 통해 세금을 낮추려는 유혹에 빠지기 쉽다. 허위 인건비 계상은 하지 않아야 하며, 만약 가족이나 지인이 약국에서 근무를 하게 되는 경우라면 추후 소명이 있을 경우 이를 입증할 수 있도록 근무 명부, 급여 이체 내역 등 실제 근무 사실에 대한 자료를 철저히 관리해야 한다.

Core Summary

약국의 수입이 늘어나서 연간 15억 이상의 수입을 달성하는 것은 약국장 입장에서는 매우 반가운 일이다. 하지만 한편으로는 늘어나는 수입으로 인한 세금부담의 증가와 성실신고확인대상자로서 중점적인 검증의 대상이 되는 불편함이 생기게 된다. 성실신고확인대상자가 되었다고 하여 무조건적으로 세무당국으로부터 과세자료해명통지나 세무조사를 받게 되는 것은 아니다. 세무당국에서 중점적으로 검증하는 부분에 대한 이해를 명확히 하고 세무대리인과 소통을 통하여 추후에 문제가 발생하지 않도록 신고를 준비하는 것이 최선의 방법이다.

약국도 세무조사가 나와요?

사업을 하는 사람에게 '세무조사'는 두려움의 대상이다. 아무개가 세무조사를 받고서 폐업을 했다든가, 세무조사 과정에서 너무나 스트레스를 받아 건강이 악화되었다든가 하는 등 미디어를 통하여 또는 주변의 소문을 통하여 공포감이 조성되고 있다. 약국을 개국하는 약사의 입장에서도 마찬가지로 세무조사는 알 수 없는 미지의 영역이자 공포의 대상이다.

본 장에서는 이러한 세무조사는 어떠한 이유로 나오게 되며, 나왔을 경우에는 어떻게 대응해야 하는지 알아보고자 한다.

▌ 세무조사는 왜 나오나요?

약사에게 세무조사가 나오는 원인은 여러 가지가 있지만 가장 일반적인 경우를 두 가지만 꼽자면 ① 정기세무조사 ② 명백한 탈세혐의가 발견된 경우라고 할 수 있다.

세무조사는 조사가 본격적으로 시작되기 20일 전에 그 대상자에게 ① 세무조사 대상 세목 ② 세무조사 기간 ③ 조사사유를 명기하여 등기우편으로 통지하게 되어 있다. 이것을 '세무조사 사전통지'라고 하는데, 대상자가 증거를 인멸할 가능성이 있는 등 특별한 사유가 있으면 생략할 수 있다. 다만 이러한 특별한 사유가 있는 경우는 지극히 예외적이고, 대부분 사전통지 후 조사가 시작되게 된다. 정기세무조사인지, 명백한 탈세혐의가 발견되어 조사를 받게 되는 것인지는 세무조사 통지를 통하여 확인할 수 있다.

① 정기세무조사의 경우에는 조사 시작하기 20일 전에 세무조사 사전통지서가 발송된다. 보통은 장기간 세무조사를 받지 않은 사업자들에 대해서 랜덤 추출에 의해서 조사대상자 선정이 이루어지며, 조사를 통하여 신고된 내용이 문제가 없었는지를 검증하는 것이라고 볼 수 있다. 이 경우 조사는 짧게는 15일에서 길게는 30일가량 진행되며, 조사의 압박강도가 높지 않다. 기본적으로 세무조사는 추후에 따로 꾸며낼 수 없는 자료들, 예컨대 은행계좌 거래내역, 세금계산서 발급 및 수취 내역, 카드 결제내역, 인건비 신고내역 등을 조사팀에서 수집하여 납세자가 기존에 신고된 내용과 조사팀에서 수집한 자료들이 일치하는지 비교분석하는 방식으로 이루어진다. 이 과정에서 조사팀은 이상한 거래내역이나 증빙 또

는 신고내용이 발견될 경우 이를 납세자에게 소명하라고 요구해 오며, 납세자는 세무대리인과 협력하여 이를 소명하게 된다.

② 명백한 탈세혐의가 발견된 경우는 정기조사의 경우처럼 조사가 시작되기 20일 전에 세무조사 사전통지서가 발송되지만, 증거인멸 등의 위험이 있는 경우에는 사전통지가 생략될 수 있으며 이 경우 바로 조사에 착수하고 착수 즉시 '세무조사 통지'를 전달받게 된다. 이 경우 조사는 보통 40일 이상의 기간을 두고 진행되며, 조사의 압박강도가 매우 높다. 조사를 진행하는 방식은 정기세무조사의 경우와 크게 다르지 않지만 조사팀에서는 이미 탈루혐의에 대한 증거를 확보한 상황이므로 이 부분에 대한 집중적인 분석과 소명요구가 이루어지게 되며, 이때 어떤 방식으로 대응하느냐에 따라서 조사결과에 큰 차이를 가져올 수 있다.

명백한 탈세혐의를 조사팀에서 포착하게 된 원인은 여러 가지가 있을 수 있다. 우선 제보에 의한 경우다. 경쟁 약국 또는 내부 직원이나 퇴사한 직원이 제보를 하는 경우도 있다. 물론 국세청 시스템상 단순한 의혹 제기 수준의 탈세제보는 세무조사로 연결되지는 않는다. 구체적인 탈세제보 및 증거가 수반되어야 제보로서의 가치를 가질 수 있기 때문에 약사 입장에서는 본인 약국의 중요한 내부 자료가 외부로 유출되지 않도록 관리해야 한다.

또한 국세청은 수집된 빅데이터를 기반으로 자체분석을 통하여 탈루혐의를 확인하는 경우가 있다. 예컨대 가족 모두에게 사업자

카드를 발급해주고 누가 보더라도 명백하게 약국업무와 관련이 없는 호텔이용, 명품구입 등 사적인 카드사용의 데이터가 광범위한 지역에서 이루어지면 세무조사의 대상이 될 가능성이 매우 높아진다. 특히, 국세청은 지속적으로 이루어져온 약국의 종합소득세 신고 자료를 기반으로 해당 지역별, 수입규모별로 약국의 소득률(소득/수입 × 100)을 분석하게 되는데 이는 약국 조사대상자 선정에 있어서 매우 중요한 요인이 될 수 있다. 예컨대 동일하게 100의 수입이 발생하는 A약국과 B약국, C약국이 있다. B와 C약국이 60을 경비로 신고하면 B와 C약국은 수입100 - 경비60 = 소득40으로써 40%(소득40/수입100)의 소득률로 국세청 전산에 기록된다. 이때 A약국만 경비를 90으로 신고하여 소득률을 10%(소득10/수입100)으로 신고하게 되면 동일한 수입대비 유난히 소득률이 낮은 A약국이 세무조사대상으로 선정될 가능성이 높아지는 것이다.

기본적으로 약국은 입지에 따라 인근 병원의 처방전 개수가 안정적으로 유지되는 경향이 있으므로 다른 업종에 비하여 매출구조가 안정성을 갖는 경우가 많다. 즉, 특별한 외부요인이 발생하지 않는 이상 인근지의 다른 약국에 비하여 지속적으로 낮은 소득률의 신고가 이루어진다면 세무당국 입장에서는 가공으로 만들어냈거나 업무와 관련 없는 경비를 반영하여 세금을 낮게 신고하고 있는 것은 아닌지 의심할 수밖에 없는 상황이 되는 것이다.

실제 약국을 운영하면서 들어가는 경비 중에는 사업관련성이 있느냐 없느냐를 따져보았을 때 애매한 지출들도 있다. 결벽적으로 완벽하게 원칙대로 경비관리를 하게 되면 세무당국으로부터 조사나 소명의 위험은 완전히 벗어날 수 있을 것이지만, 비슷한 수입의 다른 약사들에 비해 과하게 세금을 내게 될 것이고, 반대로 사용하는 비용들 중 업무와 무관한 지출들까지 전부 경비에 반영하여 신고하면 세무당국으로부터 세무조사를 통하여 세금폭탄을 맞게 된다고 볼 수 있다. 그렇다면 정답은 무엇일까? 약국 업종에 대한 이해도가 높은 세무대리인과 소통하면서 추후 소명이나 조사가 있더라도 대응할 수 있는 범위에서 적절한 신고를 하는 것이다.

"제 지인 약사는 이렇게 해서 세금 엄청 줄였던데요?", "이렇게 해도 안 걸린다고 약사 커뮤니티에서 그러던데요?"

세무조사는 주변에서 빈번히 일어나는 이벤트가 아니다. 또한 나에게 일어나지 않을 일일 수도 있다. 다만 명심해야 할 것은 준비 없이 직면한 세무조사로 인하여 나의 사업이 초토화될 수 있다는 사실이다. 이미 조사가 시작되고 나면, 기존에 세무 신고한 내용들은 돌이킬 수 없다는 점을 명심해야 한다.

▌ 세무조사 나왔는데 어떻게 대응하죠?

세무조사는 그 특성상 매우 '단기'에 '넓은 기간 범위'의 자료들을 분석하여 탈루혐의점을 찾아가는 방식으로 이루어진다. 즉, 해당 업종에 대한 이해 및 그동안 신고해온 내용들에 대한 이해가 없으면 상당한 어려움이 있을 수밖에 없다. 우선 약사 입장에서 제일 먼저 해야 할 것은 세무조사 과정에서 나를 방어해줄 세무대리인을 선임하는 것이다. 앞서 말한 업종에 대한 이해 및 신고내용에 대한 이해가 가장 높은 세무대리인은 그동안 나의 사업장을 맡아서 기장을 해온 세무사(공인회계사)이다. 해당 세무사를 선임하는 선임계를 조사팀에 제출하고 조사팀이 바라보는 탈루혐의점들이 무엇인지 파악해야 한다.

세무조사는 짧은 조사기간 내에 넓은 조사대상기간을 조사하게 되므로 조사팀의 오해에서 비롯된 혐의점들도 있다. 이런 부분은 적절한 소명을 통하여 해소되어야 하는 부분이다. 제3자가 보기에도 명백하게 잘못 신고된 부분에 대해서는 세무대리인과 충분히 소통하여 대응전략을 수립해야 한다. 특히 세법적인 해석의 여지가 있는 부분에 대해서는 조사팀도 만족할 수 있을 만한 충분한 사실자료와 논리를 갖추어야만 소명이 가능하다. 이러한 부분은 전적으로 세무대리인의 실력에 달려있다고 볼 수 있다. 또한 불필요한 감정대립이나, 불성실한 자료 제출이 반복되면 조사팀에서는 세무조사의 중지나 연장을 할 수도 있다. 보통은 세무조사의 기간이 길어지면 길어질수록 납세자에게는 불리한 국면이 조성된다. 우선 조사기간 중에는 대부분의 납세자가 제대로 된 영업활동이

   Part 5 : 개국 2~3년차, 약국의 성장과 도약

나 심지어 가정생활이 어려워지는 경우도 많다. 심리적으로 매우 불안한 상태에 놓이게 되어 건강을 해치는 경우도 적지 않다. 또한 조사기간이 길어지면 기존에 밝혀지지 않았던 혐의점이 새로 나타나는 경우도 있으며, 다른 세목이나 가족들에게 조사가 파생될 위험도 높아진다. 즉, 세무조사는 정해진 기간 안에 끝낼 수 있도록 최대한 노력해야 한다.

▌세무조사가 끝나면 어떻게 되나요?

세무조사 기간이 끝나고 나면 조사팀은 조사내용을 토대로 추징세액을 확정하고 세무조사 종결통지를 송달한다. 납세자는 통지를 받고 나서 ① 조사에 따른 추징내역을 모두 인정하고 최대한 빨리 이대로 결정해서 고지서를 달라고 하는 '조기결정신청'을 할 수 있으며, 반대로 ② 세무조사 결과가 억울하니 이 결과를 받아들일 수 없고 이에 대해서 다투겠다는 '불복절차'를 진행할 수도 있다.

※ 세무조사 결과통지서를 받게 되면 통지받은 날로부터 30일 이내에 조사결과를 다투어보는 '과세전적부심사 신청'을 할 수 있으며, 이는 납세고지가 되기 전에 진행할 수 있는 절차이다.

불복절차를 원할 경우 납세고지서를 받은 날로부터 90일 이내에 이의신청(관할 세무서 또는 지방국세청)을 할 수 있으며, 이의 신청이 인정되지 않았을 경우 다시 90일 이내에 심사청구(국세청)나 심판청구(조세심판원)를 할 수 있다. 더 빠른 절차를 원할 경우에는 이의신청을 건너뛰고 곧바로 납세고지서를 받은 날로부터 90일 이내에 심사청구(국세청)나 심판청구(조세심판원)를 하거나, 심사청구(감사원)를 할 수도 있다.

이렇게 심사청구(국세청)나 심판청구(조세심판원), 심사청구(감사원) 중 한 가지를 진행하였는데도 원하는 결과를 얻지 못한 경우에는 심사청구(국세청)나 심판청구(조세심판원), 심사청구(감사원)에 대한 결과통지를 수령한 날로부터 90일 이내에 행정법원에 행정소송을 진행할 수 있으며, 국세청을 피고로 하여 세무조사 결과에 대해 법원을 통한 '재판'이 진행된다. 우리나라 사법제도를 통하여 1,2,3심을 통한 최후의 심판을 구하는 절차이며 판결이 확정될 때까지 조사결과를 다투어보는 것이다.

Core Summary

세무조사는 사업을 하는 사람 입장에서는 꼭 피하고 싶은 일이지만, 한편으로는 언제 나에게 닥칠지 모르는 공포의 대상이다. 내가 운영하는 약국에 세무조사를 안 나오게 하려면 사전에 어떻게 세무 관리를 해야 하는지 숙지하고, 전문가인 세무대리인과 충분히 소통하여 적절히 세무신고를 해야 한다. 그리고 만약 세무조사가 나오게 된다면, 당황하지 말고 조사가 진행되는 과정에서 피해가 최소화되도록, 그리고 억울한 과세를 당하지 않도록 전략적으로 대응해야 한다.

Part 5
개국 2~3년차, 약국의 성장과 도약

12장　**약국 매출 상승공식**
개국 약사가 꼭 알아야 할 약국 경영 노하우

13장　매출 상승에 따른 새로운 세금전략

14장　약국 인사·노무 심화
처음 겪는 퇴사 관리

직원의 퇴사와
약국에서 꼭 챙겨야 할 부분

약국을 운영하다 보면 채용만큼이나 중요한 것이 바로 퇴사 관리이다. 직원이 떠나는 과정에서 서류나 금품청산에 실수가 생기면 향후 법적 분쟁(부당해고, 임금체불 등)으로 이어질 수 있기 때문이다.

아름다운 이별은 없다. 그렇지만 직원과의 관계에서 근로관계를 잘 마무리하는 것은 아주 중요한 부분이다. 사람과 사람 사이에 감정을 빼고 생각할 수 없지만, 직원의 퇴사 처리에 있어서는 감정적인 부분을 제외하고 깔끔하게 정리해야 한다. 퇴사 면담을 통해 퇴사일정을 조율하고, 퇴사사유를 명확히 해야 추후 업무공백 및 노동분쟁까지 예방할 수 있게 된다. 작은 약국이라 하더라도 퇴사에 대한 시스템 및 퇴사로 인해 발생하는 임금 등 금품에 대해 미리 알고 챙길 수 있어야 안정적으로 약국을 운영을 할 수 있게 된다.

가장 먼저 해야 할 일은 직원의 퇴사 의사를 명확히 확인하는 것이다. 구두로만 퇴사를 알리는 경우, 나중에 해고인지 자진 퇴사인지에 대한 다툼이 발생할 수 있고 퇴사를 번복하는 경우가 발생할 수 있다.

● **사직서 수령**: 사직 사유(개인 사정 등)와 퇴사 예정일을 명시한 사직서를 반드시 받아두어야 한다. 이는 실업급여 수급 자격 판단이나 향후 분쟁 방지를 위한 가장 기본적인 증거 자료가 된다. 당장 퇴사하지 않더라도, 미리 퇴사의사를 확인하고 퇴사일을 확정하여 사직서를 수령한 후 인수인계 등 이후 절차를 진행해야 한다.

● **사직서 내용**: 사직서는 정해진 법적 형식이 없으므로, 자유형식으로 기재하면 되는데, 가장 중요하게 들어가야 하는 정보는 ① 작성자의 인적사항 (이름/생년월일/연락처 등) ② 마지막근무일 (퇴사희망일) ③ 퇴사사유 ④ 작성일 ⑤ 작성자의 자필서명이다.

● **자진퇴사 vs 권고사직 vs 해고 vs 계약만료**

업무를 진행하다 보면 자진퇴사/권고사직/해고의 구분을 어려워하는 경우가 많다. 퇴사, 즉 근로관계의 종료에는 크게 스스로 퇴사하는 경우, 자동 종료되는 경우, 일방적으로 종료되는 경우 이렇게 세 가지로 나누어볼 수 있다. ① 스스로 퇴사하는 경우는 개인사유로 자진퇴사하는 경우와 회사의 퇴사권유에 합의하여 권고사직하는 경우를 포함한다. ② 자동종료는 계약기간의 만료, 정년의 도달, 근로자의 사망 등 근로관계가 자동으로 종료되는 경우로, 말 그대로 자동종료이기 때문에 사직서가 필요하지 않게 된다. ③ 근로자의 의사와 상관없이 일방적으로 근로관계가 종료되는 '해고'는 근로자의 의사와 상관없다 보니 근로자 보호의 취지에서 해고의 정당성, 해고예고, 해고서면통지 등 법에서 제한을 두고 있고 분쟁이 되는 부분이다.

종류	자진퇴사	권고사직	계약만료	해고[1]
효과	자발적 해지	권유+합의 = 합의해지	자동 종료	일방적 종료 * 부당해고 문제
요건 및 절차	사직서 필수	권고사직서 필수	근로계약서에 작성된 종료일에 자동종료 (별도 서류 필요 없음)	해고의 정당성 해고 예고 해고 서면통지
실업급여 및 지원금(청년일자 이도약장려금)	실업급여 수급사유 해당없음 / 지원금 영향 없음	실업급여 수급 사유에 해당함 / 고용조정으로 지원금 중단	실업급여 수급 사유에 해당함 / 지원금 영향 없음	실업급여 수급 사유에 해당함 (구체적 판단 추가 필요) / 고용조정으로 지원금 중단

---

1 '해고'와 관련하여 상시 5인 미만 사업장의 경우 3개월 이상 근무한 근로자에 대해 '해고예고'만 잘 준수하면 된다.

근로기준법에 따라 사용자는 근로자가 퇴직한 후 14일 이내에 모든 금품(임금, 퇴직금 등)을 지급해야 한다. 당사자 간 합의가 있다면 지급 기일을 연장할 수 있으나, 가능하면 기한 내에 지급하여 처리하는 것이 안전하다. 매월 지급되어야 할 임금은 월급제는 일할계산, 시급제는 근무한 만큼 정리하면 된다. 단, 5인 이상 근로자가 있는 약국이라면 발생된 연차와 미사용연차를 확인하여 마지막 월 임금에 함께 정리하면 된다. 퇴직금 지급 대상인 경우(1주 15시간 이상 계속하여 1년 이상 근무한 경우), 퇴직금은 별도 정산하면 되며 퇴직연금을 운영하는 약국이라면 각각 운영기관에 근로자의 퇴사를 알리고 정산을 하면 된다.

직원이 퇴사하면 더 이상 해당 약국에서 보험 자격을 유지할 필요가 없으므로 4대보험 관련하여 상실신고를 진행해야 한다.

퇴사하는 근로자에 대한 정산은 4대보험뿐만 아니라 세금(소득세, 지방세)에 대해서도 진행해야 하며, 이 부분은 세무사사무실의 도움을 받으면 된다.

퇴사한 직원이 재취업을 위해 서류를 요청할 경우 거부할 수 없다. 근로기준법에서는 근로자가 퇴직한 후라도 사용기간, 업무 종류, 지위와 임금, 그 밖에 필요한 사항에 관한 증명서를 청구하면 사실대로 적은 증명서를 즉시 내주어야 한다고 규정하면서, 근로자가 요구한 사항만을 적도록 하고 있다.

● **경력증명서(사용증명서) 발급**: 근로자가 청구하면 근무 기간, 담당 업무, 임금 등 필요한 사항을 기재한 증명서를 발급해 주어야 한다.

● **근로계약 서류 보존**: 근로계약서, 임금대장, 퇴직에 관한 서류 등 주요 서류는 퇴사 후에도 3년간 보존해야 할 의무가 있다. 서면으로 실물을 보관하는 게 힘들면, 전자적인 형태로라도 꼭 보관을 해두기를 추천한다.

인수인계는 필수일까?

근로자가 갑자기 퇴사하는 경우 약국 운영에 큰 공백이 생기거나 업무상 차질이 발생할 수 있는데, 이런 상황에 퇴사하는 근로자에게 인수인계를 강제할 수 있는지 문제된다. 결론은 강제할 수 없다. 근로기준법은 엄격하게 강제근로를 금지하고 있고, 이에 대한 손해를 약정하는 위약금지 내용도 규정하고 있다.

따라서, 갑자기 퇴사자가 발생하는 경우 인수인계 협조를 요청하며 퇴사일정을 조율할 수 있는지 설득과 권유가 필요하다. 다만, 근로자가 이를 거부하더라도 어쩔 수 없다.

　　　　　　　　Part 5 : 개국 2~3년차, 약국의 성장과 도약

부담되는 퇴직금! 퇴직연금을 도입해볼까?

작은 약국에서 1년 이상 함께한 직원이 있다는 건 참 좋은 일이지만, 퇴직금을 준비해야 한다. 당장 1년 이상 근속한 직원이 없더라도, 퇴직급여제도를 도입해서 미리 납부하거나 준비해 놓으면 예상치 못한 지출을 대비할 수 있고, 매년 당해연도 손비 인정 및 종합소득세 세액공제 등 혜택을 누릴 수 있다.

퇴직급여제도의 적용과 종류

퇴직급여제도는 ① 1년 이상 계속근로하면서 ② 4주 평균 1주 소정근로시간 15시간 이상인 모든 근로자에게 적용되고, '근로자 퇴직급여 보장법'이라는 별도의 법률로 규정되고 있다. 사용자는 퇴직하는 근로자에게 퇴직급여를 지급하기 위해 퇴직금 제도 또는 퇴직연금제도 중 하나 이상의 제도를 설정해야 하는데, 그 종류를 살펴보면 아래와 같다.

종류	퇴직금 제도	확정급여형(DB)	확정기여형(DC)
특징	퇴직 전 3개월 '평균임금'을 기준으로 산정 우리가 일반적으로 많이 알고 있는 퇴직금제도로, 외부에 적립하는 구조가 아니라 퇴직금 지급대상이 발생하면 지급하는 구조이다.	근로자가 받을 퇴직급여가 사전에 확정된 형태로, 계산방법은 퇴직 전 3개월 평균임금에 근속연수를 곱하여 지급 외부에 적립하는 구조로, 퇴직금제도와 계산방식이 같으나, 근로자가 개인적인 운용이 불가능하고, 임금이 매년 상승하는 경우 추후 부담이 높아질 수 있다.	매년 근로자의 임금 총액을 1/12 이상 적립하는 구조 외부에 적립하는 구조이나, 근로자가 직접 적립금을 운용할 수 있고 그에 따라 손익이 발생할 수 있다. 매년 기여금이 확정되기 때문에 안정성이 있고 소규모 사업장에 가장 적합하다.

▌ 퇴직연금제도의 도입과 절차

퇴직연금제도를 약국에 도입하고자 하는 경우, 근로자 과반수의 동의를 받아 설정하여야 한다. 또한 퇴직연금 규약을 작성하여 관할 노동청에 신고해야 하는데, 이 부분은 보통 외부 운영기관(은행 또는 증권사 등)에서 표준형을 사용하여 직접 신고를 진행하고 있는 상황이다. 운영기관은 은행, 보험사, 증권사 등 수수료와 서비스가 우리 약국과 잘 맞는 적절한 곳을 선택하면 된다.

퇴직연금제도를 운영하는 경우에는 연 1회 이상 정해진 납부 주기(매월, 분기, 반기 등)를 체크하여, 부담금을 납입하여야 한다. 제도를 도입해 놓고 납부하지 않거나, 정기 납입일에 일부라도 미납하는 경우 지연이자 등이 발생할 수 있으므로 주의해야 한다.

중소기업퇴직연금기금제도 '푸른씨앗' 추천 (22년 4월 14일 시행)

'푸른씨앗'은 상시 30명 이하의 근로자를 사용하는 중소기업 근로자의 안정적인 노후생활 보장을 지원하기 위하여 사용자와 근로자가 납부한 부담금 등으로 공동의 기금을 조성·운영하여 근로자에게 급여를 지급하는 제도로서 노·사·정 및 전문가로 이루어진 중소기업퇴직연금기금제도 운영위원회의 합리적 의사결정을 통해 공단이 직접 기금을 운용하는 공적 퇴직급여제도이다.

도입 절차와 부담금 납입 (퇴직연금규약신고 생략)

'푸른씨앗'의 도입절차는 아주 간소화되어 있는데, 홈페이지를 통해 사업장 신청 후 표준계약서를 다운받고, 동의를 하면 된다. 가입신청서를 제출할 땐 제도 적용일, 납입주기, 납입방법 등 사업장 정보와 근로자 동의서를 포함하여 간단한 양식으로 제출하도록 하고 있고, 공단과의 표준계약 체결로 퇴직연금규약신고 절차가 생략된다.

'푸른씨앗'의 경우 확정기여형(DC) 퇴직연금제도와 동일하게 연간 임금총액이 1/12 이상 부담금을 납입하면 된다. 납입주기는 매월, 반기, 분기 및 연 1회 선택 가능하다.

'푸른씨앗'은 일정 요건이 되는 근로자에 대하여(월 평균 보수 기준으로 매년 변동) 사용자 부담금의 10%를 사업주 및 가입자에게 각각 지원하는 재정지원금을 지급하고 있다. 월 급여가 높지 않은 약국 사무직원의 경우 대부분이 해당될 수 있다.

구분	푸른씨앗 [2]	퇴직연금(DC형)
가입대상	30인 이하 사업장	모든 사업장 (제한 없음)
적립방법	사외적립	
운용주체	근로복지공단(+전담운용기관)	근로자
부담금 수준	연간 임금총액의 1/12 이상	
중도인출	가능	
지원금	가능 (요건 충족 시 사업주 및 근로자 10%)	불가
수수료	면제 (한시적으로 면제 중)	적립금의 0.5% 내외
운용규모	모든 적립금 기금으로 운용 (규모의 경제)	근로자별 개인적인 적립금 운용

---

2 푸른씨앗 홈페이지 내용 일부 발췌 및 참고
(https://pension.comwel.or.kr/fund/websquare/?w2xPath=/fund/pages/cus/HM06010301.xml)

운용 수수료의 경우 2026년 기준으로 가입시 3년간 수수료를 면제하고 있기 때문에 퇴직연금 도입에 따른 수수료 절감 혜택을 볼 수 있다.

추가로, 근로자들 개개인이 아닌 투자 전문가로 구성된 운영위원회에서 운용하기 때문에 안정적인 수익률을 자랑하고 있다(2025년 연 수익률 8.67%).

Core Summary

퇴직금이 부담된다고 11개월 근로계약을 반복하는 경우가 있다. 퇴직금 지급을 피하기 위해 이런 식의 계약을 맺는 건 오히려 독이 될 수 있다. 매번 다른 사람을 고용하여 사용한다면 상관없지만, 손발이 맞는 직원이라면 퇴직금이 발생하더라도 오래 함께하는 게 이득이 될 수 있다. 따라서, 1년 이상 근속한 직원이 있게 되면 퇴직연금제도를 도입해서 세금적인 비용처리도 매년 하고, 사외적립으로 안전하게 퇴직금을 쌓아두는 편이 현명하다. 매년 챙겨야 하는 퇴직금을 잘 체크해서 관리하면 목돈이 한꺼번에 나가는 불편한 상황을 예방할 수 있다는 것을 기억하자.